J.B.METZLER

T0349441

Ergänzende Unterlagen zum Buch bieten wir Ihnen unter **www.metzlerverlag.de/webcode** zum Download an.
Für den Zugriff auf die Daten verwenden Sie bitte Ihre E-Mail-Adresse und Ihren persönlichen Webcode. Bitte achten Sie bei der Eingabe des Webcodes auf eine korrekte Groß- und Kleinschreibung.

Ihr persönlicher Webcode: **02322-Jfnw3**

Jürgen Pafel

Einführung in die Syntax

Grundlagen – Strukturen – Theorien

Verlag J. B. Metzler Stuttgart · Weimar

Der Autor
Jürgen Pafel ist Professor für germanistische Sprachwissenschaft
an der Universität Stuttgart.

Bibliografische Information Der Deutschen Nationalbibliothek
Die Deutsche Nationalbibliothek verzeichnet diese Publikation in der Deutschen
Nationalbibliografie; detaillierte bibliografische Daten sind im Internet über
<http://dnb.d-nb.de> abrufbar.

Gedruckt auf säure- und chlorfreiem, alterungsbeständigem Papier

ISBN 978-3-476-02322-3

© 2011 J. B. Metzler'sche Verlagsbuchhandlung
und Carl Ernst Poeschel Verlag GmbH in Stuttgart
www.metzlerverlag.de
info@metzlerverlag.de

Umschlaggestaltung und Layout: Ingrid Gnoth | www.gd90.de
Satz: DTP + TEXT Eva Burri, Stuttgart · www.dtp-text.de
Druck und Bindung: C. H. Beck, Nördlingen
Printed in Germany
Januar 2011

Verlag J. B. Metzler Stuttgart · Weimar

Inhaltsverzeichnis

Vorwort

Dieses Lehrbuch bietet zum einen eine voraussetzungslose Einführung in das begriffliche Instrumentarium, in Analysemethoden und in verschiedene theoretische Konzeptionen der Syntax. Zum anderen bietet es einen weitgehenden Einblick in den syntaktischen Aufbau vor allem, aber nicht nur des Deutschen (auch das Englische und Französische werden berücksichtigt). Dazu wurde ein Zugang gewählt, der es erlaubt, den syntaktischen Aufbau dieser Sprachen darzustellen, ohne sich auf eine bestimmte Syntaxtheorie zu verpflichten. Und schließlich möchte diese Einführung den Leser/innen linguistische Argumentation und syntaktische Analysekompetenz vermitteln.

Dieses Lehrbuch wurde vor allem mit Blick auf einführende Syntaxseminare geschrieben. Aber es kann auch von Leser/innen rezipiert werden, die einfach wissen möchten, was die Linguistik zur Struktur und der Analyse etwa des deutschen Satzes herausgefunden hat. Die einzelnen Kapitel bauen zwar aufeinander auf, aber bei entsprechender Motivation können die Leser/innen nach der Lektüre von Kapitel I – je nach Interesse – in eines der drei folgenden Kapitel II, III oder IV springen (was an Voraussetzungen nötig ist, kann man sich durch die konkreten Hinweise auf die entsprechenden Stellen in früheren Kapiteln erarbeiten).

Dieses Lehrbuch möchte, wie gesagt, die Fähigkeit vermitteln, syntaktische Strukturen eigenständig zu erkennen. Dazu sind in den Text Analyseaufgaben integriert, durch die die Leser/innen ihr Verständnis überprüfen können bzw. durch die auf das Kommende vorbereitet wird. Die Lösungen dieser Analyseaufgaben sind im Buch angegeben. Zudem gibt es am Ende mehrerer Kapitel Übungen, deren Lösung man auf den Internetseiten des Verlags findet (zugänglich für die Käufer/innen des Buches; vgl. den ›Webcode‹ auf der ersten Buchseite).

Für wertvolle Kommentare und Hinweise danke ich Christian Bär, Fabian Dirscherl, Gerhard Ernst, Kirsten Gengel, Ute Hechtfischer (vom Verlag J.B. Metzler), Françoise Joly, Paweł Karnowski, Manuela Korth, Britta Sauereisen und Achim Stein.

Gewidmet ist dieses Buch Tilman Höhle und Marga Reis, den beiden Tübinger Heroen einer theoriebewussten empirischen Syntax des Deutschen.

Im Stuttgarter Herbst 2010,
JP

I. Grundlagen

1. Einleitung

1.1 | Was ist Syntax?

Was Syntax ist, hängt davon ab, wie Syntax betrieben wird. Syntax wird heute anders betrieben als früher. Heute ist die Syntax so vielfältig wie vielleicht noch nie in der Geschichte dieser Disziplin. Von daher ist es heikel, Syntax in wenigen Sätzen zu definieren. Aber für die erste Orientierung ist es unerlässlich, den Leser/innen eine Vorstellung vom dem zu geben, womit sich diese Teildisziplin der Linguistik befasst.

Zum Begriff

> → **Syntax** ist die Lehre vom formalen Aufbau und den formalen Eigenschaften von Wortgruppen und ihren Teilen. Die Syntax gibt, mit anderen Worten, Auskunft darüber,
> - welche Arten von Wortgruppen es gibt,
> - aus welchen Teilen Wortgruppen sich zusammensetzen,
> - welche formalen Beziehungen zwischen den Teilen einer Wortgruppe bestehen und
> - welche formalen Eigenschaften Wortgruppen und ihre Teile haben.
>
> Was die Wortgruppen angeht, so gibt es (zumindest) Nominalgruppen, Verbalgruppen, Adjektivgruppen, Adverbgruppen und Präpositionalgruppen. Auch Sätze sind Wortgruppen (in einem weiten Sinne von ›Wortgruppe‹). Zwar haben Sätze eine zentrale Bedeutung für die Syntax, doch sind sie keineswegs die einzige Art von Wortgruppe, die in der Syntax behandelt wird (die Bezeichnung der Syntax als ›Satzlehre‹ greift also etwas zu kurz). Als kleinste syntaktische Einheit wird oft, aber nicht immer das Wort angesetzt. Welche weiteren Teile Wortgruppen haben können, ist sehr theorieabhängig. Ein Beispiel für eine formale Beziehung zwischen Teilen einer Wortgruppe (d. h. ein Beispiel für eine syntaktische Beziehung) ist die Stellung der Teile zueinander, die ›Wortstellung‹. Beispiele für formale Eigenschaften, d. h. für syntaktische Merkmale, sind Kasus, Genus, Tempus und Modus.

Dies ist eine Minimaldefinition von Syntax. Je nach Syntaxtheorie kann die Syntax aber auch mehr umfassen. Dabei spielt die Abgrenzung der Syntax zu anderen Teildisziplinen der Linguistik eine entscheidende Rolle (zur Einführung in diese Bereiche vgl. Meibauer et al. [2]2007):

- zur **Morphologie** (der Lehre vom internen Aufbau von Wörtern),
- zur **Semantik** (der Lehre von der Bedeutung der Wörter und Wortgruppen),
- zur **Pragmatik** (der Lehre von den (kommunikativen) Funktionen sprachlicher Äußerungen und vom Einfluss des Kontextes auf die Bedeutung) und
- zur **Phonologie** (der Lehre von den sprachlichen Lauten und den Einheiten, die aus den Lauten gebildet werden – der Silbe etwa).

Je mehr man aus diesen Gebieten in die Syntax hineinnimmt, umso umfangreicher wird sie. Wenn man beispielsweise nicht das Wort, sondern das Morphem als kleinste syntaktische Einheit ansetzt, dann gehören große Teile der Morphologie zur Syntax (so dass man von einer Morphosyntax reden kann). Oder wenn man den systematischen Aufbau der Bedeutung von Sätzen in allen Details in der Syntax darstellen will, dann wird sie sehr viel umfangreicher, als wenn man diese Aufgabe der Semantik überlässt.

Es ist gar keine so alte Einsicht, dass es die **Wortgruppen** und ihre Eigenschaften sind, die im Zentrum der Syntax stehen sollten. Die ausdrückliche Beschäftigung mit Wortgruppen wurde von John Ries in seiner Abhandlung *Was ist Syntax?* aus dem Jahr 1894 gefordert und beginnt erst mit Rudolf Blümel (1914) (vgl. Ries 1928). Sie findet mit Leonard Bloomfield (1933) und dem amerikanischen Strukturalismus, dessen Ahnherr Bloomfield ist, einen ersten Höhepunkt in den Konstituentenstrukturanalysen der 1940er Jahre.

Wir wissen einerseits sehr viel, andererseits sehr wenig über Syntax. Wir wissen sehr viel über die Syntax einzelner Sprachen, worüber Lehrbücher, Grammatiken und eine reiche Forschungsliteratur Auskunft geben. Auch über Ähnlichkeiten und Unterschiede zwischen Sprachen gibt es bereits ein reiches Wissen. Auf der anderen Seite macht man auch in der Syntax mehr als einmal die Erfahrung, dass ein sprachliches Phänomen umso komplizierter wird, je genauer man es betrachtet. Vor allem aber fehlen in der Syntax gesicherte Grundlagen. Es gibt keine syntaktische Theorie, die empirisch und konzeptuell so zufriedenstellend wäre, dass sie von der Forschergemeinschaft als Grundlagentheorie akzeptiert werden könnte, d. h. als Theorie, auf der jede weitergehende Forschung aufbauen sollte. Es gibt verschiedene Konzeptionen von Syntax und es ist offen, ob sich eine von diesen als die beste herausstellen wird.

1.2 | Zu diesem Band

Die fehlende Grundlagentheorie bedeutet für eine Einführung in die Syntax einerseits, dass sie die verschiedenen Syntaxkonzeptionen möglichst unparteiisch darstellen sollte. Andererseits stellt sich die Aufgabe, das reichhaltige Wissen, das wir über den syntaktischen Aufbau einzelner Sprachen haben, in einer systematischen Weise darzustellen, ohne sich (zu sehr) auf eine bestimmte Konzeption festzulegen.

Der besondere Zugang: Als Ausgangspunkt bietet sich für das Deutsche (aber nicht nur für das Deutsche) die **topologische Betrachtungsweise** von Wortgruppen an, die auf eine lange Tradition zurückblicken kann. Bei dieser Betrachtungsweise steht die Wortstellung, genauer: die lineare Abfolge der Teile einer Wortgruppe, im Vordergrund. Dabei werden die Wortgruppen in Bereiche zerlegt, in ›topologische Felder‹. Diese Betrachtungsweise, die Lehre von den topologischen Feldern, Stellungsfeldermodell, topologisches Modell, kurz Topologie oder neuerdings auch lineare Syntax genannt wird, ist in dem Sinne ein neutraler Ausgangspunkt für die Beschäftigung mit Syntax, dass sie es erlaubt, viele zentrale syntaktische Fakten und Regularitäten darzustellen und ziemlich weitgehende Analysen zu ermöglichen, ohne zu sehr einer bestimmten Syntaxtheorie verpflichtet zu sein. Auch bei der linearen Syntax handelt es sich um eine Theorie, aber um eine, die ihren Schwerpunkt in der linearen Struktur von Wortgruppen hat und nicht das gesamte Spektrum an syntaktischen Phänomenen abzudecken beansprucht.

Dass die lineare Syntax ein neutraler Ausgangspunkt ist, zeigt sich zum Beispiel daran, dass in vielen Grammatiken des Deutschen Abschnitte zur Topologie des Satzes und der Nominalgruppe zu finden sind (vgl. etwa Heidolph et al. 1981, Kap. 4; IDS-Grammatik 1997, 1495–1680, 2062–2072; Eisenberg 2006b, Kap. 13; Duden-Grammatik [8]2009, §1224, §§1338–1386). Dies zeigt sich aber auch daran, dass in fast allen neueren umfassenderen Arbeiten zur deutschen Syntax ein Kapitel zur Topologie (des Satzes) enthalten ist, obgleich diese Arbeiten ganz unterschiedlichen Schulen zuzuordnen sind (vgl. etwa Eroms 2000, Kap. 9; Sternefeld [2]2007, Kap. III.2; Müller [2]2008, Kap. 8). Diese Einführung räumt daher der linearen Syntax einen großen Raum ein und schafft damit eine gute Grundlage für die weitergehende Beschäftigung mit Syntax (s. Kap. II).

Der Aufbau: In **Kapitel I** werden die Grundlagen gelegt. Es werden die Begrifflichkeiten und Phänomenbereiche vorgestellt, die für jede Beschäftigung mit Syntax unentbehrlich scheinen (u. a. Wortarten, Flexion, Phrasen, Valenz, Satzglieder und Kongruenz).

In **Kapitel II** »Die lineare Struktur von Wortgruppen« wird in sechs Abschnitten die Topologie, d. h. die lineare Syntax, aller zentralen Arten von Wortgruppen abgehandelt. Vieles von dem, was wir über bestimmte Wortgruppen relativ gesichert wissen, lässt sich in einer solchen linearen Syntax darstellen. Da auch die lineare Syntax kein Gebiet ist, in dem die Dinge so offenkundig wären, dass es nicht zu Meinungsverschiedenheiten unter den Forschern kommen würde, muss in einer Einführung, die der topologischen Betrachtungsweise großen Raum einräumt, auch zu bestimmten topologischen Modellen Stellung genommen werden und es muss manchmal über das, was in den Grammatiken und der Forschungsliteratur zu finden ist, hinausgegangen werden.

In **Kapitel III** »Syntaktische Konstruktionen« werden einige Konstruktionen näher dargestellt – beispielhaft sei das Passiv genannt – und dabei wesentliche Eigenschaften dieser Konstruktionen aufgeführt und unterschiedliche Analysevorschläge vorgeführt, was bereits in die Grundgedanken unterschiedlicher Syntaxkonzeptionen einführt. Denn bei einigen dieser Konstruktionen, wieder sei beispielhaft das Passiv genannt, zeigt sich ganz unmittelbar an der Art der vorgeschlagenen Analyse, welche Konzeption von Syntax verfolgt wird.

In **Kapitel IV** »Die hierarchische Struktur von Wortgruppen« steht der über die lineare Struktur hinausgehende Aufbau der Wortgruppen im Zentrum. Im Laufe des 20. Jahrhunderts sind eine ganze Reihe unterschiedlicher Konzeptionen vom Aufbau von Wortgruppen entwickelt worden. Da ist zum einen, ganz prominent, die Konzeption der Phrasenstruktur und deren Transformationen, die in der von Noam Chomsky (1955/56; 1957) begründeten Generativen Grammatik entwickelt wurde in der Auseinandersetzung mit den Analysen des amerikanischen Strukturalismus. Zum anderen gibt es die in einem ganz anderen Traditionszusammenhang stehende Konzeption der Dependenzstruktur, die von Lucien Tesnière (1959) begründet wurde, und es gibt die aus der formalen Logik heraus entwickelte Kategorialgrammatik, die maßgeblich auf Kazimierz Ajdukiewicz (1935) zurückgeht. Diese und weitere Konzeptionen werden in Kapitel IV.1 vorgestellt.

Diese Einführung in die Syntax endet in Kapitel IV.2 mit der Vorstellung einiger zentraler Elemente einer bestimmten Syntaxkonzeption und zwar einer Phrasenstruktursyntax. Es wird detailliert die Syntax verschiedener Wortgruppen behandelt, wobei ausführlich die Argumentation für die jeweiligen Strukturen dargelegt wird. Es wird dabei auch in das schwierigste Gebiet, die Syntax von Sätzen, eingeführt.

Die behandelte(n) Sprache(n): In diesem Lehrbuch wird vor allem, aber nicht nur das Deutsche behandelt – auch das Englische und das Französische werden berücksichtigt (insbesondere in Kap. II.3.4 und Kap. II.6.3). Was das Deutsche angeht, so ist der Gegenstand genauer das **Gegenwartsdeutsche**, das heutige ›Hochdeutsch‹. Dieses liegt in zwei Varianten (Fachterminus: ›Varietäten‹) vor, die man Standardsprache und Umgangssprache zu nennen pflegt. Diese beiden Varietäten können jeweils wieder zwei mediale Formen annehmen: Sie können geschrieben und gesprochen werden. Die geschriebene Form der **Standardsprache** findet sich in Büchern, Zeitungen, Zeitschriften, offiziellen Dokumenten, Briefen usw. und wird kodifiziert in Grammatiken, Regeln zur Orthographie und Wörterbüchern. Die gesprochene Form der Standardsprache (›Deutsche Hochlautung‹) hört man in Radio und Fernsehen (und dort vor allem in Nachrichtensendungen), kodifiziert wird sie in Aussprachewörterbüchern. Die gesprochene Form der **Umgangssprache** findet sich in informellen Gesprächen aller Art, aber durchaus auch in vielen formellen Gesprächen. Sie wird dargestellt in Arbeiten zur ›gesprochenen Sprache‹, zum ›gesprochenen Deutsch‹. Die geschriebene Form der Umgangssprache findet sich häufig in E-Mails, Chats und SMS.

Wenn in dieser Einführung Aussagen zur deutschen Syntax gemacht werden, so ist die Syntax des im obigen Sinne charakterisierten Hochdeutschen gemeint, also eine Syntax für das geschriebene wie das gesprochene Deutsch (auch wenn es Konstruktionen gibt, die nur gesprochen- oder nur geschriebensprachlich bzw. nur in der Standard- oder nur in der Umgangssprache vorkommen). Was nicht Gegenstand dieser Syntax ist, sind neben den früheren Sprachstufen des Deutschen die deutschen Dialekte, die sich syntaktisch vom Hochdeutschen in Teilen durchaus deutlich unterscheiden.

Verwendungsmöglichkeiten: Man kann diese Einführung als Grundlage für ein Seminar, aber auch im Selbststudium (s. Vorwort) benutzen. Der Stoff dieser Einführung lässt sich in unterschiedlicher Weise auf zwei aufeinander aufbauende Seminare verteilen, zum Beispiel wie folgt:

Das erste Seminar kann sich auf die Grundlagen (Kap. I.2) und große Teile der linearen Syntax (Kap. II.1, II.2 – bis II.2.3.1 einschließlich –, II.3, II.4 und II.5) konzentrieren. Das darauf aufbauende Seminar legt den Schwerpunkt auf die anspruchsvolleren Teile der linearen Syntax (Kap. II.2 und II.6), die Phrasenstruktursyntax (Kap. IV.2) und ausgewählte Konstruktionen aus Kapitel III (mit Kap. IV.1 als Hintergrund).

Das erste Seminar kann aber auch neben den Grundlagen (Kap. I.2) und basalen Teilen der Satzstruktur (Kap. II.1 und II.2 – bis II.2.3.1 einschließlich) die Phrasenstruktursyntax (Kap. IV.2.1 bis IV.2.4.2 einschließlich) mit umfassen. Das darauf aufbauende Seminar legt den Schwerpunkt dann auf die fehlenden Teile der linearen Syntax (Kap. II.2 bis II.6) und der Phrasenstruktursyntax (ab Kap. IV.2.4) und auf ausgewählte Konstruktionen aus Kapitel III (mit Kap. IV.1 als Hintergrund).

Aufgaben und Übungen: Es gibt zwei Arten von Übungsaufgaben. Die einen heißen »Übungen« und stehen am Ende der einzelnen Kapitel, die anderen heißen »Aufgaben« und sind in die einzelnen Kapitel integriert. Bei den Aufgaben empfiehlt es sich, diese zu lösen, bevor man im Text weiterliest. Denn sie versuchen, entweder das Verständnis zu sichern oder auf das Kommende vorzubereiten. Die Lösungen zu den Aufgaben werden an späterer Stelle im Text gegeben. Die Lösungen zu den Übungen befinden sich auf den Internetseiten des Verlags, die den Käufer/innen des Buches zugänglich sind (vgl. den ›Webcode‹ auf der ersten Buchseite).

Damit kann's losgehen.

2. Wortarten, Phrasen, Satzglieder

2.1 | Wortarten und syntaktische Kategorien

Ein Satz besteht aus Wörtern; in einer Sprache wie dem Deutschen, Englischen oder Französischen im Normalfall aus mehreren. Zwar ist jedes Wort einzigartig, da es sich von allen anderen Wörtern unterscheidet, doch lassen sich Wörter aufgrund gemeinsamer Eigenschaften zu Klassen von Wörtern zusammenfassen, zu **Wortarten**. Je nachdem, von welchen (morphologischen, syntaktischen, semantischen) Eigenschaften man ausgeht, kommt man zu unterschiedlichen Klassifizierungen (so variieren die Wortartklassifizierungen von Grammatik zu Grammatik mehr oder weniger deutlich).

Wenn es um die Syntax geht, also um die Frage, welche Klassen von Wörtern für die Syntax relevant sind, so spricht man von **syntaktischen Kategorien**. Wir orientieren uns zunächst an der folgenden Liste von neun Wortarten:

- Verb (V)
- Substantiv (N)
- Adjektiv (A)
- Determinativ (D)
- Pronomen
- Adverb (Adv)
- Präposition (P)
- Subjunktion (C)
- Partikel (Prt)

Wortarten

In Klammern steht hinter jeder Wortart (mit einer Ausnahme) das syntaktische Merkmal, das bei Wörtern und Wortgruppen die entsprechende syntaktische Kategorie angibt (ob Pronomina zu einer eigenen syntaktischen Kategorie gehören, soll offen bleiben – s. die Vertiefung ›Syntax der Pronomina‹ in Kap. II.3.3.2). Wenn wir beispielsweise *lachen* als Verb markieren wollen, schreiben wir hinter das Verb in Klammern das Merkmal für seine syntaktische Kategorie:

lachen   [V]

Gehen wir die Liste der Wortarten der Reihe nach durch, um uns einiger Eigenschaften und einiger Untergruppen der jeweiligen Wortart zu vergewissern bzw. sie kennenzulernen.

1. **Verben** gehören zu den Wörtern, die unterschiedliche Formen annehmen können, d. h. Verben werden flektiert, genauer: konjugiert (s. Kap. I.2.2.2). Der allergrößte Teil der Verben sind Vollverben wie *lachen, heulen, bummeln, toben, genießen*. Daneben gibt es einige kleine Gruppen von Verben mit speziellen formalen und inhaltlichen Eigenschaften. Wir unterscheiden folgende Gruppen von Verben:

- Vollverben
- Hilfsverben
- Kopulaverben
- Modalverben

Zu den **Hilfsverben** gehören zum einen die temporalen Hilfsverben *sein, haben* und *werden*, mit deren Hilfe der Zeitbezug hergestellt wird.

Sie sind angekommen. Sie haben es eingesehen. Ich werde das morgen erledigen.

Zu den Hilfsverben gehören zum anderen die Passivhilfsverben *werden, bekommen, kriegen* und *erhalten* (*werden* kann also sowohl ein temporales Hilfsverb wie ein Passivhilfsverb sein).

Sie wird beschattet. Er bekommt geholfen. Du kriegst gleich eine gescheuert. Sie erhielten das Bundesverdienstkreuz erster Klasse verliehen.

Dass *kriegen* umgangssprachlich ist, *erhalten* dagegen eine sehr gehobene Ausdrucksweise darstellt, ist hier nicht von Belang, beides gehört zum Hochdeutschen, wie wir es in der Einleitung bestimmt haben (zum Passiv s. Kap. III.1).

Die Gruppe der **Kopulaverben** besteht aus *sein, werden* und *bleiben*.

Er ist gesund. Er wurde wieder gesund. Bleib gesund!

Während Hilfsverben immer mit einem anderen Verb kombiniert werden (wie oben *sind* mit *angekommen*, *haben* mit *eingesehen* und *werde* mit *erledigen*), werden Kopulaverben nicht mit einem Verb, sondern mit Adjektiven wie in *Er ist gesund* kombiniert oder mit Ausdrücken wie in

Sie war in Venedig. Sie wurde Direktorin. Ich bleibe, was ich bin.

Die **Modalverben** sind schließlich noch eine Gruppe mit besonderen formalen und inhaltlichen Eigenschaften. Mit ihrer Hilfe kann man über Fähigkeiten, Möglichkeiten, Notwendigkeiten etc. reden: *müssen, sollen, dürfen, können, mögen/möchten, brauchen, wollen, werden* (hier begegnet uns eine vierte Verwendungsmöglichkeit von *werden*, nämlich die als Modalverb).

Sie können und sie müssen arbeiten. Sie möchten aber nicht arbeiten. Wir brauchen nicht zu arbeiten, aber wir dürfen arbeiten. Wer soll kommen? Sie mögen jetzt in Venedig sein. Sie werden es wohl geschafft haben.

2. **Substantive** (auch **Nomen** genannt) gehören wie die Verben zu den Wörtern, die typischerweise ihre Form verändern können (›flektieren‹),

genauer: Substantive werden dekliniert. Beispiele für Substantive sind *Dichter, Mensch, Hölderlin, Tübingen, Gold, Wasser, Wein, Brot, Eis, Obst, Gemüse* oder *Vieh* (zu syntaktisch relevanten Unterarten von Substantiven s. Kap. II.3.3.1.1).

3. Adjektive werden ebenfalls dekliniert. Beispiele für Adjektive sind *schön, groß, ängstlich, langsam* oder *tot*, aber auch *ein, zwei, drei* etc. (die Kardinalzahlen) und *erste, zweite, dritte* etc. (die Ordinalzahlen).

4. Determinative sind die dritte Wortart neben dem Substantiv und dem Adjektiv, die dekliniert wird. Zu den Determinativen gehören

- die **Artikel**: der definite (*der/die/das*) sowie die indefiniten Artikel (*ein, kein*)
- die **Demonstrativa** (*dieser, jener*)
- die **Possessiva** (*mein, dein* etc.)
- die **Interrogativa** (*welcher, wie viele*) und
- die **Quantitativa** (*jeder, alle, viele, einige* etc.).

Arten von
Determinativen

Die Determinative können alle, manche müssen sogar, mit einem Substantiv kombiniert werden: *das Stück, ein Stück, dieses Stück, mein Stück, welches Stück, jedes Stück* etc. In der syntaktischen Forschung ist das Determinativ (auch Determinierer, Determinator oder Determinans genannt) gut etabliert, die (deutschen) Grammatiken jedoch tun sich noch schwer mit dieser Wortart, weil Determinative traditionell zu großen Teilen den Pronomina zugeschlagen wurden (die IDS-Grammatik 1997, 33 ff. ist eine der wenigen, die das Determinativ als eigene Wortart führt und von den Pronomina – Proterme genannt – unterscheidet). Vor diesem Hintergrund ist es nicht verwunderlich, dass man bei den Bezeichnungen für die Unterarten der Determinative nicht immer auf etablierte Konventionen zurückgreifen kann (in Grammatiken des Englischen und des Französischen ist die Kategorie des Determinativs schon sehr viel etablierter; vgl. etwa Quirk et al. 1985, Kap. 5; Huddelston/Pullum 2002, Kap. 5; Fagyal et al. 2006, 106).

5. Pronomina können von den Determinativen relativ klar abgegrenzt werden. Im Unterschied zu diesen können die Pronomina bis auf wenige Ausnahmen überhaupt nicht mit einem Substantiv kombiniert werden.

Zu den Pronomina zählen einmal die **Personalpronomina** (*ich, du, wir, ihr, Sie*), mit denen auf die Sprecher und Adressaten einer Äußerung sowie gegebenenfalls noch weitere Personen Bezug genommen wird. Traditionell fasst man unter dem Begriff der Personalpronomina auch *er, es* und *sie*. Doch da diese deutlich andere Eigenschaften aufweisen als die eigentlichen Personalpronomina, empfiehlt sich eine terminologische Unterscheidung. Heute werden *er, es*, das Singular-*sie* und das Plural-*sie* oft **Anaphern** genannt.

Das **Reflexivpronomen** *sich* und das **Reziprokpronomen** *einander* haben gewisse Ähnlichkeiten mit den Anaphern, beide beziehen sich auf etwas, was im unmittelbaren sprachlichen Kontext vorkommt (*sich* kann auch als Reziprokpronomen verwendet werden: *Wir kennen uns schon lange*).

Sie versteckt sich. Wir kennen einander schon lange.

Zu den Pronomina gehören weiterhin die **Demonstrativpronomina** (*der/ die/das*, betontes *er* und *sie*) und die **Possessivpronomina** (*meiner, deiner* etc.). Bei Letzteren sieht man gut den Unterschied zu den Determinativen: Während ein Possessivum wie *mein* und *dein* mit einem Substantiv (oder einem Adjektiv) kombiniert werden muss, damit ein akzeptabler Satz entsteht, kann ein Possessivpronomen wie *meiner* und *deiner* überhaupt nicht mit einem Substantiv kombiniert werden (das Zeichen * steht dafür, dass ein Satz nicht als akzeptabler Satz bewertet werden kann):

Mein Hund hat gebellt.	vs.	**Mein hat gebellt.*
*Meiner Hund hat gebellt.	vs.	*Meiner hat gebellt.*

Zu den Pronomina gehören weiterhin die **Relativpronomina** *der/die/das, welcher/welche/welches, wer* und *was*:

Derjenige, der das gesagt hat, hat Mut bewiesen.
Das ist das Buch, welches ich lange gesucht habe.
Wer wagt, gewinnt.
Was du da gesagt hast, leuchtet mir nicht ein.

Wer und *was* können aber auch **Interrogativpronomina** sein wie in *Wer ist gekommen?* oder *Was ist passiert?* Die Gruppe der **Indefinitpronomina** ist relativ groß – zumindest *einer, keiner, etwas, was, nichts, wer* und *welche* gehören dazu:

Hast du eines? Da muss wer geklopft haben. Ich habe noch welche.

Traditionell werden auch Ausdrücke wie *jeder, alle, viele, einige* zu den Indefinitpronomina gerechnet, die aber, wenn man Determinative und Pronomina unterscheidet, besser wie oben bei den Determinativen aufgeführt werden.

Schließlich gehören noch *es* und *man* zu den Pronomina. Zumindest zwei *es* gilt es neben der Anapher *es* zu unterscheiden: Einmal das sogenannte impersonale *es* wie in *Damals regnete es* (es gibt auch ein impersonales *das*: *Wie das regnete!*) und *Ihr habt es gut*, zum anderen das sogenannte Vorfeld-*es* wie in *Es kam eine Japanerin zu Besuch*, das nur am Anfang von Aussagesätzen stehen kann.

Die Liste der verschiedenen Arten von Pronomina ist also sehr lang:

- Personalpronomen
- Anapher
- Reflexivpronomen
- Reziprokpronomen
- Demonstrativpronomen
- Possessivpronomen
- Relativpronomen
- Interrogativpronomen

- Indefinitpronomen
- impersonales Pronomen
- Vorfeld-*es*
- *man*

6. **Adverbien** sind in unserer Auflistung die erste Wortart, die nicht flektiert. Auch hier kann man mehrere Untergruppen unterscheiden – welche genau das sind und wie man sie bezeichnen soll, darüber gehen die Meinungen auseinander. Grob kann man zwischen
- Prädikatsadverbien (*gerne, genauso, genug, blindlings* etc.)
- Satzadverbien und
- Konjunktionaladverbien (*allerdings, also, trotzdem* etc.)
unterscheiden (Prädikatsadverbien werden auch Modaladverbien genannt), wobei die Gruppe der **Satzadverbien** mindestens noch in die folgenden Untergruppen zerlegt werden kann:
- Temporaladverbien (*jetzt, einst, heute* etc.)
- Lokaladverbien (*hier, da, dort* etc.)
- Frequenzadverbien (*oft, meistens, manchmal* etc.)
- evaluative Satzadverbien (*glücklicherweise, leider* etc.)
- epistemische Satzadverbien (*vielleicht, möglicherweise* etc.)

Prädikatsadverbien kann man syntaktisch von Satz- und Konjunktionaladverbien ganz gut durch ihre Stellung zur Satznegation *nicht* unterscheiden: Prädikatsadverbien können auf *nicht* folgen, aber *nicht* nur in seltenen Fällen unmittelbar vorangehen, wie z. B. in *Sie hat das nicht <u>gern</u> gemacht* vs. **Sie hat das <u>gern</u> nicht gemacht*. Satz- und Konjunktionaladverbien hingegen können *nicht* uneingeschränkt vorangehen, z. B. *Sie hat das <u>jetzt</u> nicht machen können* und *Sie hat das <u>trotzdem</u> nicht gemacht* (zur Satznegation *nicht* s. die Vertiefung ›Negationsprobe‹ in Kap. II.6.2.1).

Hier ein konstruierter Satz, in dem alle eben aufgelisteten Arten von Adverbien vorkommen:

Allerdings sind sie ihm dort gestern leider vielleicht oft blindlings gefolgt.

Ein offene Frage ist, wie man Ausdrücke wie *schnell* und *geradlinig*, die zweifelsohne Adjektive sein können (*die schnelle und geradlinige Antwort*), einordnen soll, wenn sie bei einem Verb auftauchen: *Sie hat schnell geantwortet, sie hat geradlinig argumentiert.* Sind sie dann Adverbien oder immer noch Adjektive? Im Englischen ist die Sache klar: *her quick answer* im Unterschied zu *She answered quickly.* Durch die Endung *-ly* wird aus dem Adjektiv *quick* das Adverb *quickly*. Aber wie verhält es sich im Deutschen, wenn keine entsprechende Endung vorhanden ist? Erst auf der Basis einer Theorie der syntaktischen Kategorien kann man diese Frage wirklich beantworten.

Zu den Adverbien werden traditionell auch die sogenannten **Pronominaladverbien** gezählt wie *darüber, daran, damit, womit, hiermit* etc. In der Vertiefung ›Pronominaladverbien‹ (in Kap. II.4.1) werden wir sehen, warum sie besser nicht als eine Klasse von Adverbien behandelt werden sollten.

7. Präpositionen können vorangestellt vorkommen, dann stehen sie vor einer zu ihnen gehörenden Wortgruppe (wie in *für das Leben*, *über den Wolken*). Dies ist auch bei der Mehrzahl der Präpositionen im Deutschen der Fall, neben *für* und *über* beispielsweise auch bei *in*, *vor*, *von*, *neben*, *hinter*, *aus* etc. Präpositionen können aber auch nachgestellt vorkommen wie in *den Eltern zuliebe* und *dem Hauptgebäude gegenüber*. Zu diesen Präpositionen (die oft **Postpositionen** genannt werden) gehören neben *zuliebe* und *gegenüber* auch *zufolge*, *gemäß*, *entsprechend*, *entlang*, *halber*, *wegen* u. a. (einige von diesen können aber auch vorangestellt vorkommen). Präpositionen können ganz vereinzelt auch doppelt vorkommen wie in *um des lieben Friedens willen* oder *von diesem Zeitpunkt an*, eine Präposition ist vorangestellt und die andere nachgestellt (bei *um ... willen* spricht man auch von einer **Zirkumposition**).

8. Subjunktionen leiten typischerweise Nebensätze ein, es handelt sich bei ihnen um Ausdrücken wie z. B. *dass*, *ob*, *wenn*, *nachdem*, *weil*, *obwohl*, *um*, *da*, *damit* (Betonung auf *mit*), *als* etc. (zum Begriff des Nebensatzes s. Kap. II.2.1).

dass die Lebenszeit begrenzt ist
ob man sich das weiter gefallen lassen sollte
um nicht wie ein Trottel dazustehen
als alles erledigt war

Traditionell redet man bei Subjunktionen von unterordnenden Konjunktionen und stellt damit eine Nähe her zu den Konjunktionen wie *und* und *oder* (s. unten bei den Partikeln).

9. Partikeln gibt es im Deutschen recht viele. Doch ist unklar, welche Ausdrücke genau man zu den Partikeln rechnen soll. In diesem Sinne ist die folgende Aufzählung der Unterarten nicht als definitiv zu verstehen. Da sind zum einen die **Konjunktionen** bzw. **koordinierenden Partikeln** wie *und*, *oder*, *aber* und *sondern*. Mit ihnen kann man Wörter und Wortgruppen zu größeren Einheiten gleicher Art verbinden, kurz: koordinieren (zur Koordination s. Kap. II.2.3):

Max und Moritz
du oder ich
eine elegante, aber teure Lösung
Diese Lösung ist nicht nur elegant, sondern auch kostengünstig.

Die Konjunktionen werden gerne mit den Subjunktionen in eine Obergruppe gesteckt (traditionell redet man von neben- bzw. beiordnenden Konjunktionen einerseits und unterordnenden Konjunktionen andererseits, in der IDS-Grammatik 1997, 60 f. bilden sie zwei Elemente der Klasse der Junktoren, in der Duden-Grammatik ^{8}2009, 619 ff. bilden sie die beiden Elemente der Klasse der Junktionen). Eine solche Einteilung legt jedoch bei der Analyse komplexer Sätze ein falsches Bild von der Struktur dieser Sätze nahe (s. Kap. II.2.1), weswegen wir auf sie verzichten werden.

Es gibt weiterhin die **Negationspartikel** *nicht*, die **Intensitätspartikeln** (*sehr, recht, ungemein, weitaus* etc.) und die **Vergleichspartikeln** (*zu, genug, hinreichend* etc.).

Die Abrechnungen haben <u>nicht</u> gestimmt.
<u>Nicht</u> alle haben da noch lachen können.
Ihr habt die <u>nicht</u> unelegante Radikallösung gewählt.
Das hat mal wieder <u>recht</u> gut, was sag ich, <u>sehr</u> gut geschmeckt.
Das war von denen <u>ungemein</u> weitsichtig gedacht.
Die Strecke war uns <u>zu</u> weit.
Denen war doch tatsächlich die Musik nicht laut <u>genug</u>.

Sehr typisch für das Deutsche sind die **Modalpartikeln**, auch Abtönungspartikeln genannt: *eben, denn, halt, bloß, vielleicht* etc.

Sie ist <u>eben</u> ein begnadetes Genie.
Wer ist <u>denn</u> da?
Hätte er <u>bloß</u> einmal den Mund aufgemacht!

Eine weitere Gruppe von Partikeln sind die **Fokuspartikeln**, zu denen *nur, auch, sogar, gerade, schon, nicht nur, vor allem* und andere gehören, mit denen man etwas aus einer Menge von ähnlichen Dingen herausgreifen kann (im Deutschen ist auch der Terminus ›Gradpartikel‹ anstelle von ›Fokuspartikel‹ anzutreffen, allerdings werden auch Intensitätspartikeln manchmal Gradpartikeln genannt – da scheint es das Beste, auf den Terminus ›Gradpartikel‹ zu verzichten).

<u>Nur</u> Fliegen ist schöner.
<u>Gerade</u> du hättest dir etwas Orginelleres einfallen lassen können.
Wir haben <u>sogar</u> Bettwäsche mitbringen müssen.

Topikpartikeln wie *jedenfalls* und *aber* kennzeichnen etwas als Topik, d. h. als Gegenstand, über den ein Aussage gemacht wird.

Fliegen <u>jedenfalls</u> ist schöner.
Der Moritz <u>aber</u> hätte das nicht tun dürfen.

Die folgende Gruppe von Partikeln kann man unter der Bezeichnung **Diskurspartikeln** zusammenfassen. Da sind zum einen die Diskursmarker *denn, aber, und, weil, obwohl* etc., die zum Beispiel am Anfang von selbständigen Aussage- und Fragesätzen stehen können.

<u>Denn</u> es regnete in Strömen.
<u>Aber</u> warum hast du das gemacht? <u>Und</u> was jetzt?
Es muss gehagelt haben. <u>Weil</u> auf meim Auto sin jede Menge Dellen.
So scheint das zu funktionieren. <u>Obwohl</u> ich hab das nich so richtig verstanden.

(Die Verwendung von *weil* und *obwohl* als Diskursmarker gehört nicht zur Standardsprache, sondern zur Umgangssprache – deshalb sind in die Beispielsätze einige umgangssprachliche Verkürzungen eingebaut bei *meim, sin, hab* und *nich*.) Man hat es hier nicht mit Subjunktionen oder Konjunktionen zu tun, wie man meinen könnte, da manche dieser Ausdrücken auch als Konjunktionen oder Subjunktionen verwendet werden können – wir kommen in Kapitel II.1.3.8 darauf zurück. Zu den Diskurspartikeln kann man auch die Antwortpartikeln (*ja, nein, doch* etc.) rechnen sowie die Initial-Gliederungspartikeln (*also, ja, naja* etc.).

Hast du Zeit? <u>Ja</u>, ich habe Zeit. <u>Nein</u>, ich habe keine Zeit.
<u>Also</u> man kann das durchaus so sehen, wenn man unbedingt will.

Als letzte Unterart der Partikeln seien die **Interjektionen** genannt: *ach, aha, hm, oh, äh* (auch Reparaturpartikel genannt) etc.

Analysebeispiel Für die Wörter, aus denen der Satz *Man kann das ja durchaus so sehen, wenn man unbedingt will* besteht, kann man wie folgt ihre Wortart und deren Untergruppe angeben, sofern zu der Wortart Untergruppen angegeben sind.

man	Pronomen (*man*)	*so*	Adverb (Prädikatsadverb)
kann	Verb (Modalverb)	*sehen*	Verb (Vollverb)
das	Pronomen (Demonstrativpr.)	*wenn*	Subjunktion
ja	Partikel (Modalpartikel)	*unbedingt*	Adverb (Satzadverb)
durchaus	Adverb (Satzadverb)	*will*	Verb (Modalverb)

Sehr umfassend kann man sich über die deutschen Wortarten informieren in dem *Handbuch der deutschen Wortarten* (2007) herausgegeben von Ludger Hoffmann. In der Duden-Grammatik ([8]2009) findet sich die Wortartklassifikation am Ende des Buches, in der IDS-Grammatik (1997) auf S. 66 f.

2.2 | Flexion

Zum Begriff

Unter → Flexion versteht man das Phänomen, dass Wörter unterschiedliche Formen annehmen können je nach den morphosyntaktischen Merkmalen, die sie tragen. Kasus, Genus, Tempus und Modus sind Beispiele für morphosyntaktische Merkmale, d. h. Merkmale, die sowohl morphologisch wie syntaktisch relevant sind. Die Gesamtheit aller Wortformen eines Lexems nennt man **Paradigma**. Eine **Wortform** zeichnet sich durch eine bestimmte Buchstaben- bzw. Lautfolge einerseits und durch bestimmte morphosyntaktische Merkmale andererseits aus. Traditionell spricht man bei der

Flexion von Substantiven, Adjektiven, Determinativen und Pronomina von **Deklination**, bei der Flexion von Verben von **Konjugation**.

2.2.1 | Deklination

Adjektive und Determinative können eine unterschiedliche Form annehmen je nach dem Kasus, dem Genus und dem Numerus, den sie aufweisen, Substantive können ihre Form je nach Kasus und Numerus ändern (das Genus ist bei ihnen fest). Das Deutsche hat vier Kasus (Nominativ, Akkusativ, Dativ und Genitiv), drei Genera (Maskulinum, Neutrum, Femininum) und zwei Numeri (Singular, Plural).

Schauen wir uns Singularformen von definitem Artikel, Adjektiv und Substantiv an (die sich ändernden Bestandteile der Wörter sind fett gedruckt):

	Maskulinum	Neutrum	Femininum
Nominativ	*der freche Löwe*	*das frische Brot*	*die frische Nacht*
Akkusativ	*den frechen Löwen*	*das frische Brot*	*die frische Nacht*
Dativ	*dem frechen Löwen*	*dem frischen Brot*	*der frischen Nacht*
Genitiv	*des frechen Löwen*	*des frischen Brot(e)s*	*der frischen Nacht*

Singularformen von definitem Artikel, Adjektiv und Substantiv

Was die Singularformen angeht, so ist die Formenvielfalt beim Artikel am größten, beim Adjektiv haben wir nur -*e* oder -*en* als Endung (dies ist die sogenannte schwache Flexion der Adjektive, bei der starken Flexion ist die Formenvielfalt größer, s. Kap. I.2.2.1.1). Auch das Substantiv zeigt wenig Formenvielfalt, doch sind die Endungen je nach ›Flexionsklasse‹ des Substantivs unterschiedlich: Bei den Feminina gibt es keine Veränderung, Maskulina und Neutra flektieren entweder wie *Löwe*, wo im Akkusativ, Dativ und Genitiv die Endung -*n* bzw. -*en* hinzukommt, oder wie *Brot*, wo nur im Genitiv die Endung -*s* bzw. -*es* hinzukommt (zu den Flexionsklassen vgl. genauer IDS-Grammatik 1997, 29 ff.).

Auf viele Details der Deklination brauchen wir hier nicht genauer einzugehen, da sie für die Syntax unerheblich sind, etwa auf die verschiedenen Möglichkeiten, den Plural bei Substantiven zu realisieren (*Kind – Kinder*, *Oma – Omas, Tag – Tage, Löwe – Löwen, Haus – Häuser, Mutter – Mütter*). Wichtig für die Syntax sind die Merkmale, die die flektierten Wörter haben, nicht die Art, wie sie realisiert werden. Mit Letzterem muss sich die Morphologie, und zwar die Flexionsmorphologie, auseinandersetzen. Zum Inventar der für die Deklination relevanten syntaktischen Merkmale von Substantiven, Adjektiven und Determinativen gehören die folgenden:

- Kasusmerkmale: nom, akk, dat, gen
- Genusmerkmale: mask, neut, fem
- Numerusmerkmale: sing, plu

Terminologische Anmerkung: Kasus, Genus und Numerus bezeichnet man als Flexionskategorien, allgemeiner als Merkmale oder Attribute. Die einzelnen Kasus, also Nominativ, Akkusativ etc., bezeichnet man als Werte der Flexionskategorie bzw. des Merkmals Kasus. Diese terminologische Differenzierung nehmen wir hier nicht vor, sondern sprechen sowohl in Bezug auf Kasus allgemein wie in Bezug auf die einzelnen Kasus von syntaktischen Merkmalen.

Hier folgen einige Beispiele, wie die syntaktischen Merkmale von Substantiven, Adjektiven und Determinativen notiert werden:

der in *der freche Löwe* hat die Merkmale: [D, nom, mask, sing]
frischen in *des frischen Brotes* hat die Merkmale: [A, gen, neut, sing]
Frauen in *den alten Frauen* hat die Merkmale: [N, dat, fem, plu]

Auch viele Pronomina werden dekliniert. Das Demonstrativpronomen *der/die/das* sowie die Relativpronomina *der/die/das* und *welcher* zum Beispiel flektieren auch nach Kasus, Genus und Numerus. Interessant in mehrfacher Hinsicht sind die **Personalpronomina**. Sie haben als syntaktische Merkmale Kasus, Numerus und Person (1. Person, 2. Person, 3. Person).

	Singular		Plural		
	1. Person	2. Person	1. Person	2. Person	3. Person
Nominativ	*ich*	*du*	*wir*	*ihr*	*Sie*
Akkusativ	*mich*	*dich*	*uns*	*euch*	*Sie*
Dativ	*mir*	*dir*	*uns*	*euch*	*Ihnen*
Genitiv	*meiner*	*deiner*	*unser*	*euer*	*Ihrer*

Wenn wir es hier mit *fünf* verschiedenen Pronomina, jedes vier Formen umfassend, zu tun haben (dafür spricht, dass jedes eine etwas andere Bedeutung hat als die anderen), dann flektieren die Personalpronomina nur nach Kasus, aber nicht nach Numerus oder Person (dies wird traditionell nicht so gesehen, da spricht man vom Personalpronomen der 1. Person und dem der 2. Person und fasst damit *ich* und *wir* sowie *du* und *ihr* zu jeweils einem Pronomen zusammen).

Noch ein anderer Punkt ist interessant. Die Höflichkeits- bzw. Distanzform *Sie* ist syntaktisch 3. Person Plural, wie sich an der Kongruenz (s. Kap. I.2.6) zwischen *Sie* und dem Verb zeigt (*Sie haben da etwas vergessen*), und nicht etwa 2. Person Singular oder Plural (**Sie hast (/habt) etwas vergessen* im Unterschied zu: *Du hast etwas vergessen, Ihr habt etwas vergessen*). Hieran sieht man deutlich, dass man syntaktische Merkmale als **syntaktische Merkmale** ernst nehmen muss und nicht als **semantische Merkmale**, d.h. Merkmale mit einer bestimmten Bedeutung, verstehen darf, selbst wenn es oft direkte oder indirekte Verbindungen zur Semantik gibt. Das syntaktische Merkmal ›Plural‹ muss nicht, wie man an *Sie* sieht, auch semantisch Plural bedeuten (wir können mit *Sie* sowohl auf eine Einzelperson wie eine Gruppe Bezug nehmen). Auch das Merkmal der 3. Person hat, wie man an *Sie* sieht, nicht eine bestimmte Bedeutung, etwa »Person, die weder der Sprechende noch der Adressat ist«. Es ist ein rein syntaktisches Merkmal ohne Inhalt.

Zur Vertiefung

Komparation
Traditionell wird die Komparation (*klein*, *kleiner*, *kleinst*) mit zur Flexion gezählt (die drei Formen unterscheidet man als **Positiv**, **Komparativ** und **Superlativ**). Doch Adjektive können in der Komparativform auftreten, auch wenn sie unflektiert verwendet werden wie in *Sie ist schneller* und *Sie rennt schneller* (als Prädikativ und Adverbial – zu diesen Begriffen s. Kap. I.2.5 – tragen Adjektive keine Flexionsmerkmale). Auch können nicht alle Adjektive gesteigert werden, was seinen Grund in der Bedeutung dieser Adjektive hat, während es andererseits (zweifelsfreie) Adverbien gibt, die gesteigert werden können (z. B. *oft – öfter – am öftesten*; *gerne – lieber – am liebsten*). Es scheint schließlich keinen Grund zu geben, in der Syntax syntaktische Merkmale für die Komparation anzunehmen (kein syntaktisches Phänomen scheint zu seiner Beschreibung solche Merkmale zu benötigen). Man nimmt die Komparation besser in die Wortbildung auf, so dass *-er* und *-st* Derivationssuffixe mit einer bestimmten Bedeutung sind (zu Wortbildung und Derivation im Besonderen vgl. Meibauer et al. [2]2007, Kap. 2).

2.2.1.1 | Exkurs: Deklinationsart von Adjektiven

Jeder, der Deutsch als Fremdsprache gelernt hat oder lehrt, weiß, dass Adjektive nicht nur nach Kasus, Genus und Numerus flektieren, wie man an dem folgenden Satzpaar sieht:

Dieser spannende Film könnte für Entspannung sorgen.
Ein spannender Film könnte für Entspannung sorgen.

Obgleich in beiden Sätzen das Adjektiv im Nominativ Maskulinum Singular steht, ist die Endung eine andere: *-e* versus *-er*. Man sagt, dass Adjektive stark oder schwach flektieren. Für viele Fälle gilt die folgende Regel:

Regel

> Geht dem Adjektiv ein Determinativ mit einer Flexionsendung voran, dann flektiert das Adjektiv schwach, geht ihm kein Determinativ mit einer Flexionsendung voran, dann flektiert das Adjektiv stark.

Nach dieser Regel flektiert das Adjektiv schwach, wenn ihm ein Determinativ wie *dieser* vorangeht, und stark, wenn ihm ein Determinativ wie *ein* oder überhaupt kein Determinativ vorangeht. Schauen wir uns die **starken** und **schwachen** Formen genauer an (die Flexionsendung des Adjektivs ist zur besseren Orientierung jeweils durch einen Bindestrich abgetrennt):

Schwache
Adjektivflexion
Singular

	Maskulinum	Neutrum	Femininum
Nominativ	(der) frech-e (Löwe)	(das) frisch-e (Brot)	(die) frisch-e (Nacht)
Akkusativ	(den) frech-en (Löwen)	(das) frisch-e (Brot)	(die) frisch-e (Nacht)
Dativ	(dem) frech-en (Löwen)	(dem) frisch-en (Brot)	(der) frisch-en (Nacht)
Genitiv	(des) frech-en (Löwen)	(des) frisch-en (Brotes)	(der) frisch-en (Nacht)

Plural

	alle Genera
alle Kasus	frech-en

Starke
Adjektivflexion
Singular

	Maskulinum	Neutrum	Femininum
Nominativ	frisch-er (Käse)	frisch-es (Brot)	frisch-e (Milch)
Akkusativ	frisch-en (Käse)	frisch-es (Brot)	frisch-e (Milch)
Dativ	frisch-em (Käse)	frisch-em (Brot)	frisch-er (Milch)
Genitiv	frisch-en (Käses)	frisch-en (Brotes)	frisch-er (Milch)

Plural

	alle Genera
Nominativ	frisch-e
Akkusativ	frisch-e
Dativ	frisch-en
Genitiv	frisch-er

Man beachte, dass man aus der Form einer Endung nicht immer unmittelbar ersehen kann, ob es sich um starke oder schwache Flexion handelt: -e und -en können sowohl die schwache wie die starke Flexion realisieren, alle anderen Endung sind eindeutig stark.

Bei Determinativen, die in manchen Formen eine Flexionsendung aufweisen, in anderen nicht, flektieren die Adjektive der obigen Regel entsprechend je nachdem schwach oder stark (es ist unnötig, neben der starken und schwachen Flexion noch eine ›gemischte‹ anzunehmen, wie dies oft getan wird). Der indefinite Artikel und die Possessiva gehören zu dieser Klasse von Determinativen.

Adjektivflexion
nach indefinitem
Artikel

	Maskulinum	Neutrum	Femininum
Nominativ	(ein) frisch-**er** (Käse)	(ein) frisch-**es** (Brot)	(eine) frisch-e (Milch)
Akkusativ	(einen) frisch-en (Käse)	(ein) frisch-**es** (Brot)	(eine) frisch-e (Milch)
Dativ	(einem) frisch-en (Käse)	(einem) frisch-en (Brot)	(einer) frisch-en (Milch)
Genitiv	(eines) frisch-en (Käses)	(eines) frisch-en (Brotes)	(einer) frisch-en (Milch)

(Die starken Formen sind fett gedruckt.)

Zum Begriff

> → **Deklinationsart** ist das Merkmal von Adjektiven, das deren Form abhängig von Vorkommen und Form eines vorangehenden Determinativs festlegt. Für die Deklination müssen weitere syntaktische Merkmale angesetzt werden, nämlich die Deklinationsartmerkmale: stark, schwach

Analysebeispiele

frischer in *ein frischer Käse* hat die Merkmale:
[A, nom, mask, sing, stark]
frischen in *des frischen Brotes* hat die Merkmale:
[A, gen, neut, sing, schwach]

Interessanterweise gibt es auch **Substantive**, bei denen die Deklinationsart die Form beeinflusst. Diese Substantive flektieren genau wie ein Adjektiv (man könnte sagen, syntaktisch sind sie Substantive, morphologisch Adjektive). *Beamter* und *Verwandter* sind solche Substantive:

der faule Beamte	versus	*ein fauler Beamter*
der nahe Verwandte	versus	*ein naher Verwandter*

Sprachgeschichte: Dieses merkwürdige Phänomen der Deklinationsart von Adjektiven ist im Urgermanischen entstanden. Vereinfacht gesagt, ist die starke Adjektivflexion ein Erbstück des Indogermanischen, im Urgermanischen kam dann die schwache Adjektivflexion hinzu (vgl. Braune [14]1987, 215; Schmid 2009, 165 f.). Der Kontrast zwischen diesen beiden Deklinationsarten wurde dazu benutzt, definite und indefinite Nominalgruppen zu unterscheiden. Dies gilt noch für das Althochdeutsche, wo Adjektive in indefiniten Nominalgruppen stark und in definiten schwach flektieren (vgl. Demske 2001, § 2.3).

2.2.2 | Konjugation

Das Paradigma von Verben besteht aus finiten und infiniten Verbformen.

- **Finit** ist eine Verbform, wenn sie Tempus, Modus, Person und Numerus aufweist.
- **Infinit** ist eine Verbform, wenn sie diese Merkmale nicht aufweist.

Wie genau das Paradigma eines Verbs wie *lachen* aussieht, ist keine so einfache Frage, wie man auf den ersten Blick denken möchte (und wie viele Grammatiken suggerieren). Schauen wir uns die folgende Aufstellung von finiten und infiniten Formen an:

Wortarten,
Phrasen,
Satzglieder

Paradigma
von *lachen*

Finite Formen			Indikativ	Konjunktiv	Imperativ
Präsens	**Singular**	1. Person	*lache*	*lache*	
		2. Person	*lachst*	*lachest*	*lach(e)*
		3. Person	*lacht*	*lache*	
	Plural	1. Person	*lachen*	*lachen*	
		2. Person	*lacht*	*lachet*	*lacht*
		3. Person	*lachen*	*lachen*	
Präteritum	**Singular**	1. Person	*lachte*	*lachte*	
		2. Person	*lachtest*	*lachtest*	
		3. Person	*lachte*	*lachte*	
	Plural	1. Person	*lachten*	*lachten*	
		2. Person	*lachtet*	*lachtet*	
		3. Person	*lachten*	*lachten*	

Infinite Formen	1. Status	*lachen*
	2. Status	*zu lachen*
	3. Status	*gelacht*

Es werden zwei Numeri angesetzt (Singular und Plural), drei Personen
(1., 2. und 3.) und drei Modi (Indikativ, Konjunktiv und Imperativ). Das ist
üblich und gut begründbar. Es sei aber angemerkt, dass es umstritten ist,
wie viele Imperativformen ein Verb hat, und dass es auch die Position gibt,
derzufolge Imperativformen infinite Formen sind (vgl. Eisenberg 2006a,
§ 5.3.4).

Besonders überraschend ist an der obigen Aufstellung von Verbformen,
dass nur zwei Tempora angesetzt werden: Präsens und Präteritum. Was
ist mit den sogenannten analytischen Tempusformen?

wird lachen (Futur I) *wird gelacht haben* (Futur II)
hat gelacht (Perfekt I) *hat gelacht gehabt* (Perfekt II)
hatte gelacht (Plusquamperfekt I) *hatte gelacht gehabt* (Plusquamperfekt II)

Wenn man sich diese Gebilde unvorbelastet anschaut, so sieht man
schnell, dass es sich um Konstruktionen aus mehreren (!) Verbformen
handelt: *wird lachen* besteht aus einer Form des Hilfsverbs *werden* und
aus einer Form des Vollverbs *lachen*; *hat gelacht* besteht aus einer Form
des Hilfsverbs *haben* und aus einer Form des Vollverbs *lachen*; *wird gelacht haben* besteht aus drei Verbformen: einer Form von *werden* und
einer Form von *haben* sowie einer Form von *lachen*. Es handelt sich bei
den sogenannten analytischen Tempusformen also eigentlich um syntaktische Konstruktionen aus mehreren Verbformen, um **periphrastische
Konstruktionen**, wie man auch sagt.

Auch beim Passiv – *Wir wurden ausgelacht* – handelt es sich um eine periphrastische Konstruktionen. Deshalb ist es nicht nötig, im Deutschen **Genus verbi** als eine Flexionskategorie mit den Werten Aktiv und Passiv anzusetzen (zu Aktiv und Passiv s. Kap. III.1.1).

Da in das Paradigma von *lachen* nur die Formen des Verbs *lachen* gehören und nichts sonst, gehören die periphrastischen Konstruktionen auch nicht in dieses Paradigma, schließlich bestehen sie aus mehr als nur einer Verbform von *lachen*.

Verbformen und periphrastische Konstruktionen
Zur Vertiefung
Die Unterscheidung zwischen Verbformen und periphrastischen Konstruktionen ist von dem dänischen Grammatiker Gunnar Bech [sprich: Beck] bereits in den 1950er Jahren klar dargelegt worden in einem der bedeutendsten Werke der germanistischen Linguistik – den *Studien über das deutsche Verbum infinitum.*

»Die periphrastischen gebilde (perf./plusquamperf.: *ich habe geliebt | ich hatte geliebt,* fut./konditionalis: *ich werde lieben | ich würde lieben,* passiv: *ich werde geliebt,* usw.) werden hier nicht als besondere formen des verbs, sondern als hypotaktische ketten [...] betrachtet, genau wie viele andere konstruktionen mit infiniten verben« (Bech ²1983, 13).

Doch in den allermeisten Grammatiken des Deutschen ist diese Sichtweise immer noch nicht angekommen. Dabei ist sie so verständlich und bewahrt vor vielen merkwürdigen Annahmen – zum Beispiel derjenigen, dass eine Wortform in einem Satz zerstückelt vorkommen kann wie in *Wird sie auch wirklich lachen?*

Sie ist auch sprachhistorisch sinnvoll. Schon das »Urgermanische kannte nur zwei Tempusformen: Präsens und Präteritum« (Schmid 2009, 189). Die periphrastischen Konstruktionen entstanden insbesondere durch »den Kontakt mit dem Lateinischen, das ein sechsstufiges Tempussystem aufweist (Präsens, Imperfekt, Perfekt und Plusquamperfekt, Futur I und Futur II). Althochdeutsche Übersetzer mussten versuchen, diese grammatische Diskrepanz zwischen lateinischer Ausgangs- und deutscher Zielsprache zu bewältigen« (ebd.). Im Lateinischen ist beispielsweise das Futur I wirklich ein Tempus, das durch spezielle Endungen am Verb realisiert wird: *ridebo* heißt ›ich werde lachen‹ und lässt sich zerlegen in den Verbstamm *rid(e)* und die Flexionsendung *-bo,* die die Verbform als 1. Person Singular Futur markiert. Was im Lateinischen durch eine Verbform mit einem speziellen Tempus, wird im Deutschen durch eine syntaktische Konstruktion ausgedrückt. Da die lateinische Grammatik lange das Vorbild für die Grammatikschreibung war, übertrug man die lateinischen Verhältnisse auch auf andere Sprachen, obwohl diese vielfach andere Strukturen aufwiesen.

Die Bezeichnungen für die infiniten Verbformen im Paradigma von *lachen* – 1. Status, 2. Status, 3. Status – stammen auch von Bech. Er bezeichnet diese drei infiniten Formen als Supina (Singular: Supinum).

Infinite Formen: Die infiniten Verbformen, die übrigens genauso wie die finiten Verbformen flektierte Formen darstellen (sonst hätten sie im Paradigma nichts verloren), weisen im Unterschied zu den finiten Formen das Merkmal ›**Status**‹ auf: der einfache Infinitiv steht im 1. Status, der *zu*-Infinitiv im 2. Status und das Partizip (Perfekt) im 3. Status.

In Bezug auf den **zu-Infinitiv** kann man anzweifeln, dass in dem obigen Paradigma von *lachen* wirklich nur Verbformen von *lachen* stehen – es scheint ja, dass der *zu*-Infinitiv aus *zu* und der Verbform *lachen* besteht, also aus zwei Wörtern. Doch ist es keineswegs klar, dass *zu* ein eigenes Wort ist, das man eine Infinitivpartikel nennen könnte. Es gibt keine überzeugenden Gründe, das Infinitiv *zu* als ein eigenes Wort anzusehen – es ist ein verbales Flexionspräfix. Dass man zwischen *zu* und dem dazugehörigen Verbstamm orthographisch ein Spatium einfügt (aber das auch nicht immer – siehe *auszulachen*), ist kein Argument dafür, *zu* syntaktisch als Wort zu betrachten – es zeigt einfach die Auffassung derjenigen an, die diese orthographische Konvention einführten und tradierten (und sich – wie alle Menschen – irren können): Sie waren anscheinend der Meinung, dass *zu* ein eigenständiges Wort ist.

Zur Vertiefung

Der Status des Infinitiv-*zu*

Dass das Infinitiv-*zu* syntaktisch nicht als eigenständiges Wort angesehen werden kann, zeigt sich deutlich, wenn man es mit dem englischen Infinitiv-*to* vergleicht, das in der Tat ein eigenständiges syntaktisches Wort ist (vgl. Haider 1993, 234 f., von dem auch die folgenden Beispielsätze stammen). Zwischen *to* und den Infinitiv kann man eine Negationspartikel oder ein Adverb setzen:

They were careful to <u>not</u> destroy the atmosphere.
They tried to <u>carefully</u> disentangle the complex argumentation.

Man kann zwei Infinitive durch eine Konjunktion verbinden (=koordinieren) und dabei *to* außen vor lassen, und man kann – einen geeigneten Kontext vorausgesetzt – den Infinitiv weglassen, aber das *to* stehen lassen:

They tried to sing and dance.
They are laying eggs now, just like they used to. (Belafonte)

Alles dies ist mit dem deutschen *zu* nicht zu machen. Man kann weder die Negationspartikel noch ein Adverb bzw. Adjektiv zwischen *zu* und das Verb stellen:

**um die Atmosphäre zu <u>nicht</u> zerstören*
(*um die Atmosphäre nicht zu zerstören*)
**um diese Argumentation zu <u>sorgfältig</u> analysieren*
(*um diese Argumentation sorgfältig zu analysieren*)

Man kann auch nicht zwei Infinitive koordinieren und dabei *zu* außen vor lassen oder etwa *zu* ohne das dazugehörige Verb benutzen:

Sie versuchten zu singen und tanzen.
(*Sie versuchten zu singen und zu tanzen.*)
Sie legten Eier, wie sie es gewohnt waren zu.
(*Sie legten Eier, wie sie es gewohnt waren (zu tun).*)

Aus dem Kontrast zum Englischen erschließt sich recht gut, dass das deutsche Infinitiv-*zu* kein eigenständiges Wort, sondern ein Verbalpräfix ist, ein Teil der Verbform, der der Flexion dient. Denn, wenn es ein Verbalpräfix ist, dann sind die Akzeptabilität bzw. Unakzeptabilität der eben betrachteten deutschen Sätze sowie der Kontrast zum Englischen leicht zu erklären.

Dass *zu* ein Präfix ist, darüber besteht in neueren Grammatiken Konsens (vgl. Duden-Grammatik [8]2009, 439; IDS-Grammatik 1997, 2159; Eisenberg 2006a, 193).

Neben den sogenannten analytischen Tempusformen wird man im Paradigma von *lachen* vielleicht auch das sogenannte **Partizip Präsens** bzw. Partizip I vermissen: *lachend* wie in *der lachende Dritte*. Doch bei *lachend* handelt es sich um ein Adjektiv, wie man an seiner Stellung im Satz und seiner Flexion sieht: Es kann genau dort stehen, wo Adjektive stehen können, und nach dem definiten Artikel flektiert es exakt wie ein Adjektiv (bei -*end* handelt es sich um eine Endung, die mit einem Verbstamm kombiniert ein Adjektiv ergibt – es ist ein sogenanntes Derivationssuffix).

Auch in *die immer unterschätzten Bratschisten* hat man es bei *unterschätzten* mit einem Adjektiv zu tun – dies zeigen Stellung und Flexion. Dieses Adjektiv wird aus der infiniten Verbform im 3. Status gebildet (*Man hat sie immer unterschätzt*). Dies ist ein Beispiel für den Wortbildungsprozess der Konversion, bei der aus einem Wort ein Wort mit einer anderen Wortart wird, ohne dass eine sichtbare Veränderung an dem Wort vorgenommen worden wäre (das Nomen *Ruf* ist durch Konversion aus dem Verbstamm *ruf* entstanden; zu Konversion vgl. einführend Meibauer et al. [2]2007, Kap. 2.7).

Das Verb *lachen* weist nach dem obigen Paradigma genau 29 Wortformen auf (eine Wortform zeichnet sich, wie gesagt, durch eine bestimmte Buchstaben- bzw. Lautfolge einerseits und durch bestimmte morphosyntaktische Merkmale andererseits aus). Das Inventar der für die Konjugation einschlägigen syntaktischen Merkmale sieht wie folgt aus:

- Tempusmerkmale: präs, prät
- Modusmerkmale: ind, konj, imp
- Personmerkmale: 1. pers, 2. pers, 3. pers
- Numerusmerkmale: sing, plu
- Statusmerkmale: 1. sta, 2. sta, 3. sta

Syntaktische
Merkmale
von Verben

Damit (und mit den Merkmalen für die syntaktische Kategorie) lassen sich Verbformen beschreiben.

Analysebeispiele	*lachst*	[V, 2. pers, sing, ind, präs]
	lachten	[V, 3. pers, plu, ind, prät]
	zu lachen	[V, 2. sta]

(*Lachten* kann aber natürlich auch eine andere Wortform sein und z.B. die Merkmale [V, 1. pers, plu, ind, prät] tragen.) Mit den Merkmalen lassen sich auch die finiten und infiniten Verbformen beschreiben, aus denen eine periphrastische Konstruktion besteht, indem jede Verbform einzeln beschrieben wird:

wird lachen:	*wird* [V, 3. pers, sing, ind, präs]
	lachen [V, 1. sta]
hat gelacht:	*hat* [V, 3. pers, sing, ind, präs]
	gelacht [V, 3.sta]
wird gelacht haben:	*wird* [V, 3. pers, sing, ind, präs]
	gelacht [V, 3. sta]
	haben [V, 1. sta]

2.3 | Wortgruppen bzw. Phrasen

2.3.1 | Klammerung von Wortgruppen

Wörter lassen sich zu größeren Einheiten verbinden, zu Wortgruppen – die man auch **Phrasen** nennt. Es gibt Nominalgruppen, Adjektivgruppen, Präpositionalgruppen, Verbalgruppen und andere. Auch Sätze sind Wortgruppen bzw. Phrasen (in der Literatur wird manchmal ein engerer Begriff von Phrase zugrundegelegt, demzufolge Sätze keine Phrasen sind, vgl. IDS-Grammatik 1997, 72). Aus der jeweiligen Bezeichnung wird meist unmittelbar ersichtlich, welches Wort der **Kern** bzw. **Kopf** der Wortgruppe zu sein scheint. Es ist aber keineswegs immer offensichtlich, was der Kern einer Wortgruppe ist.

Bei den Nominalgruppen gibt es unterschiedliche Ansichten über deren Kern. Der traditionellen Ansicht zufolge handelt es sich bei den geklammerten Wörtern in den folgenden Sätzen um Phrasen mit einem Nomen (Substantiv) als Kern.

(1)   [*Die Verhandlungen*] *werden bald stattfinden.*
      [*Ein neues Präsidium*] *wird sich konstituieren.*
      [*Guter Rat*] *ist teuer.*
      [*Das Wasser in dem Brunnen*] *ist vergiftet.*
      [*Wasser*] *ist kostbar.*

Dies ist eine auf den ersten Blick sehr plausible Ansicht. Einer neueren Ansicht zufolge handelt es sich bei diesen Wortgruppen aber um Phrasen mit einem Determinativ als Kern (diese auf den ersten Blick viel weniger plausible Ansicht werden wir in Kap. IV.2.2.2 genauer darstellen und begründen). Je nachdem, welcher Ansicht man ist, schreibt man an die Anfangsklammer den Index NP (für **N**ominal**p**hrase) oder DP (für **D**eterminativ**p**hrase):

[$_{NP}$ *die Verhandlungen*]   [$_{NP}$ *ein neues Präsidium*]
[$_{DP}$ *die Verhandlungen*]   [$_{DP}$ *ein neues Präsidium*]

Wenn man Wortgruppen derart auszeichnet, spricht man von **indizierter Klammerung**.

Eine Nominalgruppe kann durchaus auch nur aus einem Wort bestehen – wie in *Wasser ist kostbar*, wo die Nominalgruppe nur aus dem Substantiv besteht. Auch Pronomina können den Status einer Nominalgruppe haben (wie in 2), müssen es aber nicht, sie können auch Teil einer Nominalgruppe sein wie in (3):

(2)   [*Wir*] *kommen*. [*Wer*] *ist eingeladen?*
(3)   [*Ich Idiot*] *habe das nicht bemerkt*. [*Wer von euch*] *ist eingeladen?*

Präpositionalgruppen bestehen meist aus einer Präposition und einer Nominalgruppe, wobei die Präposition der Nominalgruppe vorangeht oder folgt oder zwei Präpositionen die Nominalgruppe einrahmen.

(4)   [$_{PP}$ *In der Bundeshauptstadt*] *wird verhandelt.*
        [$_{PP}$ *Aus dem Tanker*] *läuft etwas Öl aus.*
        [$_{PP}$ *Eines Verkehrsunfalls wegen*] *wurde die Bundesstraße gesperrt.*
        [$_{PP}$ *Von diesem Moment an*] *war alles anders.*

Adjektivgruppen können etwa aus Partikel plus Adjektiv, Nominalgruppe plus Adjektiv oder Präpositionalgruppe plus Adjektiv bestehen – oder auch aus dem Adjektiv allein:

(5)   *Wir sind* [$_{AP}$ *sehr zufrieden*].
        Wir sind keineswegs [$_{AP}$ *des Lesens unkundig*].
        Dort stehen die [$_{AP}$ *mit dem Ergebnis zufriedenen*] *Unterhändler.*
        Seid ihr [$_{AP}$ *zufrieden*]?

Wir belassen es im Moment bei diesen drei Arten von Wortgruppen, bei Adjektiv-, Präpositional- und Nominalgruppen. Wenn wir sie in einem Satz durch indizierte Klammerung als AP, PP und NP bzw. DP auszeichnen, dann zeichnen wir alle Wortgruppen gleichzeitig aus:

[$_{DP}$ *Wir*] *sind keineswegs* [$_{AP}$ [$_{DP}$ *des Lesens*] *unkundig*].   Analysebeispiele
[$_{PP}$ *Aus* [$_{DP}$ *dem Tanker*]] *läuft* [$_{DP}$ *etwas Öl*] *aus.*
[$_{DP}$ *Das Wasser* [$_{PP}$ *in* [$_{DP}$ *dem Brunnen*]]] *ist* [$_{AP}$ *vergiftet*].

Manchmal ist es der Übersichtlichkeit halber nützlich, verschiedene Klammerarten (eckige, runde, geschweifte) zu verwenden, um deutlich zu machen, welche Gruppe wo endet – oder man indiziert auch an die Endklammer noch einmal die Art der Wortgruppe (wobei man der Eindeutigkeit halber auch noch Phrasen unterschiedlich markieren kann wie unten DP vs. DP*):

a. $\{_{DP}$ *Das Wasser* $[_{PP}$ *in* $(_{DP}$ *dem Brunnen*$)]\}$ *ist* $[_{AP}$ *vergiftet*].
b. $[_{DP}$ *Das Wasser* $[_{PP}$ *in* $[_{DP}{}^{*}$ *dem Brunnen* $_{DP}{}^{*}]$ $_{PP}]$ $_{DP}]$ *ist* $[_{AP}$ *vergiftet*].

Aufgabe 1   Zeichnen Sie in den Sätzen in (1), (4) und (5) – sofern wir das teilweise nicht bereits getan haben – alle Adjektiv-, Präpositional- und Nominalgruppen durch indizierte Klammerung als AP, PP und NP bzw. DP aus (entscheiden Sie sich für eine Analyseform der Nominalgruppe, für eine NP- oder eine DP-Analyse).

Die Lösungen zu Aufgabe 1 finden Sie am Ende von Kap. I.2.3.2.

2.3.2 | Tests zur Identifizierung von Wortgruppen

Um herauszufinden, wo eine Wortgruppe beginnt und wo sie endet, sind einige Tests ganz nützlich, die sogenannten **Konstituententests**. Sie beruhen auf den beiden Verfahren der Permutation (=Umstellung) und Substitution (=Ersetzung). Von drei Konstituententest werden wir Gebrauch machen:

Drei Konstituen-   ▪ Vorfeldtest
tentests   ▪ Fragetest
▪ Koordinationstest

1. Der Vorfeldtest besteht aus einer Permutation an die Spitze eines Aussagesatzes, genauer: aus einer Permutation in das Vorfeld eines Satzes (zu dem Begriff ›Vorfeld‹ s. Kap. II.1.3.2). Wenn eine Wortkette diesen Test besteht, d.h. wenn bei dieser Permutation ein akzeptabler und mehr oder weniger bedeutungsgleicher Satz entsteht, dann ist dies ein starkes Indiz dafür, von der Wortkette als einer Wortgruppe ausgehen zu können. Durch den Vorfeldtest lässt sich beispielsweise in (1a) *die Preisverleihung* als Wortgruppe identifizieren:

(1)   a.   *Dieses Mal findet* [*die Preisverleihung*] *in Berlin statt.*
b.   [*Die Preisverleihung*] *findet dieses Mal in Berlin statt.*

In einem Satz, der als Satz akzeptabel ist und an dessen Spitze eine Wortkette steht, besteht diese Wortkette den Vorfeldtest, ohne dass eine Permutation vorgenommen werden müsste (in 1a gilt dies für *dieses Mal*). Dies trifft in einem erweiterten Sinne auch für Wortketten zu, die am Anfang von Ergänzungsfragesätzen wie [*Wie oft*] *hat es geklappt?* stehen. Auch sie bestehen den Vorfeldtest (auch wenn es sich hier nicht um Aussagesätze handelt). Wir werden später sehen (Kap. II.1.1), dass an der Spitze eines Aussagesatzes Unterschiedliches stehen kann und damit nicht auf Anhieb klar sein muss, welches die Wortkette im Vorfeld ist.

2. Beim Fragetest wird überprüft, ob ein akzeptabler Satz entsteht, wenn eine Wortkette entweder nur durch ein Fragepronomen ersetzt oder zusätzlich das Fragepronomen noch an die Satzspitze verschoben wird. Ausgehend von (1a) gelangt man durch einfache Substitution zu (2a), zu einer besonderen Art von Frage, einer sogenannten Echo-Frage, und durch Substitution und Permutation zu der normalen Ergänzungsfrage (2b).

(2) a. *Dieses Mal findet was in Berlin statt?*
    b. *Was findet dieses Mal in Berlin statt?*

Besteht eine Wortkette den Fragetest in einer seiner Varianten, so ist dies ein starkes Indiz dafür, dass es sich um eine Wortgruppe handelt. Die Sätze in (2) sind also weitere Indizien dafür, dass *die Preisverleihung* eine Wortgruppe ist.

3. Beim Koordinationstest wird überprüft, ob ein akzeptabler Satz entsteht, wenn eine Wortkette mit einer ihr ähnlichen Wortkette mit Hilfe einer Konjunktion (*und*, *oder*) verbunden wird. Aus (3a) kann zum Beispiel (3b) gebildet werden.

(3) a. *Dieses Mal findet [die Preisverleihung] in Berlin statt.*   [=(1a)]
    b. *Dieses Mal findet [die Preisverleihung] und [das Abschlusskonzert] in Berlin statt.*

Erhält man bei dieser Veränderung des Ausgangssatzes (die nichts anderes als eine besondere Form der Substitution einer Wortkette durch eine längere ist) einen akzeptablen Satz, so ist dies ein starkes Indiz dafür, dass es sich bei der Wortkette des Ausgangssatzes um eine Wortgruppe handelt (sofern nicht lediglich zwei einfache Wörter miteinander koordiniert wurden). Wieder erhalten wir Indizien dafür, dass *die Preisverleihung* eine Wortgruppe ist.

Wendet man diese Tests auf Wortketten an, die offensichtlich keine Wortgruppen sind, dann ist das (negative) Ergebnis oft ganz eindeutig:

Dieses Mal findet die [Preisverleihung in] Berlin statt.
(4) a. **[Preisverleihung in] findet dieses Mal die Berlin statt.* (Vorfeldtest)
    b. **Was (/wer) findet dieses Mal die Berlin statt?* (Fragetest)
    c. **Dieses Mal findet die [Preisverleihung in] und [Abschlusskonzert in] Berlin statt.* (Koordinationstest)

Doch kann man die Tests nicht einfach mechanisch anwenden. Es ist einerseits völlig klar, dass in (5a) *dem Brunnen* eine Wortgruppe ist, doch andererseits ergibt weder der Vorfeld- noch der Fragetest ein dem entsprechendes Ergebnis – nur der Koordinationstest ist erfolgreich:

(5) a. *Wahrscheinlich ist das Wasser in [dem Brunnen] vergiftet.*
    b. **[Dem Brunnen] ist das Wasser in wahrscheinlich vergiftet.*
    c. **Wahrscheinlich ist das Wasser in wem (/was) vergiftet?*
    d. *Wahrscheinlich ist das Wasser in [dem Brunnen] und [dem Teich] vergiftet.*

Daraus, dass ein Test nicht erfolgreich ist, dürfen wir also nicht unmittelbar auf den Status der getesteten Wortkette schließen – erst wenn alle Tests negativ sind, ist die Wahrscheinlichkeit sehr groß, dass es sich bei der Wortkette nicht um eine Wortgruppe handelt (es müssen schon ganz außergewöhnliche Umstände vorliegen, in einem solchen Fall dennoch eine Wortgruppe anzusetzen – bei dem impersonalen *es* im Akkusativ wie in *Ihr habt es gut* könnte dies der Fall sein).

Auch wenn wir mit den Tests vorsichtig umgehen müssen, leisten sie uns gute Dienste und ermöglichen uns manch überraschende Einsichten. Mit der Zeit werden wir sehen, was der Hintergrund für die Tests ist und warum sie nicht immer zuverlässig sind.

Lösungen
zu Aufgabe 1

Hier folgen die Musterlösungen zu Aufgabe 1:

[$_{DP}$ *Die Verhandlungen*] *werden bald stattfinden.*
[$_{DP}$ *Ein* ($_{AP}$ *neues*) *Präsidium*] *wird* [$_{DP}$ *sich*] *konstituieren.*
[$_{DP}$ ($_{AP}$ *Guter*) *Rat*] *ist* [$_{AP}$ *teuer*].
[$_{DP}$ *Wasser*] *ist* [$_{AP}$ *kostbar*].

[$_{PP}$ *In* ($_{DP}$ *der Bundeshauptstadt*)] *wird verhandelt.*
[$_{PP}$ ($_{DP}$ *Eines Verkehrsunfalls*) *wegen*] *wurde* [$_{DP}$ *die Bundesstraße*] *gesperrt.*
[$_{PP}$ *Von* ($_{DP}$ *diesem Moment*) *an*] *war* [$_{DP}$ *alles*] *anders.*

[$_{DP}$ *Wir*] *sind* [$_{AP}$ *sehr zufrieden*].
Dort stehen {$_{DP}$ *die* [$_{AP}$ ($_{PP}$ *mit* [$_{DP}$ *dem Ergebnis*]) *zufriedenen*] *Unterhändler*}.
Seid [$_{DP}$ *ihr*] [$_{AP}$ *zufrieden*]?

Wir haben durchgehend eine DP-Analyse der Nominalgruppen vorgenommen, auch dort, wo kein Determinativ sichtbar ist (s. dazu Kap. II.3.3.1.1). Wenn man sich für eine NP-Analyse entscheidet, dann steht bei den Lösungen überall NP, wo jetzt DP steht.

2.4 | Valenz und Rektion

2.4.1 | Syntaktische Valenz

Zum Begriff

> → **Syntaktische Valenz** meint den Sachverhalt, dass Ausdrücke bestimmte Anforderungen stellen an die Wörter bzw. Wortgruppen, mit denen sie kombiniert werden. Man sagt auch, dass Ausdrücke Wörter bzw. Wortgruppen bestimmter Art **selegieren**.

Obligatorische und fakultative Ergänzungen: Vollverben, aber nicht nur sie, haben eine syntaktische Valenz. Die Akzeptabilität bzw. Unakzeptabilität der folgenden Sätze gibt beispielsweise Auskunft über die (syntaktische) Valenz von *besiegen*:

Alexander der Große besiegte den Perserkönig Dareios.
*Alexander der Große besiegte.
*Den Perserkönig Dareios besiegte.

Ein Satz mit dem Verb *besiegen* ist nur dann akzeptabel, wenn es mit einer Nominalgruppe im Nominativ und einer Nominalgruppe im Akkusativ kombiniert wird. *Besiegen* hat damit zwei **obligatorische Ergänzungen**, es ist syntaktisch zweistellig.

Verben wie *atmen, schlafen, rennen, arbeiten* oder *lachen* sind syntaktisch einstellig, nur eine Ergänzung, und zwar eine Nominativergänzung, wird gefordert. Einstellig sind auch Witterungsverben wie *regnen, donnern* und *blitzen*, doch die Ergänzung muss das impersonale *es* sein (oder das impersonale *das – Wie das regnet!*).

Anders liegt der Fall bei *gestehen*, das einstellig, zweistellig und dreistellig verwendet werden kann:

a.   *Ede gestand ihr den Mord.*
b.   *Ede gestand den Mord.*
c.   *Ede gestand.*
d.   **Ede gestand ihr.*
e.   **Dann gestand.*

In (a) hat das Verb drei Ergänzungen: eine Nominativergänzung (*Ede*), eine Dativergänzung (*ihr*) und eine Akkusativergänzung (*den Mord*). In (b) hat es zwei Ergänzungen – eine Nominativ- und eine Akkusativergänzung. In (c) hat es nur eine Nominativergänzung. Wenn *gestehen* zweistellig verwendet wird, dann muss die Ergänzung neben der Nominativergänzung eine Akkusativergänzung sein, es kann nicht eine Dativergänzung sein – dies zeigt der Kontrast zwischen dem akzeptablen Satz (b) und dem unakzeptablen Satz (d). Nullstellig kann das Verb nicht sein, wie man an (e) sieht, zumindest die Nominativergänzung muss vorkommen (systematische Ausnahmen scheinen der Imperativ *Gestehe!* und der Infinitiv wie in *Ich rate dir, alles zu gestehen* zu sein, wo *gestehen* ohne sichtbare Nominativergänzung vorkommt).

Damit ist die Nominativergänzung von *gestehen* eine obligatorische Ergänzung, Dativ- und Akkusativergänzung sind **fakultative Ergänzungen**, da sie nicht in allen syntaktischen Valenzen von *gestehen* vorkommen. Fakultativ heißt hier nicht, dass man diese Ergänzungen beliebig weglassen könnte, denn ausgehend von *Ede gestand ihr den Mord* kann man ja nicht einfach die Akkusativergänzung weglassen (**Ede gestand ihr*).

Eine Nominativ- oder Akkusativergänzung muss nicht immer die Form einer Nominalgruppe im Nominativ bzw. Akkusativ haben, dafür ist *gestehen* ein gutes Beispiel. Denn dessen Akkusativergänzung kann auch die Form eines Satzes annehmen: *Ede hat ihr gestanden, dass er den Mord begangen hat*.

Ergänzungen vs. Angaben: Nun können Verben nahezu beliebig mit weiteren Wörtern bzw. Wortgruppen kombiniert werden, zum Beispiel mit Adverbien und Partikeln:

Ede hat es ihr ja gestanden.
Ede hat es ihr ja hoffentlich gestanden.
Ede hat es ihr ja hoffentlich gestern gestanden.

Dass *gestehen* mit Modalpartikeln, Temporaladverbien und evaluativen Satzadverbien kombiniert werden kann, ist keine spezielle Eigenschaft dieses Verbs, diese Ausdrücke werden von ihm nicht selegiert. Die Möglichkeit, eine Modalpartikel oder ein evaluatives Satzadverb in einen Satz einzufügen, hat nichts mit dem Vollverb des Satzes zu tun, sie ist von diesem nicht im geringsten abhängig. Auch die Möglichkeit, Temporal- oder Lokaladverbien in einen Satz einzufügen, hat nur wenig mit den speziellen Eigenschaften des Verbs zu tun. Alle Verben mit einer Bedeutung, die temporale und lokale Lokalisierung zulässt, erlauben Temporal- und Lokaladverbien.

Wörter und Wortgruppen, die nicht den Status von Ergänzungen haben, werden (freie) **Angaben** genannt. So sind beispielsweise Modalpartikeln, Satzadverbien und (in den meisten Fällen auch) Prädikatsadverbien Angaben und keine Ergänzungen von Verben. **Ergänzungen** werden im Unterschied zu Angaben von einem Ausdruck selegiert. Das heißt, bei einer Ergänzung, nicht aber bei einer Angabe, wird die Möglichkeit ihres Vorkommens, ihre Form und/oder ihre Bedeutung (insbesondere ihre semantische Rolle, s. Kap. I.2.4.3) von einem Ausdruck festgelegt. Bei der Dativergänzung von *gestehen* etwa wird von *gestehen* festgelegt, dass die Ergänzung fakultativ ist, den Dativ aufweist und die Person bezeichnet, an die das Geständnis gerichtet ist. Doch wird die Möglichkeit, *gestehen* mit Temporal- und Lokaladverbien zu kombinieren, nicht durch das Verb festgelegt. Es folgt ganz allgemein aus der Bedeutung eines Verbs wie *gestehen*, dass es mit Temporal- und Lokaladverbien kombiniert werden kann. Auch ihre Form und ihre Bedeutung wird nicht vom Verb *gestehen* festgelegt. Deshalb haben diese nicht den Status von Ergänzungen, sondern von Angaben.

Valenzbestimmung: Wenn man die Valenz eines Verbs bestimmt, so muss man die verschiedenen Bedeutungen, die ein Verb haben kann, berücksichtigen, denn je nach Bedeutung kann die Valenz eine andere sein. Das Verb *erinnern* beispielsweise ist polysem, es existiert in zwei Varianten: Die erste Variante, die wir als *erinnern*$_1$ bezeichnen werden, ist ein Verb, das die Handlung, (jemanden) zu erinnern, ausdrückt, die zweite Variante, *erinnern*$_2$, ist ein Verb, das einen mentalen Zustand ausdrückt. Man vergleiche die syntaktische Valenz dieser beiden Varianten:

Ich erinnerte$_1$ sie an diesen Tag.   *Ich erinnerte$_2$ mich an diesen Tag.*
Ich erinnerte$_1$ sie.   *Ich erinnerte$_2$ mich.*
Ich erinnerte$_1$ an diesen Tag.   *Ich erinnerte$_2$ an diesen Tag.*
Ich erinnerte$_1$.   *Ich erinnerte$_2$ (sie).*
Ich erinnerte$_1$ sie über diesen Tag.   *Ich erinnerte$_2$ mich über diesen Tag.*
An diesen Tag erinnerte$_1$ ihn.   *An diesen Tag erinnerte$_2$ mich.*

Bei beiden Varianten ist die Nominativergänzung obligatorisch und Einstelligkeit nicht möglich. Doch damit enden die Gemeinsamkeiten fast schon. Zwar können beide dreistellig verwendet werden – mit Nominativ-ergänzung, Akkusativergänzung und Ergänzung durch eine *an*-PP, doch bei *erinnern*$_2$ muss die Akkusativergänzung reflexiv sein (*sich, sich selbst*). Das gleiche gilt für die zweistellige Verwendung mit Nominativ- und Akkusativergänzung. Anders als bei *erinnern*$_1$ ist die Akkusativergänzung bei *erinnern*$_2$ obligatorisch, d.h. nur *erinnern*$_1$ besitzt eine zweistellige Verwendung mit Nominativ- und Präpositionalergänzung.

Valenzmuster: Wenn man sich die Typen von Ergänzungen anschaut, die deutsche Verben selegieren, dann kann man die folgenden Muster identifizieren – in (a) sind die sehr häufig vorkommenden, in (b) die deutlich seltener vorkommenden Muster aufgeführt (Nom steht für eine Ergänzung in Form einer Nominalgruppe im Nominativ, Akk für eine Ergänzung in Form einer Nominalgruppe im Akkusativ u.s.w.; die Aufstellung ist nicht vollständig).

a.	Nom			*Sie lacht.*
	Nom	Akk		*Sie kennt ihn.*
	Nom	Dat		*Wir helfen ihm.*
	Nom	Akk	Dat	*Wir geben es ihm.*
b.	Nom	Akk	PP	*Ich erinnere mich an dich.*
	Nom	Akk	Akk	*Sie haben mich nichts gefragt.*
	Nom	Akk	Gen	*Sie bezichtigen ihn der Lüge.*
	Nom	PP		*Sie achtet auf ihn.*
	Nom	Gen		*Das bedarf einer Erklärung.*
	Dat	PP		*Mir graut vor dir.*
	Akk			*Mich friert.*
	Dat			*Mir ekelt.*

Syntaktische Valenzmuster

Valenzangaben: In diesem Format können wir nun die syntaktische Valenz von Verben angeben. Dabei werden wir zusätzlich berücksichtigen, dass bei manchen Verben eine Ergänzung nicht nur die Form einer Nominalgruppe, sondern auch die eines Satzes annehmen kann. Wir haben schon gesehen, dass die Akkusativergänzung bei *gestehen* auch die Form eines Satzes annehmen kann. Genauer kann es ein finiter oder infiniter Satz sein (warum wir bei der Infinitivkonstruktion *den Mord begangen zu haben* von einem (infiniten) Satz reden, wird in Kap. II.1 klar werden):

Er gestand, dass er den Mord begangen hat.
Er gestand, den Mord begangen zu haben.

Diese Eigenschaft notieren wir folgendermaßen: Akk/S$^{\pm finit}$ Dies besagt, dass wir es mit einer Ergänzung zu tun haben, die entweder die Form einer Nominalgruppe im Akkusativ oder die Form eines finiten oder infiniten Satzes annimmt (wenn ein Ausdruck nur finite Sätze selegiert, schreiben wir S^{+finit}, wenn er nur infinite selegiert, S^{-finit}).

Das, was wir über die syntaktische Valenz von *besiegen* und *gestehen* wissen, können wir nun folgendermaßen notieren:

besiegen	syntaktische Valenz:	Nom	Akk	
gestehen	syntaktische Valenz:	Nom		
		Nom	Akk/S$^{\pm finit}$	
		Nom	Akk/S$^{\pm finit}$	Dat

Bei einem Verb wie *gestehen* mit mehreren syntaktischen Valenzen schreiben wir die einzelnen Valenzen untereinander.

Man kann platzsparender, aber weniger transparent, die drei Valenzen auch mit Hilfe von Klammern, die Fakultativität anzeigen, in einer Zeile zusammenfassen. Die syntaktische Valenz von *gestehen* könnte man auch angeben als:

Nom (Akk/S$^{\pm finit}$ (Dat))

Diese Angabe besagt, dass *gestehen* drei Ergänzungen haben kann; sie besagt weiterhin durch die Klammern um Akk/S$^{\pm finit}$ und (Dat), dass beide Ergänzungen zusammen wegfallen können (was die einstellige Verwendung ergibt); und sie besagt durch die Klammerung von Dat, dass Dat alleine wegfallen kann und *gestehen* somit zweistellig mit einer Nominativ- und einer Akkusativergänzung vorkommen kann. Wir werden von dieser Form der Valenzangabe, die in der Literatur anzutreffen ist, aber im Folgenden keinen Gebrauch machen.

Geben Sie die syntaktische Valenz der beiden Varianten von *erinnern* in dem vorgestellten Format an, d. h. die Valenz von *erinnern*$_1$ und *erinnern*$_2$ (gehen Sie dabei von den oben angeführten Sätzen aus, überlegen Sie aber auch, was darüberhinaus noch möglich ist). Eine reflexive Nominalgruppe im Akkusativ wird notiert als Akk^{reflexiv}, eine PP mit der Präposition *an* als PP^{an}.

Die Lösungen zu Aufgabe 2 finden Sie am Ende von Kap. I.2.4.1.

Valenz von Hilfs-, Kopula- und Modalverben: Bisher haben wir die Valenz von Vollverben betrachtet. Doch auch bei Hilfs-, Kopula- und Modalverben kann man von Valenz sprechen. Das Tempushilfsverb *werden* zum Beispiel seleigiert einen einfachen Infinitiv, d. h. ein Verb im 1. Status (*Ich werde kommen*), während das Passivhilfsverb *werden* ein Verb im 3. Status (*Ich wurde gerufen*) selegiert (zum Begriff des Status s. Kap. I.2.2.2). Während das Modalverb *müssen* wieder ein Verb im 1. Status selegiert (*Ich muss kommen*), selegiert das Modalverb *brauchen* ein Verb im 2. Status (*Niemand braucht zu kommen*) – in der Umgangssprache zumindest tritt *brauchen* aber auch mit dem 1. Status auf (*Er brauch mir gar nich damit kommen*).

Die Kopulaverben schließlich selegieren recht Unterschiedliches: Adjektivgruppen, Nominalgruppen, Präpositionalgruppen, Adverbgruppen (wobei die Gruppe auch nur aus einem Wort bestehen kann):

Sie ist	*sehr musikalisch.* *Musikerin.* *in der Oper.* *dort.*

Valenz von Präpositionen, Adjektiven und Substantiven: Nicht nur Verben haben eine Valenz, sondern auch Präpositionen, Adjektive und Substantive. Eine Präposition etwa kann eine Nominalgruppe in einem bestimmten Kasus selegieren (*zu* beispielsweise fordert eine Dativergänzung), ein Adjektiv und ein Substantiv können (fakultativ) bestimmte PP-Ergänzungen fordern (*zufrieden* etwa selegiert eine *mit*-PP, *Hoffnung* eine *auf*-PP).

Wenn man sich Kopulakonstruktionen wie *Wir sind mit dem Ergebnis zufrieden* anschaut, kann man noch weitergehen und sagen, dass ein Adjektiv wie *zufrieden* syntaktisch zweistellig verwendet werden kann: Es hat nicht nur eine PP-Ergänzung (*mit dem Ergebnis*), sondern auch eine Nominativergänzung (*wir*). Dass die Nominativergänzung in der Tat letztlich vom Adjektiv selegiert wird (und nicht von der Kopula), zeigt sich daran, dass – ganz analog wie bei Verben – manche Adjektive nur bestimmte Ausdrücke als Nominativergänzung zulassen. So selegieren Witterungsadjektive wie *neblig, dämmrig, dunstig* genau wie Witterungsverben ein impersonales *es: Jetzt ist es schon dämmrig.* Und dass in einem Satz wie *Dass sie gekündigt hat, ist unzutreffend* die Nominativergänzung durch einen *dass*-Satz wiedergegeben werden kann, ist auf das Adjektiv *unzutreffend* zurückzuführen.

Vor diesem Hintergrund muss man dann konsequenterweise sagen, dass die Nominativergänzung in den Kopulakonstruktionen immer von dem Element selegiert wird, das von der Kopula selegiert wird. Dies gilt entsprechend auch für Sätze mit Hilfs- und Modalverben (*Ich werde kommen, Niemand sonst braucht zu kommen*), wo das Vollverb die Nominativergänzung selegiert.

Es sei aber darauf hingewiesen, dass in elaborierten Theorien der Valenz dieser Sachverhalt so erfasst wird, dass Hilfs-, Modal- und Kopulaverben (zumindest teilweise) die Valenz der von ihnen regierten Ausdrücke übernehmen. In *Ich werde kommen* beispielsweise übernimmt *werden* die Forderung nach einer Nominativergänzung vom selegierten Verb, so dass man sagen kann, dass *ich* vom Hilfsverb selegiert wird (s. Kap. III.2.3).

Hier folgen die Musterlösungen zu Aufgabe 2:

Lösungen
zu Aufgabe 2

erinnern$_1$	syntaktische Valenz:	Nom	Akk	
		Nom	PP^{an}	
		Nom	Akk	PP^{an}
erinnern$_2$	syntaktische Valenz:	Nom	Akk^{reflexiv}	
		Nom	Akk^{reflexiv}	PP^{an}/S$^{\pm finit}$

Bei *erinnern*$_2$ kann die PP-Ergänzung auch die Form eines finiten oder infiniten Satzes annehmen: *Ihr werdet euch doch bestimmt noch erinnern, dass wir damals recht verrückt aussahen*; *Sie erinnerten sich nicht, den Begriff schon einmal gehört zu haben.*

Bei einem Satz wie *Ihr werdet euch doch bestimmt noch daran erinnern, dass wir damals recht verrückt aussahen* sollte man nicht annehmen, dass neben der Nominativ- und der Akkusativergänzung noch zwei weitere Ergänzungen vorkommen, *daran* einerseits und der *dass*-Satz andererseits. Denn, auch wenn *daran* und der *dass*-Satz getrennt voneinander stehen, so gehören sie doch zusammen, bilden eigentlich eine Einheit. Dies sieht man daran, dass sie zusammen an der Spitze des Satzes, im Vorfeld, stehen können:

Daran, dass wir damals recht verrückt aussahen, werdet ihr euch doch bestimmt noch erinnern.

Daran ist eine besondere Form einer Präpositionalgruppe mit der Präposition *an* und bildet mit dem *dass*-Satz eine komplexe Präpositionalgruppe (s. die Vertiefung ›Pronominaladverbien‹ in Kap. II.4.1). Damit sind die Valenzangaben von beiden Varianten von *erinnern* auch in der Lage, Sätze mit *daran* zu erfassen.

2.4.2 | Rektion

Zum Begriff

> Mit → Rektion wird ein Teilaspekt der syntaktischen Valenz bezeichnet und zwar der Aspekt, dass Ergänzungen bestimmte syntaktische Merkmale aufweisen müssen.

Kasusrektion: Wenn beispielsweise eine Präposition eine Nominalgruppe im Dativ selegiert, dann regiert die Präposition den Dativ. Wenn ein Verb eine Dativergänzung oder Genitivergänzung hat, dann redet man auch hier davon, dass das Verb den Dativ bzw. Genitiv regiert. Insofern das einzelne Verb den Kasus dieser Ergänzungen bestimmt, bezeichnet man Dativ und Genitiv im Deutschen als **lexikalische Kasus**; im Unterschied zu Nominativ und Akkusativ, die oft **strukturelle Kasus** genannt werden. Deren Auftreten ist genereller Natur: Es scheinen allgemeine Regeln am Werk, nicht die Festlegung durch das einzelne Verb. Wie diese Regeln genau aussehen, ist sehr theorieabhängig; man kann aber allgemein angeben, welche Regularitäten ihnen zugrunde liegen:

- Wenn ein Verb zumindest eine Ergänzung hat, dann hat es eine Nominativergänzung.
- Wenn ein Verb zumindest zwei Ergänzungen hat, dann hat es eine Akkusativergänzung.

Auf der Grundlage dieser Regularitäten kann man bei der Charakterisierung der syntaktischen Valenz von Verben in sehr vielen Fällen auf die Angabe der Kasus verzichten. Nur wo Verben von diesen Regularitäten abweichen, muss der Kasus lexikalisch festgelegt werden, nur dort regieren die Verben dann einen Kasus.

Auch wenn uns diese Regularitäten die Vereinfachung der Valenzangaben ermöglichen würden, bleiben wir bei dem bisherigen Format, Nominativ- und Akkusativergänzungen als Nom bzw. Akk zu notieren.

Statusrektion: Wenn ein Verb ein anderes Verb seligiert und von diesem einen bestimmten Status fordert, dann regiert das Verb, von dem die Selektion ausgeht, den Status des seligierten Verbs. In *Ich werde kommen* seligiert das Hilfsverb das Vollverb und regiert dessen 1. Status. Diese Statusrektion ist analog zur Kasusrektion.

Weitere Formen von Rektion: Wenn eine Verb wie *erinnern* als Ergänzung eine PP mit einer bestimmten Präposition fordert (bei *erinnern* ist es die Präposition *an*), so sagt man hier, dass die Präposition vom Verb regiert wird. Auch die Steuerung der Deklinationsart von Adjektiven kann man als Rektion analysieren, als Rektion durch das Determinativ (s. Kap. I.2.2.1.1).

2.4.3 | Semantische Valenz

Das Verb *gestehen* können wir syntaktisch einstellig verwenden wie in *Ede gestand* ohne Akkusativ- und Dativergänzung. Und doch verstehen wir in gewisser Weise diese beiden Ergänzungen mit: Denn wir verstehen *Ede gestand* so, dass Ede jemandem etwas Bestimmtes gestanden hat. Der Grund ist, dass man von Gestehen (d.h. davon, dass die Handlung des Gestehens vorliegt) nur reden kann, wenn es erstens jemanden gibt, der gesteht, es zweitens etwas gibt, das gestanden wird, und es drittens jemanden gibt, dem gestanden wird. Es sind also zumindest diese drei ›Dinge‹ nötig, damit man von Gestehen reden kann.

Dies ist ein Aspekt des Verbs *gestehen*, der zu dessen Bedeutung, zu seiner Semantik gehört. Es handelt sich hier um eine Art von Valenz, nämlich um die semantische Valenz von *gestehen*. Semantisch ist das Verb dreistellig, es hat drei Argumente, wie man sagt.

Prädikate und Terme: In der Semantik unterscheidet man Ausdrücke unter anderem danach, ob es sich um Prädikate oder um Terme handelt.

Ein → Term ist ein Ausdruck, mit dem man auf etwas referieren kann.

Ein → Prädikat ist ein Ausdruck, der auf Gegenstände zutrifft oder nicht zutrifft. Prädikate können anderen Prädikaten über- oder untergeordnet sein und sich gegenseitig ausschließen. (Prädikate stehen, mit anderen Worten, in Hyponymie- und Inkompatibilitätsbeziehungen; zu diesen semantischen Relationen vgl. einführend Meibauer et al. [2]2007, Kap. 5.3.2.)

Zum Begriff

Eigennamen, Personalpronomina, Anaphern und Demonstrativpronomina sind typische Terme. Aber auch viele Nominalgruppen, die aus mehr als nur einem Wort bestehen, sind Terme, zum Beispiel Nominalgruppen wie *die Beatles*, *jene Softwarefirma*, *diese Leute*.

Ausdrücke, die den Wortarten Verb, Substantiv, Adjektiv und Präposition angehören, sind fast immer Prädikate im semantischen Sinne. So sind Verben wie *lachen*, *gähnen*, *laufen* – eigentlich alle sogenannten Vollverben – Prädikate. *Laufen* beispielsweise ist ein Prädikat, das auf alle Leute zutrifft, die (in einer bestimmten Situation) laufen, und auf alle Leute nicht zutrifft, die (in dieser Situation) nicht laufen; *laufen* ist *sich bewegen* untergeordnet (wenn jemand läuft, dann bewegt er sich notwendigerweise auch, aber nicht umgekehrt, jemand kann sich bewegen, ohne zu laufen); *laufen* und *stehen* schließen sich gegenseitig aus (jemand kann nicht gleichzeitig laufen und stehen).

Mit Termen und Prädikaten werden Prädikationen gebildet. Eine **Prädikation** ist ein Ausdruck, der einen Sachverhalt (eine Proposition) ausdrückt. Dieser Sachverhalt besteht bzw. die Proposition ist wahr, wenn das Prädikat auf die Dinge zutrifft, auf die die Terme referieren. Typischerweise sind Sätze Prädikationen.

Argumente und Stelligkeit: Eine wichtige Eigenschaft von Prädikaten ist ihre **Stelligkeit**. Diese gibt an, wie viele Terme (Argumente) von Seiten des Prädikats benötigt werden, damit mit dem Prädikat eine vollständige Prädikation gebildet werden kann. Eine Prädikation ist vollständig, wenn alle Dinge genannt sind, die nötig sind, damit im Prinzip, wenn Zeit und Ort festgelegt sind, entschieden werden kann, ob das Prädikat zutrifft oder nicht.

Zum Begriff

> Die → semantische Valenz eines Prädikats gibt die Anzahl und die Art der **Argumente** des Prädikats an.

Lachen ist semantisch einstellig, von Seiten des Prädikats genügt ein Term, ein Argument, um eine vollständige Prädikation zu bilden. Denn von Lachen kann man bereits reden, wenn es *einen* Gegenstand gibt, der lacht. *Besiegen* ist semantisch zweistellig, zwei Terme sind vonseiten des Prädikats nötig, um eine vollständige Prädikation zu bilden. Denn von Besiegen kann man nur reden, wenn es eine Partei gibt, die siegt (=das Agens), und eine Partei gibt, die besiegt wird (=das Patiens). Agens und Patiens sind allgemeine Bezeichnungen für Rollen, die die Teilnehmer an einem Ereignis einnehmen. Ein Agens ist typischerweise jemand, der willentlich ein Ereignis verursacht, ein Patiens ist typischerweise jemand, der von einem Ereignis betroffen ist. Agens und Patiens sind sogenannte **semantische Rollen** (einführend zu semantischen Rollen vgl. Meibauer [2]2007, Kap. 4.8.2 und 5.4.1). *Besiegen* hat also zwei Argumente, ein Agens- und ein Patiensargument. *Gestehen* dagegen ist, wie wir bereits gesehen haben, semantisch dreistellig, es hat drei Argumente: jemand, der gesteht

(=das Agens), etwas, das gestanden wird (=der Inhalt), und jemand, dem gestanden wird (=der Adressat). (Welche semantischen Rollen es gibt und wie sie genau zu definieren sind, ist in der Forschung sehr umstritten.)

Die semantische Valenz notieren wir hier am Beispiel von *besiegen*, das zwei Argumente hat, ein Agens- und ein Patiensargument.

Analysebeispiel

besiegen   semantische Valenz: $\text{Term}^{\text{Agens}}$ $\text{Term}^{\text{Patiens}}$

Da die semantischen Rollen ein schwieriges semantisches Gebiet sind, kann man, um die Valenzbeschreibung damit nicht zu belasten, die Identität der semantischen Rollen auch offen lassen, indem man die Terme lediglich durch Rolle_a, Rolle_b, Rolle_c etc. unterscheidet (in der Literatur ist es auch üblich, Θ oder θ als Variable für semantische Rollen zu benutzen).

besiegen   semantische Valenz: $\text{Term}^{\text{Rolle}_a}$ $\text{Term}^{\text{Rolle}_b}$

Oft wird in der Fachliteratur die semantische Valenz mit Hilfe von Symbolen aus der Logik angegeben. Die Argumente werden mit Variablen notiert (x, y, z) und das Verb wird als logischer Prädikatsausdruck übersetzt. Die semantische Valenz von *besiegen* sieht dann etwa wie folgt aus: BESIEGEN(x, y). Bei einer anderen Art der Valenzangabe werden einfach die semantischen Rollen der Argumente notiert »Agens, Patiens«, womit auch ausgedrückt werden kann, dass es sich um zwei Argumente mit jeweils spezifischer semantischer Rolle handelt. Diese unterschiedlichen Weisen, die semantische Valenz anzugeben, sind meist äquivalent.

Semantische und syntaktische Valenz: Semantisch ist *gestehen* dreistellig, syntaktisch jedoch ist das Verb ein-, zwei- und dreistellig. Damit ist deutlich, dass es notwendig ist, syntaktische und semantische Stelligkeit, syntaktische und semantische Valenz klar voneinander zu unterscheiden (in der Literatur unterscheidet man mitunter s-Selektion (*s* für semantisch) und c-Selektion (*c* für kategorial, engl. *categorial*), was der Unterscheidung von semantischer und syntaktischer Valenz recht genau entspricht). In vielen Fällen laufen syntaktische und semantische Valenz parallel wie bei *besiegen*, das syntaktisch und semantisch zweistellig ist, oder wie bei *lachen*, das syntaktisch und semantisch einstellig ist. Doch ist dies eben nicht immer der Fall.

Neben fakultativen Ergänzungen (wie bei *gestehen*) sind impersonale Ausdrücke für ein Auseinanderklaffen von syntaktischer und semantischer Valenz verantwortlich. Witterungsverben sind syntaktisch einstellig, da sie ein impersonales Pronomen selegieren, semantisch aber sind sie nullstellig (das Pronomen referiert auf nichts, ist kein Term). Das mentale Zustandsverb *erinnern*$_2$ (s.o. Kap. I.2.4.1) hat eine obligatorische Akkusativergänzung in Form eines reflexiven Ausdrucks (*sich, sich selbst*). Diese

Ergänzung hat aber keinen Argumentstatus – zum Erinnern ist nur jemand nötig, der sich erinnert (=der ›Experiencer‹, wie man sagt, d. h. etwa: jemand, der sich in einem bestimmten mentalen Zustand befindet), und etwas, an das sich erinnert wird (=der Inhalt). Man vergleiche Deutsch und Englisch: *Erinnerst du dich an mich?* vs. *Do you remember me?*

Vollständige Valenzangaben: Wenn man die Valenz eines Ausdrucks vollständig angibt, so muss man die syntaktische und die semantische Valenz angeben und man muss zusätzlich noch angeben, welche Ergänzung welchem Argument entspricht. Dies geschieht durch Koindizierung der einander entsprechenden Einheiten.

Die vollständige Valenzangabe von *besiegen* sieht wie folgt aus:

besiegen	syntaktische Valenz:	Nom_1 Akk_2
	semantische Valenz:	$\text{Term}_1{}^{\text{Agens}}$ $\text{Term}_2{}^{\text{Patiens}}$

Dadurch, dass die Nominativergänzung und das Agensargument den selben Index 1 bekommen (zur Schreibweise von ›den selben‹ s. Kap. II.3.3.1), wird ausgedrückt, dass die Nominativergänzung das Agensargument realisiert, dass das Agens des Besiegens von der Nominativergänzung bezeichnet wird – und nicht etwa von der Akkusativergänzung. Entsprechend für die Akkusativergänzung und das Patiensargument.

Die vollständige Valenzangabe von *erinnern$_2$* ist:

erinnern$_2$	syntaktische Valenz:	Nom_1 $\text{Akk}^{\text{reflexiv}}$
		Nom_1 $\text{Akk}^{\text{reflexiv}}$ $\text{PP}_2{}^{an}/\text{S}_2{}^{\pm\text{finit}}$
	semantische Valenz:	$\text{Term}_1{}^{\text{Experiencer}}$ $\text{Term}_2{}^{\text{Inhalt}}$

Daraus, dass die reflexive Akkusativergänzung ($\text{Akk}^{\text{reflexiv}}$) mit keinem Argument koindiziert ist, ergibt sich, dass sie semantisch ohne Belang ist.

Die Literatur zur Valenz ist kaum zu überblicken. Für die hier vertretene Konzeption von Valenz ist vor allem Höhle (1978, § 1.3) einschlägig. Eine lesenswerte Auseinandersetzung mit den Problemen der Valenz ist Jacobs (1994a). Über den neueren Stand der Forschung gibt Ágel et al. (2003) Auskunft.

2.5 | Satzglieder und syntaktische Funktionen

Die Rede von den Satzgliedern, von Subjekt, Prädikat, Objekt etc., hat eine sehr lange Tradition. Vor allem in der Schulgrammatik ist die Satzgliedlehre ein zentrales Kapitel. Oft noch kann man lesen: »Das Subjekt ist der Satzgegenstand, das Prädikat ist die Satzaussage.« Dabei wird sichtbar, dass die **Satzglieder** ursprünglich als semantische Einheiten gedacht waren, dass eine Satzgliedanalyse damit eine semantische oder logische Analyse sein sollte. Mit der Zeit aber sind Subjekt und Prädikat immer weiter differenziert worden: Vom logisch-semantischen wurde das grammatische sowie das pragmatische Subjekt bzw. Prädikat unterschieden.

In der modernen Semantik nun spielen die Satzgliedbegriffe überhaupt keine Rolle mehr. In der modernen Syntax ist die Lage recht diffus. Sie kennt die Satzglieder als **syntaktische** (auch: grammatische) **Funktionen** bzw. Relationen. Es gibt Syntaxtheorien, die den syntaktischen Funktionen einen hohen Stellenwert einräumen, und es gibt Theorien, die nur von manchen Funktionen (insbesondere dem Subjekt) Gebrauch machen. Es gibt Syntaxtheorien, die syntaktische Funktionen durchaus anerkennen, aber letztlich für überflüssig halten, da sie sich mit anderen Einheiten in der Theorie identifizieren lassen. Und es gibt Syntaxtheorien, die völlig auf sie verzichten. Die Satzgliedlehre kann damit, anders als die Valenz, nicht beanspruchen, auf einem allgemein einigermaßen akzeptierten Fundament zu stehen.

Doch sind die Satzgliedbegriffe ein eminent nützliches Hilfsmittel bei der Analyse von Sätzen. Wer gelernt hat, mit ihnen zu arbeiten, möchte auf sie nicht verzichten. Wenn man nun jemandem die Begriffe beibringen möchte, der sie noch nicht kennt, empfiehlt es sich, sie an Begriffe anzuknüpfen, die besser fundiert sind. Wir werden hier die Satzgliedbegriffe über die syntaktische Valenz einführen (wie dies beispielsweise auch in Musan 2008 der Fall ist, einem neueren Einführungsbuch zur Satzgliedanalyse).

- Das → Subjekt ist die Nominativergänzung in einem Satz.
- Ein → Objekt ist eine Akkusativ-, Dativ-, Genitiv- oder Präpositionalergänzung, die man entsprechend Akkusativ-, Dativ-, Genitivoder Präpositionalobjekt nennt.
- Das → Prädikat ist das unabhängige Verb eines Satzes zusammen mit allen Verben, die mit diesem Verb direkt oder indirekt über Statusrektion in Beziehung stehen. **Unabhängig** ist ein Verb, das von keinem anderen Verb selegiert wird – in finiten Sätzen ist damit das finite Verb das unabhängige Verb. (Was hier definiert wird, ist das *grammatische* Prädikat im Unterschied zum *semantischen* Prädikat in Kap. I.2.4.3.)
- Ein → Adverbial ist eine (freie) Angabe.
- Ein → Prädikativ ist das, was von einem Kopulaverb selegiert wird.
- Ein → Attribut ist eine Ergänzung oder eine Angabe eines Substantivs.

Funktionale Analyse: Mit diesen Begriffen können wir eine Beschreibung der ›funktionalen‹ Struktur von Sätzen geben.

In dem Satz *Marie lachte laut* ist *Marie* die Nominativergänzung, *lachte* das finite Verb und *laut* eine Angabe. Damit sieht die funktionale Struktur wie folgt aus:

Subjekt	Prädikat	Adverbial
Marie	*lachte*	*laut*

In dem Satz *Vor langer Zeit hat Alexander der Große den Perserkönig Dareios besiegt* ist *vor langer Zeit* eine Angabe, *Alexander der Große* die Nominativergänzung, *den Perserkönig Dareios* die Akkusativergänzung und *hat* ist das finite Verb, das *besiegt* statusregiert. Damit ergibt sich als funktionale Struktur des Satzes:

Subjekt	Prädikat	Akkusativobjekt	Adverbial
Alexander der Große	*hat besiegt*	*den Perserkönig Dareios*	*vor langer Zeit*

Wie man an dieser Struktur sieht, muss die funktionale Analyse die Wortstellung im Satz nicht mit berücksichtigen – in welcher Reihenfolge man die Satzglieder aufführt, ist also unerheblich.

Es ist ratsam, in einem Satz, den man funktional analysieren möchte, zuerst Nominal-, Adjektiv- und Präpositionalgruppen sowie (in komplexen Sätzen) Teilsätze (s. Kap. II.2.1) durch indizierte Klammerung auszuzeichnen und dann erst die Funktionen zu bestimmen. So ist man auch gefeit davor, nur einen Teil einer Wortgruppe (nur einen Teil der Ergänzung bzw. Angabe) mit der Funktion zu belegen. Dann ist man beispielsweise davor gefeit, in *Vor langer Zeit hat Alexander der Große den Perserkönig Dareios besiegt* nur *Alexander* als Subjekt zu bezeichnen oder nur *den Perserkönig* als Akkusativobjekt. Wenn man so vorgeht, erhält man eine um die indizierte Klammerung erweiterte funktionale Struktur:

Subjekt	Prädikat	Akkusativobjekt	Adverbial
[$_{DP}$ *Alexander der Große*]	*hat besiegt*	[$_{DP}$ *den Perserkönig Dareios*]	[$_{PP}$ *vor* [$_{DP}$ *langer Zeit*]]

Die Analyse eines einfachen Satzes mit prädikativem Adjektiv wie *Wir sind zufrieden* sieht wie folgt aus (das Adjektiv wird von dem Kopulaverb selegiert, s. Kap. I.2.4.1):

Subjekt	Prädikat	Prädikativ
wir	*sind*	*zufrieden*

Details der Analyse: Es ist Usus, Adverbiale in eine Reihe von Untergruppen aufzuteilen: Temporaladverbiale, Lokaladverbiale, Modaladverbiale etc. Diese Aufteilung ist letztlich eine semantische, unterscheidet sich also von unserer bisherigen Vorgehensweise, die Satzglieder an die syntaktische Valenz zu knüpfen. Ähnlich wie bei den Adverbien gibt es unterschiedliche Klassifikationen, ohne dass man sagen könnte, die eine sei klar besser als die andere (vgl. IDS-Grammatik 1997, 1119 ff.; Pittner/Berman 2004, 38; Duden-Grammatik [8]2009, 782 ff.). So lassen wir es hier, wo unser Interesse vor allem der Syntax gilt, bei der Bezeichnung Adverbial für alle Arten von Adverbialen.

Für die Entscheidung, ob etwas ein Objekt ist, ist nach der Festlegung oben nur wichtig, ob es sich um eine Ergänzung handelt, nicht ob diese auch einen Argumentstatus hat. Also sind auch das impersonale Pronomen *es* in *Du hast es gut* oder ein Reflexivpronomen ohne Argumentstatus wie in *Ich schäme mich* Akkusativobjekte (anders gehandhabt wird dies in Welke 2007, 235 und Musan 2008, 41).

In komplexen Sätzen müssen nicht nur der Hauptsatz, sondern auch alle Teilsätze funktional analysiert werden (zu den Begriffen ›Hauptsatz‹ und ›Teilsatz‹ s. Kap. II.2.1). Nehmen wir den Satz *Dass es allen schmeckt, freut uns sehr* als Beispiel. Die Analyse des Hauptsatzes sieht wie folgt aus:

Subjekt	Prädikat	Akkusativobjekt	Adverbial
dass es allen schmeckt	freut	uns	sehr

Nun muss noch der Subjektsatz analysiert werden:

Subjekt	Prädikat	Dativobjekt
es	schmeckt	allen

Der Subjunktion *dass* wird traditionell keine syntaktische Funktion innerhalb des Nebensatzes zugeschrieben. Anders ist dies, wenn ein Relativ- oder Interrogativpronomen einen Nebensatz einleitet. Diese haben eine syntaktische Funktion innerhalb des Nebensatzes (*das* in *etwas, das allen schmeckt* und *was* in *Ich weiß, was allen schmeckt* sind Subjekte).

Geben Sie die funktionale Struktur der folgenden Sätze an: *Regnet es dort?*   **Aufgabe 3**
Sie erinnert sich bestimmt nicht an mich. Wer ist denn damals nicht in Rom gewesen? Mir graut vor dir.
Die Lösungen zu Aufgabe 3 finden sich am Ende von Kapitel I.2.5.

Attribute: Als Attribute werden bestimmte Teile von Nominalgruppen bezeichnet, nach der Festlegung oben handelt es sich bei Attributen um Ergänzungen oder Angaben zu Substantiven. Dabei sind die wichtigsten Arten von Attributen die folgenden (das Attribut ist jeweils unterstrichen):

Arten von
Attributen

- Adjektivattribut   *die <u>zufriedene</u> Besucherin*
      Genuss <u>pur</u>
- Präpositionalattribut   *die Einwohner <u>von Rom</u>*
      die Hoffnung <u>auf eine Sensation</u>
- Genitivattribut   *die Besucherin <u>des Konzerts</u>*
      <u>Roms</u> Einwohner
- Adverbattribut   *die Leute <u>dort</u>*
      das Konzert <u>gestern</u>
- Attributsatz   *die Hoffnung, <u>dass das Konzert gelingt</u>*
      die Hoffnung, <u>das Konzert gut zu bestehen</u>
      das Konzert, <u>das einfach gelingen muss</u>

Ganz spezielle Attribute (vgl. Musan 2008, 66) sind zum einen die (temporale) Nominalgruppe im Akkusativ wie beispielsweise in *Die Sitzung <u>diesen Mittwoch</u> wird konstruktiv*, die auch als Temporaladverbial in einem Satz vorkommen kann (*Wir haben diesen Mittwoch endlich mal keine Sitzung*), sowie zum anderen die Nominalgruppe im Dativ in der umgangssprachlichen Konstruktion ›pränominaler Dativ plus Possessivum‹ wie in *<u>Dem Hans</u> sein Haus hat ein kaputtes Dach* (zu dieser Konstruktion s. Kap. II.3.3.1).

Attributen haben wir oben als Ergänzungen oder Angaben von Substantiven definiert. Das Substantiv *Hoffnung* hat wie das Verb *hoffen* eine Präpositionalergänzung, die durch eine *auf*-PP oder einen finiten oder infiniten Satz realisiert werden kann (s. oben die Beispielsätze zu den Attributarten). Wie bei Substantiven generell ist die Ergänzung fakultativ (*Die Hoffnung stirbt zuletzt*). Nach den Festlegungen oben spräche nichts dagegen, die Präpositionalergänzung des Substantivs ein Objekt des Substantivs zu nennen. Doch die traditionelle Bezeichnung dafür ist ›Attribut‹. Für unsere Zwecke ist weiter nicht von Nachteil, zuzulassen, dass ein Attribut auch ein Objekt sein kann.

Mit der obigen Bestimmung von Attribut sind Determinative (Artikel, Possessiva etc.) dann keine Attribute, wenn sie weder eine Ergänzung noch eine Angabe zum Substantiv sind. Wie es sich genau verhält, kann man erst entscheiden, wenn man über das Verhältnis von Determinativen und Substantiven genauer Bescheid weiß. Nach den Überlegungen in Kapitel II.3.3.1 und Kapitel IV.2.2.2 zur Struktur von Nominalgruppen sind sie keine Attribute (die Selektion geht vom Determinativ aus, nicht vom Substantiv), so dass wir sie auch hier schon nicht als solche behandeln.

Analysebeispiele

Wenn wir explizit die Attribute in einer Nominalgruppe markieren wollen, werden wir dies wie folgt tun:

Subjekt				Prädikat
die	*begeisterten*	*Besucher*	*des Konzerts*	*applaudierten*
	Attribut		Attribut	

Wenn man, wie es ratsam sein kann, hier zusätzlich Wortgruppen durch indizierte Klammerung auszeichnet und die Art des Attributs angibt, dann bekommen wir folgende durch indizierte Klammerung angereicherte funktionale Struktur:

Subjekt				Prädikat
{$_{DP}$ *die*	[$_{AP}$ *begeisterten*]	*Besucher*	[$_{DP}$ *des Konzerts*]}	*applaudierten*
	Adjektivattribut		Genitivattribut	

Spätestens hier wird deutlich, dass man auch für die funktionale Analyse einer Nominalgruppe gerne Begriffe zur Hand hätte, um alle Teile einer Nominalgruppe funktional zu spezifizieren, also Funktionen für *Besucher* und *die* in dem obigen Beispiel.

Mit der Anbindung der Satzgliedbegriffe an die syntaktische Valenz spricht auch nichts dagegen, komplexe Adjektivattribute funktional zu analysieren (vgl. Musan 2008, 68). Nehmen wir das Attribut in *die* [$_{AP}$ *immer auf Enthüllungen äußerst neugierigen*] *Leser tobten*:

Subjekt						Prädikat
die	*immer*	*auf Enthüllungen*	*äußerst*	*neugierigen*	*Leser*	*tobten*
	Adverbial	Präpositionalobjekt	Adverbial			
	Adjektivattribut					

Zur Vertiefung

Schwierige Fälle für die funktionale Analyse
Es gibt Sätze, bei denen die Analyse nach den bisherigen Vorgaben nicht unmittelbar auf der Hand liegen, Fälle, bei denen man durchaus unterschiedlicher Meinung sein kann.
Korrelate: Was verändert sich funktional, wenn wir den Satz *Dass es allen schmeckt, freut uns sehr* wie folgt leicht modifizieren?

Uns freut es sehr, dass es allen schmeckt.

Hier kommt neben einigen Umstellungen, die wir vorgenommen haben, die Anapher *es* ins Spiel, deren Bezugsausdruck der *dass*-Satz ist. Eine solche Konstruktion bezeichnet man als **Korrelatkonstruktion** und das *es* in dieser Verwendung als **Korrelat-*es***. Wir werden dieses *es* zusammen mit dem Bezugssatz als Subjekt des Satzes bezeichnen.
Bewegungsverben: Einen problematischen Fall für die funktionale Analyse stellen Verben wie *legen, stellen* etc. dar, wenn es um die Einordnung der Präpositionalgruppe geht:

Sie legt die Zeitung auf den Tisch.
Er stellt das Buch in das Regal.

Die PP scheint einerseits mehr oder weniger obligatorisch zu sein, andererseits ist die Präposition anders als bei den Präpositionalobjekten bisher (*erinnern an*, *hoffen auf*) nicht vom Verb auf eine ganz bestimmte Präposition festgelegt: Man kann eine Zeitung nicht nur auf, sondern auch unter oder neben den Tisch legen (alle ›direktionalen‹ Präpositionen sind im Prinzip möglich). Wenn man Präpositionalobjekte wie oben als Präpositionalergänzungen definiert, dann sind auch die PPs bei *legen* und *stellen* Präpositionalobjekte, da diese Verben folgende syntaktische Valenz aufweisen:

syntaktische Valenz: Nom   Akk   PP

(Dass bei manchen PP-Objekten die Präposition fixiert ist, ist keine definierende Eigenschaft von PP-Objekten.) Auch semantisch sind die Verben dreistellig: Von Legen bzw. Stellen kann man nur reden, wenn es neben dem Agens und dem Patiens auch eine Raumregion gibt, in der der Endpunkt der Bewegung des Stellens bzw. Legens liegt. Die PP spezifiziert diese Raumregion (z. B. als Oberfläche des Tisches, als Inneres eines Regals). Diese Verben gehören bei einer solchen Analyse zu den Verben, bei denen syntaktische und semantische Valenz parallel laufen. Ganz analog geht dann die Analyse von *liegen* und *stehen* wie in *Die Zeitung liegt auf dem Tisch* und *Das Buch steht im Regal*.

Kopulakonstruktionen: Nicht offensichtlich ist die Analyse eines Kopulasatzes wie *Sie ist mit dem Ergebnis einfach nicht zufrieden*. Da wir oben das Präpositionalobjekt als Präpositionalergänzung definiert haben und *mit dem Ergebnis* eine PP-Ergänzung zu *zufrieden* ist, könnte die funktionale Analyse eigentlich wie folgt aussehen:

Subjekt	Prädikat	Präpositionalobjekt	Prädikativ	Adverbial	Adverbial
Sie	*ist*	*mit dem Ergebnis*	*zufrieden*	*einfach*	*nicht*

Voraussetzung ist dabei aber, dass die Kopula nur das Adjektiv *zufrieden* seligiert und nicht die Adjektivgruppe *mit dem Ergebnis zufrieden*. In dem Beispielsatz spricht auch erstmal wenig dafür, dass PP und Adjektiv eine Adjektivgruppe bilden.

Anders ist dies in *Sie ist einfach nicht mit dem Ergebnis zufrieden*. Hier spricht viel dafür, dass PP und Adjektiv zusammen eine Wortgruppe bilden, die von der Kopula seligiert wird (s. in Kap. II.6.2.1 die Erläuterungen zum Verbalkomplex). Dann sollte man sie auch als Prädikativ bezeichnen (eine solche Analyse wird in Musan 2008, 49 vertreten).

Subjekt	Prädikat	Prädikativ	Adverbial	Adverbial
Sie	*ist*	*mit dem Ergebnis zufrieden*	*einfach*	*nicht*

Funktionsverbgefüge: Das (grammatische) Prädikat haben wir definiert als das unabhängige Verb eines Satzes zusammen mit allen

Verben, die mit diesem Verb direkt oder indirekt über Statusrektion in Beziehung stehen. Vor diesem Hintergrund können in Sätzen wie

Ich möchte das Projekt endlich zum Abschluss bringen.
Wir möchten mit Ihnen eine Vereinbarung treffen.

nur die Verben (*möchte* und *bringen* einerseits und *möchten* und *treffen* andererseits) das Prädikat des Satzes bilden. Nun sind *zum Abschluss bringen* und *eine Vereinbarung treffen* sogenannte **Funktionsverbgefüge**, deren Bedeutung sich oft auch durch ein einfaches Verb wiedergeben lässt (*abschließen* und *vereinbaren*). Das Verb in den Funktionsverbgefügen hat nur noch eine sehr verblasste Bedeutung. Aus diesen semantischen Überlegungen heraus werden manchmal Funktionsverbgefüge wie ein einziges Prädikat behandelt (vgl. Welke 2007, 215 ff.). Doch dann muss man ›(grammatisches) Prädikat‹ sehr viel ungenauer definieren, so dass auch ›Zusätze zum Verb‹ mit zum Prädikat gehören.

Aber so richtig zufriedenstellend ist es auch nicht, *zum Abschluss* oder *eine Vereinbarung* nach unserer Definition von grammatischem Prädikat wie eine Ergänzung zum Verb, also als PP-Objekt bzw. Akkusativobjekt zu behandeln.

Innere Objekte: Ein etwas anderes Problem stellen die sogenannten ›inneren Objekte‹ dar wie die akkusativische Nominalgruppe in *Er schlief einen ruhigen Schlaf*. Vor dem Hintergrund, dass *schlafen* syntaktisch und semantisch einstellig ist und es nicht den Anschein hat, dass hier ein anderes als das normale Verb *schlafen* vorliegt, ist es eigentlich naheliegend, die inneren Objekte als eine besondere Form von Adverbial zu deuten.

Hier folgen die Musterlösungen zu Aufgabe 3:

Lösungen
zu Aufgabe 3

Subjekt	Prädikat	Adverbial
es	regnet	dort

Subjekt	Prädikat	Akkusativobjekt	Präpositionalobjekt	Adverbial	Adverbial
Sie	erinnert	sich	an mich	bestimmt	nicht

Subjekt	Prädikat	Prädikativ	Adverbial	Adverbial	Adverbial
Wer	ist gewesen	in Rom	denn	damals	nicht

Prädikat	Dativobjekt	Präpositionalobjekt
graut	mir	vor dir

2.6 | Kongruenz

> → Kongruenz ist die regelmäßige Übereinstimmung von Wörtern und Wortgruppen in Bezug auf syntaktische Merkmale.

Im Deutschen sind drei Kongruenzphänomene besonders wichtig:
- die Kongruenz zwischen Subjekt-Nominalgruppe und finitem Verb,
- die Kongruenz innerhalb der Nominalgruppe und
- die Kongruenz zwischen einem Pronomen und seinem Bezugsausdruck.

Kongruenz zwischen Subjekt-Nominalgruppe und finitem Verb: Das Subjekt eines Satzes kongruiert mit dem finiten Verb des Satzes in den syntaktischen Merkmalen Person und Numerus, falls das Subjekt diese Merkmale aufweist. Es muss heißen *Ich komme* und nicht **Ich kommst* oder **Ich kommen.*

ich [nom, 1. pers, sing] *komme* [1. pers, sing, ind, präs]
*ich [nom, 1. pers, sing] *kommst* [2. pers, sing, ind, präs]
*ich [nom, 1. pers, sing] *kommen* [1. pers, plu, ind, präs]

Wenn die Nominalgruppe kein Personmerkmal aufweist, dann steht das finite Verb in der 3. Person. Dies ist bei allen Nominalgruppen mit einem Substantiv als Kern der Fall, wenn man bei Substantiven (wie Determinativen und Adjektiven) generell kein Personmerkmal ansetzt. In *Der Gast kommt* und *Die Gäste kommen* kongruieren Subjekt und finites Verb damit nur in Bezug auf den Numerus. Wenn das Subjekt ein Satz ist, ein *dass*-Satz etwa, steht das finite Verb in der 3. Person Singular. Hier liegt dann überhaupt keine Kongruenzbeziehung mehr vor.
Kongruenz innerhalb der Nominalgruppe: Innerhalb der Nominalgruppe kongruieren Determinativ, Adjektiv und Substantiv in Bezug auf Kasus, Genus und Numerus. So muss es beispielsweise heißen *der berühmte Schauspieler* und nicht **die berühmte Schauspieler* oder **der berühmten Schauspieler*, will man sich auf einen berühmten Schauspieler beziehen.

der [nom, mask, sing] *berühmte* [nom, mask, sing] *Schauspieler* [nom, mask, sing]
*die [nom, fem, sing] *berühmte* [nom, mask, sing] *Schauspieler* [nom, mask, sing]
*der [nom, mask, sing] *berühmten* [nom, mask, plu] *Schauspieler* [nom, mask, sing]

Berücksichtigt man die Deklinationsart (s. Kap. I.2.2.1.1), so besteht zwischen Adjektiv und Substantiv Kongruenz in Bezug auf die Deklinationsart. In *ein fauler Beamter* und *der faule Beamte* sind Adjektiv und Substantiv beide stark oder beide schwach.

Kongruenz zwischen Pronomen und Bezugsausdruck: Pronomina und ihre Bezugsausdrücke kongruieren in Bezug auf bestimmte syntaktische Merkmale. Zum Beispiel kongruiert das Relativpronomen mit dem Substantiv in Bezug auf Genus und Numerus. Es muss heißen *Dort seht ihr das Mädchen, das diese langen pechschwarzen Haare hat* und nicht **Dort seht ihr das Mädchen, die diese langen pechschwarzen Haare hat* (Kasuskongruenz liegt beim Relativpronomen nicht vor: In unserem Beispiel ist *Mädchen* Akkusativ und das Relativpronomen Nominativ). Auch eine Anapher kann in Bezug auf Genus und Numerus mit seinem Bezugsausdruck (seinem Antezedens) kongruieren: *Dort seht ihr das Mädchen. Es hat lange pechschwarze Haare.* Aber eine Anapher kann auch nur in Bezug auf den Numerus kongruieren: *Dort seht ihr das Mädchen. Sie hat lange pechschwarze Haare.* Eine Anapher kann das Genus des Bezugsnomens aufgreifen, sie kann sich aber auch am natürlichen Geschlecht orientieren. (Dieser Spielraum bei der Kongruenz ist es, der das Phänomen vertrackt, aber auch sehr interessant macht – manchmal unterscheidet man zwischen syntaktischer und semantischer Kongruenz, vgl. die Darstellung in Pollard/Sag 1994, §§ 2.1–2.3.) Zwischen einem Reflexivpronomen und seinem Bezugsausdruck, meist dem Subjekt des Satzes, liegt Person- und Numeruskongruenz vor, falls der Bezugsausdruck diese Merkmale aufweist (*Du erinnerst dich, aber wir erinnern uns nicht*).

2.7 | Übungen

1. Zu welcher Wortart bzw. deren Untergruppe gehören die Wörter in dem folgenden Zeitungstext? Geben Sie zuerst die Wortart und dann in Klammern die Untergruppe an, sofern zu der Wortart Untergruppen angegeben sind (nach dem Vorbild des Analysebeispiels am Ende von Kap. I.2.1). Wo Sie sich nicht sicher sind, können Sie eine Grammatik oder ein Wörterbuch konsultieren.

   Er hätte längst zurück sein müssen. Jetzt hat man ein paar Ballons gefunden, wie Bojen auf dem Meer treibend, während der Passagier noch gesucht wird. Ein mutiger Mann aus einem Land, wo sie Fußball spielen und tanzen können, dass es wie fliegen aussieht. Aber richtig fliegen können wohl nicht mal Brasilianer.
   (Aus: *Süddeutsche Zeitung*, 24.4.2008, S. 1)

2. Bestimmen Sie möglichst genau die Flexionsmerkmale der in dem obigen Zeitungstext vorkommenden Verben, Substantive, Adjektive und Artikel.

3. Geben Sie jeweils an, zu welcher Unterart von Pronomen oder Determinativ die unterstrichenen Ausdrücke gehören.

a. *Hast du das gesehen?*
b. *Was ist in deinem Viertel eigentlich passiert?*
c. *Ich habe auch welche gefunden, was so nicht zu erwarten war.*
d. *Das ist das Floß, das auf dem Meer trieb.*
e. *Welcher Passagier wird noch gesucht?*
f. *Haben alle wirklich was gesagt?*
g. *Das Team, welches sich zuerst bewegt, hat verloren.*
h. *Ich möchte gerne wissen, welches sich zuerst bewegt hat.*
i. *Das Team, dessen Kapitän verwarnt wurde, hat meines besiegt.*

4. Markieren Sie in den folgenden Textausschnitten Nominal-, Adjektiv-
   und Präpositionalgruppen durch indizierte Klammerung (machen Sie
   in unklaren Fällen von den Konstituententests Gebrauch). Indizieren
   Sie Nominalgruppen durchgehend entweder als NP oder DP. Die Analyse des zweiten Textausschnitts ist recht anspruchsvoll.
   a. *Über dem Atlantik befand sich ein barometrisches Minimum; es wan-*
      derte ostwärts, einem über Rußland lagernden Maximum zu, und
      verriet noch nicht die Neigung, diesem nördlich auszuweichen.
      (Robert Musil: *Der Mann ohne Eigenschaften* (Anfang))
   b. *Herr Feigl war wirklich sehr freundlich gewesen, und seine Ausfüh-*
      rungen waren ihm mehr und mehr zum Plädoyer geraten: »Habsburg
      ist das fähigste und führende Haus Europas und wird, gleichgültig
      in welcher Staatsform, nach einer Kette von schlimmen Erfahrungen
      mit Emporkömmlingen wieder an seinen rechtmäßigen Platz zurück-
      kehren – den Platz an der Spitze, denn der ist in Österreich nach wie
      vor der Familie Habsburg vorbehalten. Und« – Herr Feigls Rede war
      hinreißend gewesen – »glauben Sie mir, ich hätte nichts lieber als eine
      Kaiserkrönung im Dom zu Sankt Stephan ... Das Habsburgergesetz ist
      völlig irrelevant!«
      (Christoph Ransmayr: *Der Weg nach Surabaya*, S. 99)

5. Geben Sie die syntaktische sowie semantische Valenz an von *festneh-*
   men und *karren* vor dem Hintergrund der folgenden akzeptablen und
   unakzeptablen Sätze:

   Die Polizei hat eine Gaunerbande festgenommen.
   Weswegen hat sie sie festgenommen?
   *Hat sie festgenommen?
   Man hat sie vor Monaten nach Italien gekarrt.
   *Man hat sie gekarrt.
   Wohin hat man sie gekarrt?

6. Geben Sie die syntaktische Valenz an von *hervorgehen, gönnen, bitten,*
   beschuldigen und *reuen.*

7. Geben Sie eine funktionale Analyse der folgenden Sätze. Markieren Sie
   zuerst Nominal-, Adjektiv- und Präpositionalgruppen durch indizierte
   Klammerung.

a. *An diesem Tag sendete die ARD einen Beitrag über einen italieni-schen Rennstall.*
b. *Bei Mapei sind 2001 flächendeckend Dopingmittel eingesetzt worden.*
c. *Unklar sei, welcher der Fahrer gedopt habe.*
d. *Über dem Atlantik befand sich ein barometrisches Minimum.*
e. *Es verriet noch nicht die Neigung, diesem nördlich auszuweichen.*

Lösungshinweise zu den Übungen finden Sie auf www.metzlerverlag.de/webcode. Ihren persönlichen Webcode finden Sie am Anfang des Bandes.

II. Die lineare Struktur von Wortgruppen

1. Die Struktur des Satzes

Die Topologie, d.h. die Lehre von der linearen Struktur, deutscher Sätze hat eine sehr lange Tradition. Die alles entscheidende Einsicht, der archimedische Punkt dieser Theorie, ist die Erkenntnis, dass man sich, will man die Syntax des deutschen Satzes verstehen, an der Stellung der finiten und infiniten Verben orientieren sollte.

Zur Vertiefung

Zur Geschichte der Topologie

Den Ursprung der Topologie des deutschen Satzes kann man zumindest bis zu dem schlesischen Arzt Christoph Franz Steinbach zurückverfolgen, der in seiner auf Latein geschriebenen deutschen Grammatik von 1724 den deutschen Aussagesatz in mehrere unmittelbar aufeinander folgende ›Stellungsglieder‹ aufteilt (vgl. Glinz 1947, 25). Herling (1821; 1830; ³1832) hat die Topologie mit einer klaren Sicht auf die Struktur komplexer Sätze entscheidend weiterentwickelt und mit Erdmann (1886) hat sie eine Form erhalten, die im Wesentlichen heute immer noch Bestand hat. Von Reis (1980) und Höhle (1983a; 1986) wurde die Topologie an die Entwicklungen der modernen Syntax angeschlossen. Die Felderterminologie, die wir gleich kennenlernen werden (Vorfeld, Mittelfeld, Nachfeld), ist durch Drach (1939) populär geworden (der Mittelfeld und Nachfeld aber völlig anders konzipiert, als dies heute der Fall ist). Auch für die skandinavischen Sprachen gibt es eine reiche topologische Literatur, Diderichsen ist hier vor allem zu nennen (vgl. Askedal 1986, Kathol 2000, §9.2).

Aufgabe 4

Teilen Sie die folgenden neun Sätze in Gruppen ein, die sich in Hinblick auf die Stellung der finiten und infiniten Verben gleichen.
(1) *Wir hatten uns von der Bühne abgewandt.*
(2) *Hatten wir uns von der Bühne abgewandt?*
(3) *dass wir uns von der Bühne abgewandt hatten*
(4) *Wer hatte sich von der Bühne abgewandt?*
(5) *Wenden wir uns von der Bühne ab?*
(6) *die sich von der Bühne abgewandt hatten*
(7) *Wir wandten uns von der Bühne ab.*
(8) *Hättet ihr euch doch von der Bühne abgewandt!*
(9) *um sich von der Bühne abzuwenden*
Die Lösung dieser Aufgabe ist in den nachfolgenden Erläuterungen zu finden.

1.1 | Einleitung

Orientiert man sich an der Stellung der finiten und infiniten Verben, dann gibt es zum einen Sätze, in denen das finite Verb am Anfang steht, wobei zwischen ihm und einem infiniten Verb am Ende des Satzes eine ganze Reihe von Ausdrücken stehen können. Solche Sätze heißen **V1-Sätze**:

(2) *Hatten wir uns von der Bühne abgewandt?*
(5) *Wenden wir uns von der Bühne ab?*
(8) *Hättet ihr euch doch von der Bühne abgewandt!*

Zum anderen gibt es Sätze, die sich von V1-Sätzen nur darin unterscheiden, dass vor dem finiten Verb noch etwas steht, so dass das finite Verb an zweiter Stelle im Satz steht. Diese Sätze heißen **V2-Sätze**:

(1) *Wir hatten uns von der Bühne abgewandt.*
(4) *Wer hatte sich von der Bühne abgewandt?*
(7) *Wir wandten uns von der Bühne ab.*

Schließlich gibt es Sätze, in denen die Verben alle am Ende des Satzes stehen. Sie heißen **VE-Sätzen** (VE für ›Verbend‹):

(3) *dass wir uns von der Bühne abgewandt hatten*
(6) *die sich von der Bühne abgewandt hatten*
(9) *um sich von der Bühne abzuwenden*

Die Position, in der das finite Verb in V1- und V2-Sätzen steht, heißt **Finitheitsposition** (abgekürzt FINIT), und der Bereich, in dem in diesen Sätzen die infiniten Verben stehen, heißt **Verbalkomplex** (VK).

V1	FINIT		VK
(2)	Hatten	wir uns von der Bühne	abgewandt

V2		FINIT		VK
(1)	Wir	hatten	uns von der Bühne	abgewandt

Der Bereich zwischen FINIT und VK ist das **Mittelfeld** (MF) und der Bereich vor FINIT in V2-Sätzen ist das **Vorfeld** (VF).

V1	FINIT	MF	VK
(2)	Hatten	wir uns von der Bühne	abgewandt

V2	VF	FINIT	MF	VK
(1)	Wir	hatten	uns von der Bühne	abgewandt

Wenn wir annehmen, dass im Verbalkomplex nicht nur infinite, sondern auch finite Verben stehen können, unter Umständen infinite und finite

Verben zusammen, dann können wir für die VE-Sätze auch einen Verbal-komplex am Ende ansetzen.

VE		VK
(3)	*dass wir uns von der Bühne*	*abgewandt hatten*
(6)	*die sich von der Bühne*	*abgewandt hatten*
(9)	*um sich von der Bühne*	*abzuwenden*

Das, was in diesen Sätzen vor dem Verbalkomplex steht, gleicht in großen Teilen so sehr dem, was in V1- und V2-Sätzen im Mittelfeld steht, dass man auch für VE-Sätze ein Mittelfeld ansetzen kann.

VE		MF	VK
(3)	*dass*	*wir uns von der Bühne*	*abgewandt hatten*
(9)	*um*	*sich von der Bühne*	*abzuwenden*

Am Anfang von VE-Sätzen kann wie in (3) und (9) eine Subjunktion ste-hen. Diese Position heißt **COMP-Position** (COMP ist die Abkürzung für engl. *complementizer* ›Subjunktion‹).

VE	COMP	MF	VK
(3)	*dass*	*wir uns von der Bühne*	*abgewandt hatten*
(9)	*um*	*sich von der Bühne*	*abzuwenden*

In (6) *die sich von der Bühne abgewandt hatten* ist nicht auf Anhieb klar, in welchem Bereich das Relativpronomen steht. Da ein solches Pronomen wie eine Subjunktion strikt im Anfangsbereich eines VE-Satzes stehen muss, scheint es wie dies auch in COMP zu stehen (weiterer Argumente dafür in Kap. II.1.3.5).

VE	COMP	MF	VK
(6)	*die*	*sich von der Bühne*	*abgewandt hatten*

Damit sind die Sätze (1) bis (9) nach einem der drei folgenden Schemata aufgebaut, die topologische Satzschemata heißen (und hier in einer ersten Version dargestellt werden):

V2-Schema:	VF	FINIT	MF	VK
V1-Schema:		FINIT	MF	VK
VE-Schema:		COMP	MF	VK

VF = Vorfeld; MF = Mittelfeld; VK = Verbalkomplex;
FINIT = Finitheitsposition; COMP = COMP-Position

Auf der Basis dieser Schemata können wir von den drei **topologischen Satztypen** V2-Satz, V1-Satz und VE-Satz reden.

Die topologischen Schemata sind in der obigen Form noch nicht vollständig entwickelt, es kommen noch Bereiche hinzu. Zum einen kann nach dem Verbalkomplex noch etwas stehen, und zwar in allen drei Satztypen. Dieser Bereich nach dem Verbalkomplex heißt **Nachfeld** (NF).

Wir hatten uns abgewandt <u>von der Bühne</u>.
Hattet ihr euch abgewandt <u>von der Bühne</u>?
da ihr euch abgewandt hattet <u>von der Bühne</u>

Aber auch am Anfang der Sätze ist mehr möglich. So muss ein V2-Satz nicht mit dem Vorfeld anfangen, wie man an dem Kontrast zwischen (a) und (b) sieht.

a. *Solche Sängerinnen sind selten geworden.*
b. *<u>Solche Sängerinnen</u>, die sind selten geworden.*

Die gängigste Bezeichnung für diesen Bereich ist wohl ›Vorvorfeld‹ – doch wir werden diesen Bereich das **Topikfeld** (TF) nennen. Erstens wird dieses Feld von einem Topik besetzt (d. h. von einem Ausdruck, der den Gegenstand bezeichnet, über den ein Aussage gemacht wird). Zweitens kommt das Topikfeld in allen drei Satztypen vor, aber nicht in allen Satztypen ist ein Vorfeld vorhanden. Und drittens umfasst die Bezeichnung Vorvorfeld oft auch noch die Anschlussposition, die wir vom Topikfeld unterscheiden (s. u.).

Es ist übrigens keine Option, in (b) *solche Sängerinnen, die* insgesamt als Vorfeld anzusehen, da im Vorfeld eine und nur eine Wortgruppe steht (s. Kap. II.1.3.2) und die Wortkette *solche Sängerinnen, die* nicht den Status einer Wortgruppe hat. Sie kann nicht im Mittelfeld auftauchen (*Doch sind solche Sängerinnen die selten geworden) und nicht mit einer baugleichen Wortkette koordiniert werden (*Solche Sängerinnen, die und solche Sänger, die sind selten geworden vs. Solche Sängerinnen und solche Sänger sind selten geworden).

Es können schließlich noch Diskursmarker (zu dieser Art von Partikeln s. Kap. I.2.1) wie *denn, aber* oder *und* am Beginn der Sätze stehen, und zwar vor dem Topikfeld, wenn ein solches vorhanden ist:

<u>Denn</u> solche Sängerinnen sind selten geworden.
<u>Denn</u> solche Sängerinnen, die sind selten geworden.

Diese Position heißt **Anschlussposition** (AN). Topikfeld und AN gibt es gleichermaßen in V1-, V2- und VE-Sätzen, wie wir noch sehen werden.

Damit haben die topologischen Satzschemata endgültig die folgende Form:

Die Struktur
des Satzes

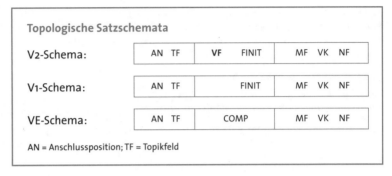

Wir haben innerhalb der Schemata Gruppierungen vorgenommen, die streng genommen nicht zu den Schemata gehören. Sie machen aber deutlich, wo die Schemata identisch sind und wo nicht: Es ist der mittlere Bereich, der entscheidend dafür ist, dass wir es mit drei verschiedenen Schemata zu tun haben.

Analysebeispiele

Die beiden Sätze *Denn solche Sängerinnen sind selten geworden auf der Bühne* und *Denn solche Sängerinnen, die sind selten geworden* erhalten die folgenden topologischen Analysen:

V2	AN	TF	VF	FINIT	MF	VK	NF
	Denn		*solche Sängerinnen*	*sind*	*selten*	*geworden*	*auf der Bühne*

V2	AN	TF	VF	FINIT	MF	VK	NF
	Denn	*solche Sängerinnen*	*die*	*sind*	*selten*	*geworden*	

1.2 | Das Basismodell des deutschen Satzes

Die Topologie des Satzes hat, wie bereits gesagt, eine sehr lange Tradition. Es gibt sie in vielen Varianten. Das nun vorgestellte Basismodell des deutschen Satzes orientiert sich an Höhle (1986), der die Topologie des Satzes auf eine sehr präzise Weise als deskriptive Theorie des deutschen Satzes ausgearbeitet hat.

Das Basismodell macht die Behauptung, dass jeder deutsche Satz – egal ob einfach oder komplex, egal ob selbständig oder unselbständig (zu diesen Termini s. Kap. II.2.1) – nach einem der drei topologischen Satzschemata in (1) unten aufgebaut ist, wobei für die einzelnen Positionen und Felder der Schemata die Restriktionen in (2) gelten. Bei jedem topologischen Platz (Position oder Feld) ist dabei angegeben, ob er besetzt werden muss oder nicht (die Angabe ›fakultativ‹ bedeutet, dass er unbesetzt bleiben kann) und mit welchem Material er gefüllt werden kann.

Das Basismodell des deutschen Satzes

Zusammenfassung

Jeder deutsche Satz ist nach einem der Schemata in (1) aufgebaut, wobei die Restriktionen in (2) gelten.

1. Topologische Satzschemata

| V2-Schema: | AN TF | **VF** FINIT | MF VK NF |

| V1-Schema: | AN TF | FINIT | MF VK NF |

| VE-Schema: | AN TF | COMP | MF VK NF |

VF = Vorfeld; MF = Mittelfeld; VK = Verbalkomplex;
FINIT = Finitheitsposition; COMP = COMP-Position;
AN = Anschlussposition; TF = Topikfeld

2. Restriktionen für die Plätze der Schemata

AN	(fakultativ) eine Diskurspartikel
TF	(fakultativ) eine Wortgruppe, die als Topik fungiert
VF	eine Wortgruppe
FINIT	eine finite Verbform
COMP	eine Subjunktion oder eine Wortgruppe (Relativphrase, Interrogativphrase, Exklamativphrase, *je*+Komparativ-Phrase oder *so*+Positiv-Phrase)
MF	(fakultativ) beliebig viele Wörter und Wortgruppen, deren lineare Abfolge untereinander von bestimmten Eigenschaften der Wörter und Wortgruppen abhängt
VK	(fakultativ) beliebig viele Verbformen (und dazu gehörende Verbpartikeln, falls vorhanden), deren Abfolge sich nach bestimmten Regeln richtet
NF	(fakultativ) beliebig viele Wortgruppen, deren lineare Abfolge untereinander von bestimmten Eigenschaften der Wortgruppen abhängt

---

Diese Restriktionen werden in Kapitel II.1.3 erläutert. (Dass man einige der Restriktionen noch genauer formulieren muss, soll uns hier nicht weiter stören.)

Die Behauptung, dass jeder deutsche Satz so aufgebaut ist, kann das Basismodell, wie wir sehen werden, jedoch nicht vollständig einlösen. In Kapitel II.2.5 werden wir zwei Erweiterungen vornehmen, um koordinierten Sätzen und Sätzen mit ›Einschüben‹ gerecht zu werden. Auch dann werden noch Sätze übrig bleiben, die nicht adäquat analysiert werden können. Trotzdem ist die Leistungskraft des Modells so hoch, dass sich die Beschäftigung mit ihm sehr lohnt (und zwar auch in der Schule, vgl. Baumhauer 2006). Das Basismodell werden wir auch **HEH-System** (Herling-Erdmann-Höhle-System) nennen.

Sie könnten jetzt schon einmal versuchen, die erste Übung in Kapitel II.1.4 zu lösen; nach dem Durchgang durch das folgende Kapitel II.1.3 können Sie Ihre ersten Lösungen dann überprüfen.

1.3 | Positionen und Felder im Detail

Im Folgenden betrachten wir die einzelnen Plätze der topologischen Satzschemata genauer – vor allem in Hinblick auf ihre Restriktionen, d.h. die Bedingungen, die Ausdrücke erfüllen müssen, damit sie an den jeweiligen Plätzen stehen können. Positionen einerseits und Felder andererseits unterscheiden sich typischerweise darin, dass in einer Position nur ein Wort, in einem Feld aber Phrasen stehen (zu Phrasen s. Kap. I.2.3).

1.3.1 | Finitheitsposition (FINIT)

Die Finitheitsposition ist der Bereich im V2- und V1-Schema, der unmittelbar vor dem Mittelfeld steht. In FINIT kann nur ein finites Verb (genauer: eine finite Verbform) stehen, nichts sonst.

Wenn man versucht, noch ein infinites Verb mit in FINIT hineinzunehmen, ergeben sich keine akzeptablen Sätze.

Sie <u>müssen</u> sich von der Bühne abgewandt haben.
*Sie <u>müssen haben</u> sich von der Bühne abgewandt.
*Sie <u>haben müssen</u> sich von der Bühne abgewandt.
*Sie <u>müssen abgewandt</u> sich von der Bühne haben.
*Sie <u>abgewandt müssen</u> sich von der Bühne haben.

Selbst das *ab* in *abwenden*, das doch eigentlich eng zu *wenden* gehört, kann nicht mit in die Finitheitsposition genommen werden:

*Sie <u>abwenden</u> sich von der Bühne.
Sie <u>wenden</u> sich von der Bühne ab.

Traditionell bezeichnet man *ab* als ein trennbares Präfix und unterscheidet es von untrennbaren Präfixen wie *be-, ver-* oder *zer-* (*beladen, verraten, zerreißen* etc.). Doch diese Sichtweise führt zu einer Reihe von Komplikationen in Syntax und Flexionsmorphologie, ohne dass dem irgendein Vorteil gegenüberstehen würde (s. die Vertiefung ›Zum Status von Verbpartikeln‹). Heute bezeichnet man Elemente wie *ab* als Verbzusätze oder **Verbpartikeln**.

Wir werden im Folgenden solche Elemente wie *ab* als eigene Wörter behandeln und sie, wie es Usus ist, als Verbpartikeln bezeichnen, auch wenn wir zu ihrer syntaktischen Kategorie nicht Stellung nehmen. Oft spricht man, wenn man die Partikel und das Verb meint, von Partikelverb (im Unterschied zu Präfixverb), besser wäre wohl, von Partikel+Verb-Konstruktion zu reden.

Interessant sind auch die Vorfeld-Möglichkeiten von *abzuwenden*:

Abgewandt haben wir uns nicht.
*Gewandt haben wir uns nicht ab.

Hier verhält es sich genau komplementär zu der Besetzung der Finitheitsposition: Verb plus Verbpartikel können im Vorfeld stehen, aber nicht in FINIT; das Verb ohne die Partikel kann in FINIT, aber nicht im Vorfeld stehen. Es scheint so zu sein, dass im Vorfeld nur Phrasen stehen können, aber nicht Wörter, die nicht gleichzeitig auch den Status einer Phrase hätten. Dazu mehr im folgenden Abschnitt zum Vorfeld.

Zur Vertiefung

Zum Status von Verbpartikeln
Die traditionelle Auffassung, dass Verbpartikeln wie *ab* trennbare Präfixe wären, ist höchst problematisch, wie wir im Folgenden sehen werden.

Wenn *ab* ein Präfix wäre, dann könnte man nicht die allgemeine Regel aufstellen, dass in FINIT ein finites Verb steht. Denn ein Präfix *ab* würde zusammen mit dem Verbstamm *wend* und dem Flexionsaffix *-en* die finite Verbform *abwenden* bilden, die der Regel entsprechend in FINIT stehen können müsste. Man müsste also die allgemeine Regel mit der Einschränkung versehen, dass bei manchen Präfixen nur die finite Verbform ohne das Präfix in FINIT steht.

Ab als Präfix führt auch bei der Flexion zu Komplikationen. Im 2. Status heißt es *abzuwenden*, nicht **zu abwenden* (*Niemand braucht sich abzuwenden* vs. **Niemand braucht sich zu abwenden*). Für die Bildung des *zu*-Infinitivs kann man die allgemeine Regel formulieren: Stelle dem einfachen Infinitiv ein *zu* voran. Diese Regel müsste man nun mit einer Ausnahme versehen für den Fall, dass das Verb mit Präfixen wie *ab* beginnt. Hier wird das *zu* nicht vorangestellt, sondern in das Verb eingefügt. Bei der Bildung des 3. Status gibt es ganz ähnliche Komplikationen: Es muss heißen *abgewandt*, nicht *geabwandt*. Das Flexionspräfix *ge-* wäre bei trennbaren Präfixen plötzlich kein Präfix mehr. Bei der Bildung des 3. Status gilt zudem die allgemeine Regel, dass der 3. Status bei Verben mit einem Präfix ohne *ge-* gebildet wird (*Wir haben es beladen. Wir haben es verraten. Wir haben es zerrissen*). Wenn *ab* ein Präfix wäre, müsste man auch hier eine Ausnahme ansetzen.

Alle diese Komplikationen fallen ersatzlos weg, wenn wir sagen, dass *ab* ein eigenständiges Wort ist: Dann ist klar, warum *ab* nicht in FINIT stehen kann – es ist ja kein Teil des finiten Verbs. Dann ist klar, warum *zu-* und *ge-* auf *ab* folgen und nicht ihm vorangehen – es handelt sich bei ihnen ja um Verbalpräfixe (*ge-* kann so ganz regulär an das präfixlose Verb *wenden* angefügt werden; s. die Vertiefung in Kap. I.2.2.2 zu *zu*).

In der Syntax gibt es keinen Grund, *ab* als ein Präfix zu behandeln. Dass wir *abwenden* zusammenschreiben, d. h. orthographisch als ein

Wort behandeln, sagt nichts über dessen syntaktische Eigenschaften – es sagt höchstens etwas über die Ansichten derjenigen, die dieses orthographische Faktum eingeführt und tradiert haben.

Die einzige Komplikation, die sich ergibt, wenn *ab* ein eigenständiges Wort ist, liegt in der Wortbildung. *Abwendung, Anrufer, Ausfall* sind reguläre Wortbildungen, deren Ausgangsmaterial aus mehreren Wörtern besteht, wenn *ab, an* und *aus* selbst schon Wörter sind.

1.3.2 | Vorfeld (VF)

Das Vorfeld ist der Bereich im V2-Schema, der sich direkt vor der Finitheitsposition befindet.

V2-Schema:

AN	TF	**VF**	FINIT	MF	VK	NF

Im Vorfeld steht eine und nur eine Wortgruppe bzw. Phrase. Diese kann nur aus einem Wort bestehen, aber auch beliebig umfangreich sein. Dabei gibt es kaum Einschränkungen hinsichtlich der syntaktischen Eigenschaften der Wortgruppe.

Die Vielfalt von Wortgruppen im Vorfeld: Es muss nicht eine Nominalgruppe sein, auch alle anderen Arten von Wortgruppen, Sätze eingeschlossen, sind im VF möglich. Es muss weiterhin auch keineswegs das Subjekt sein, das im VF steht: Es sind alle Arten von Objekten (vgl. etwa a, b, c) und alle Arten von Adverbialen (vgl. etwa d und e) und Prädikativen (vgl. f und g) möglich. Auch Wortgruppen, die nur Teile von Satzgliedern darstellen, sind möglich (vgl. h, i und j) oder Wortgruppen, die größer sind als das, was traditionell als Satzglied bezeichnet wird (vgl. k):

a. *Solche Sachen* hat sie nie gemocht.
b. *Diesen Leuten* hat niemand geholfen.
c. *Daran* erinnern wir uns noch gut.
d. *Nach der Wahl* ist alles recht schnell gegangen.
e. *Hoffentlich* ist nichts passiert.
f. *Verrückt* sind die nicht.
g. *In New York* war ich noch nie.
h. *Abgewandt* haben wir uns nicht.
i. *Was* hast du den Leuten für Vorschläge gemacht?
j. *Da* habe ich nicht mit gerechnet.
k. *Damit gerechnet* habe ich nicht.

Lange Zeit war man der Ansicht, dass das Vorfeld eigentlich die angestammte Position des Subjekts sei, und dass man erst das Subjekt aus dem Vorfeld nehmen müsse, wenn eine andere Wortgruppe im Vorfeld stehen sollte. Dies wurde Inversion genannt. Noch Herling (1821; 1830) war dieser Ansicht, aber zumindest seit Erdmann (1886) ist diese Ansicht eigentlich obsolet geworden.

Die Phrase im Vorfeld kann deutlich umfangreicher sein als bei den bisherigen Beispielen:

In Dresden, wo er, in einer der Vorstädte der Stadt, ein Haus mit einigen Ställen besaß, weil er von hier aus seinen Handel auf den kleineren Märkten des Landes zu bestreiten pflegte, begab er sich, gleich nach seiner Ankunft, auf die Geheimschreiberei, wo er von den Räthen, deren er einige kannte, erfuhr, was ihm allerdings sein erster Glaube schon gesagt hatte, daß die Geschichte von dem Paßschein ein Mährchen sey. (Aus: H. v. Kleist: *Michael Kohlhaas*. In: *Sämtliche Werke und Briefe Band II*, Münchner Ausgabe, Hanser Verlag, S. 13)

Hier steht eine komplexe Präpositionalgruppe im Vorfeld, die aus Präposition, Substantiv und Relativsatz besteht und von der Präposition *in* bis zu dem Verb *pflegte* reicht (in den Relativsatz ist noch ein *weil*-Satz eingebettet). Ein umfangreiches Vorfeld ist nichts Ungewöhnliches, insbesondere wenn ein Nebensatz im Vorfeld steht. Das wird deutlicher werden, wenn wir in Kapitel II.2 bis II.5 gesehen haben, wie komplex Sätze und die anderen Arten von Wortgruppen sein können. Hier noch zwei Beispiele für umfangreiche Nominalgruppen im Vorfeld:

Sein Familiensinn, dieses ererbte und anerzogene, rückwärts sowohl wie vorwärts gewandte, pietätvolle Interesse für die intime Historie seines Hauses hinderte ihn daran, und *die liebevolle und neugierige Erwartung, mit der seine Freundschaft und Bekanntschaft in der Stadt, seine Schwester und selbst die Damen Buddenbrook in der Breiten Straße seinen Sohn betrachteten*, beeinflußte seine Gedanken. (Aus: Th. Mann: *Buddenbrooks*, 10. Teil, 2. Kapitel)

Im Vorfeld steht eine und nur eine Wortgruppe, was deutlich wird, wenn man versucht, mehrere Wortgruppen dort zu platzieren:

Was für Vorschläge du hast den Leuten gemacht?
Nach der Wahl alles ist recht schnell gegangen.
Dort nichts ist passiert.
Verrückt die sind nicht.
Da ich nicht habe mit gerechnet.

Diese Sätze sind offenkundig unakzeptabel, weil vor dem finiten Verb zu viele Wortgruppen stehen, im ersten Satz beispielsweise die zwei voneinander unabhängigen Nominalgruppen *was für Vorschläge* und *du*.

(Vermeintliche) Problemfälle: Im Vorfeld können recht umfangreiche adverbiale Wortgruppen stehen, bei denen nicht auf Anhieb deutlich ist, dass es sich durchaus um eine einzige, komplexe Wortgruppe handeln kann (vgl. die Diskussion in der IDS-Grammatik 1997, 1592 ff., der auch die folgenden Beispiele entnommen sind).

In einem Bauernhaus auf dem Dachboden zwischen den Balken über dem alten Ohrensessel hielt eine Fledermaus ihren Winterschlaf.
Gestern im Bus habe ich eine interessante Geschichte gehört.

Ein Gegenbeispiel zu der Behauptung, dass im Vorfeld eine und nur eine Wortgruppe steht, scheinen Sätze wie der folgende zu sein:

Zum zweiten Mal die Weltmeisterschaft errang Clark 1965.

Hier stehen ein Adverbial (*zum zweiten Mal*) und ein Objekt (*die Weltmeisterschaft*) vor dem finiten Verb eines – alles deutet darauf hin – V2-Satzes. Doch auch in Bezug auf solche Fälle wird argumentiert, dass eine und nur eine Wortgruppe im Vorfeld steht (vgl. Müller 2003).

Was nicht im Vorfeld stehen kann: Es gibt eine Reihe von Wörtern, die in manchen Verwendungen nicht im Vorfeld stehen können (vgl. ausführlich IDS-Grammatik 1997, S. 1584 ff.). Das Pronomen *es* kann nicht im Vorfeld stehen, wenn es im Akkusativ steht – egal, ob es sich um die Anapher *es* oder um das impersonale *es* handelt: (Durch $^\sqrt{}$ wird ausdrücklich die Akzeptabilität der Sätze hervorgehoben)

*Es glaube ich nicht. $^\sqrt{}$*Ich glaube es nicht.* $^\sqrt{}$*Das glaube ich nicht.*
*Es bereut er, dass er das Angebot nicht angenommen hat.
$^\sqrt{}$*Er bereut es, dass er das Angebot nicht angenommen hat.*
*Es hast du gut. $^\sqrt{}$*Du hat es gut.* $^\sqrt{}$*Es regnet.*

Das Reflexivpronomen *sich* kann nicht im Vorfeld stehen, wenn es keinen Argumentstatus hat (**Mich schäme ich* versus *Ich schäme mich*). Ebenso können die Akkusativ- und Dativformen von *man*, die *einen* und *einem* lauten, nicht im Vorfeld stehen:

*Einen kannst du ganz schön nerven. (Im Sinne von: *Du kannst einen ganz schön nerven.*)
*Einem muss das gesagt werden. (Im Sinne von: *Das muss einem gesagt werden.*)

(Beide Sätze sind akzeptabel, wenn *einen* bzw. *einem* Indefinitpronomen ist.) Schließlich können viele Partikeln nicht im Vorfeld stehen, z.B. Diskurspartikeln und Modalpartikeln. Es sei noch erwähnt, dass *mir* in seiner speziellen Verwendung als Dativus ethicus (s. Kap. III.3.2) nicht im Vorfeld stehen kann:

*Mir bist du ein schöner Freund! (Im Sinne von: *Du bist mir ein schöner Freund!*)

Wir haben in Kapitel II.1.3.1 schon gesehen, dass ein Verb ohne seine Partikel nicht im Vorfeld stehen kann:

Abgewandt haben wir uns nicht.
*Gewandt haben wir uns nicht ab.

Dies können wir nun so deuten, dass die Partikel+Verb-Konstruktion *abgewandt* eine Wortgruppe ist, dass das Verb alleine aber nur den Status eines Wortes hat. Dies entspricht dann der Bestimmung für das Vorfeld, derzufolge dort eine und nur eine Wortgruppe stehen kann.

Zumindest bei einigen der Ausdrücke, die nicht im Vorfeld stehen können, kann man vermuten, dass sie dort nicht stehen können, weil sie nur ein Wort sind, aber keine Wortgruppe bilden können – bei den Modalpartikeln ist dies sehr naheliegend, und es gibt auch in Bezug auf die Klasse der Partikeln insgesamt die Auffassung, dass sie Wörter sind, die keine Wortgruppe bilden können.

Leeres Vorfeld: Das Vorfeld kann in V2-Sätzen unter bestimmten Bedingungen leer bleiben, wobei man es dennoch mit V2-Sätzen zu tun hat (**Vorfeldellipse**, VF-Ellipse). Dieses Phänomen ist in der Umgangssprache sehr verbreitet. Beispiel: Auf die Frage *Und? Gefällt dir das?* kann man antworten: *Gefällt mir überhaupt nich.* Diese Antwort versteht man als *Das gefällt mir überhaupt nicht.* Das bedeutet, dass die eigentlich obligatorische Nominativergänzung von *gefallen* unter bestimmten Umständen nicht sichtbar ist, aber trotzdem irgendwie da ist. Von daher kann man bei diesen Sätzen durchaus von V2-Sätzen reden – von V2-Sätzen mit VF-Ellipse (zur Vorfeldellipse s. ausführlicher Kap. III.3.3.1).

Einen V2-Satz mit VF-Ellipse wie *Gefällt mir überhaupt nich* werden wir in einem Kontext wie der Frage *Und? Gefällt dir das?* topologisch wie folgt analysieren:

Analysebeispiel

V2	AN	TF	VF	FINIT	MF	VK	NF
			~~Das~~	gefällt	mir überhaupt nich		

1.3.3 | Mittelfeld (MF)

Im Mittelfeld, d. h. dem Bereich unmittelbar vor dem Verbalkomplex, können beliebig viele Wortgruppen bzw. Wörter stehen, es kann aber auch ganz leer bleiben:

Gestern haben <u>wir ja endlich mal wieder Walzer</u> tanzen können.
Wir haben <u>gestern Walzer</u> getanzt.
Gestern haben <u>wir</u> getanzt.
Wir haben __ getanzt.

Das Mittelfeld ist ein Bereich des deutschen Satzes, in dem eine relative Freiheit in der Abfolge der Wörter und Wortgruppen herrscht. Man kann einerseits kein striktes Abfolgeschema angeben, das für das Mittelfeld allgemein gelten würde, aber andererseits gibt es auch keine völlige Beliebigkeit. Es hängt von verschiedenen Faktoren ab, welche Abfolgen völlig akzeptabel, welche weniger akzeptabel, welche kaum noch akzeptabel und welche eindeutig unakzeptabel sind. Welche Faktoren dies genau sind und wie sie miteinander interagieren, ist in der Forschung noch nicht hinreichend geklärt. Einig ist man sich aber, dass es u. a. eine Rolle spielt, ob ein Ausdruck das Subjekt ist, ob er pronominal, fokussiert oder definit ist (s.u.).

»Subjekt vor!« Was die syntaktische Funktion der Ausdrücke angeht, so gibt es im Mittelfeld eine Tendenz zur Abfolge ›Subjekt vor Objekt‹. Das zeigen die folgenden Beispielpaare:

a. *Also hat er es NIE geführt.*
b. **Also hat es er NIE geführt.*
a. *Also hat er ihr NICHT geholfen.*
b. **Also hat ihr er NICHT geholfen.*

In diesen Beispielsätzen ist – wie auch bei allen folgenden Beispielsätzen – ein Wort durch Großbuchstaben als das Wort ausgezeichnet, das als einziges mit Nachdruck betont wird und den Fokus des Satzes (d.h. die in Bezug auf den Kontext relevante neue Information) darstellt. Da es eine Rolle für die Abfolge im Mittelfeld spielt, ob ein Ausdruck fokussiert ist, müssen wir die Fokussierung immer kontrollieren, wenn wir Beispiele anführen, die zeigen sollen, dass der-und-der Faktor für die Abfolge relevant ist. In den obigen Beispielen muss gewährleistet sein, dass weder Subjekt noch Objekt fokussiert ist, wenn wir herausfinden wollen, ob der Status als Subjekt oder Objekt für die Abfolge relevant ist. (Ebenso wichtig ist, dass es in den Beispielen oben zwischen beiden Nominalgruppen keinen Unterschied in Bezug auf Definitheit und Pronominalität gibt, so dass die eine definit, die andere indefinit, bzw. die eine pronominal, die andere nicht pronominal ist.)

Die Tendenz zur Abfolge ›Subjekt vor Objekt‹ zeigt sich auch, wenn Subjekt und Objekt keine Pronomina sind, auch wenn der Kontrast weniger stark ausgeprägt ist:

a. *Also hat der Händler das Buch NIE geführt.*
b. *?Also hat das Buch der Händler NIE geführt.*
a. *Also hat der Passant der Frau NICHT geholfen.*
b. *?Also hat der Frau der Passant NICHT geholfen.*

Die a-Sätze sind jeweils akzeptabler als die b-Sätze (das Fragezeichen vor den b-Sätzen besagt, das die b-Sätze nicht völlig unakzeptabel, aber im Vergleich zu den a-Sätzen erkennbar weniger akzeptabel sind).

»Pronomen vor!« Wenn das Objekt, aber nicht das Subjekt ein Pronomen ist, dann sind beide Abfolgen ›Subjekt vor Objekt‹ und ›Objekt vor Subjekt‹ möglich, was zeigt, dass der Faktor Pronominalität einen Einfluss auf die Abfolge hat: Es gibt die Tendenz, Pronomen vor Nicht-Pronomen zu setzen.

a. *Also hat der Händler es NIE geführt.*
b. *Also hat es der Händler NIE geführt.*
a. *Also hat der Passant ihr NICHT geholfen.*
b. *Also hat ihr der Passant NICHT geholfen.*

»Fokus zurück!« Die Abfolge ›Objekt vor Subjekt‹ ist aber auch möglich, wenn beide Nominalgruppen nicht pronominal sind, nämlich dann, wenn das Objekt ein Dativobjekt und das Subjekt fokussiert ist:

Also hat der Frau der PasSANT geholfen.

Durch Fokussierung kann eine syntaktische Einheit weiter hinten im Satz platziert werden als ohne Fokussierung.

Die Abfolge ›Dativobjekt vor Subjekt‹ ist aber auch bei bestimmten Verben (insbesondere Verben, die psychische Ereignisse oder psychische Zustände bezeichnen) möglich, ohne dass fokussiert oder pronominalisiert werden müsste:

a. *Doch ist die Lösung der Kandidatin NICHT eingefallen.*
b. *Doch ist der Kandidatin die Lösung NICHT eingefallen.*

Der Grund mag in den unterschiedlichen semantischen Rollen des Objekts von *einfallen* und des Objekts von *helfen* liegen, aber dies liegt nicht ohne Weiteres auf der Hand, andere Erklärungsmöglichkeiten sind denkbar und vorgeschlagen worden.

»Definita vor!« Was die Abfolge von Akkusativ- und Dativobjekt angeht, so sind beide Abfolgen möglich, wenn die Objekte definit und nicht-pronominal sind, wobei ›Dativobjekt vor Akkusativobjekt‹ manchmal etwas natürlicher erscheint:

a. *Dann hat die Händlerin dem Kunden das Buch geGEben.*
b. *Dann hat die Händlerin das Buch dem Kunden geGEben.*

Wenn man in (b) aus dem definiten Akkusativobjekt ein indefinites macht, aber die Abfolge belässt, wie sie ist, dann ist der Satz kaum noch akzeptabel – was zeigt, dass Definitheit für die Abfolge ein relevanter Faktor ist:

??*Dann hat die Händlerin ein Buch dem Kunden geGEben.*

»Akkusativpronomen vor!« Was die Abfolge von Akkusativ- und Dativobjekt angeht, sehen die Verhältnisse deutlich anders aus, wenn beide Objekte Pronomina sind. Dann nämlich ist die Abfolge ›Akkusativobjekt vor Dativobjekt‹ die deutlich bessere – es gibt also auch unter den Pronomina noch spezielle Präferenzen:

a. *Dann hat die Händlerin es ihm geGEben.*
b. *Dann hat die Händlerin ihm es geGEben.*

Bei den fünf Faktoren, die wir hier etwas genauer betrachtet haben, von »Subjekt vor!« bis »Akkusativpronomen vor!«, kommt es nun darauf an, wie sie bei der Festlegung der Abfolgemöglichkeiten zusammenspielen – dies ist neben der genauen Identifikation der Faktoren die zweite große Herausforderung, die die Abfolge im Mittelfeld stellt.

Die Faktoren müssen beispielsweise so zusammenspielen, dass bei drei Pronomina die Abfolge (a) die eindeutig beste ist, (b) auch noch akzeptabel ist, aber alle anderen nicht:

a. *Dann hat*   *er es ihr*   *gestanden.*
b. *Dann hat*   *er ihr es*   *gestanden.*

Das Subjekt muss den anderen Ergänzungen vorangehen. Anders sieht es aus, wenn das Subjekt kein Pronomen ist, dann kann es durchaus auf die anderen Ergänzungen folgen:

a.	*Dann hat*	*der Kerl es ihr*	*gestanden.*
b.	*Dann hat*	*es der Kerl ihr*	*gestanden.*
c.	*Dann hat*	*es ihr der Kerl*	*gestanden.*

Soweit ein erster Einblick in die komplexen Verhältnisse, die im Mittelfeld herrschen. Insbesondere die Stellung von Adverbialen haben wir aber nicht angesprochen.

Da Pronomina im Mittelfeld oft ganz am Anfang stehen, setzt man häufig einen speziellen Bereich für Pronomina ganz am Anfang des Mittelfelds an, die sogenannte Wackernagel-Position. Doch da, wie oben gesehen, nicht-pronominale Subjekte durchaus vor den Pronomina stehen können, setzen wir hier keine solche Position an.

Eine Standardarbeit zur Abfolge im Mittelfeld ist Lenerz (1977). Einen Einblick in theoretische Modelle zur Behandlung dieses Phänomenbereichs und weitere Literaturangaben finden sich in Altmann/Hofmann ([2]2008, Kap. 5) und Pafel (2009, § 10).

1.3.4 | Verbalkomplex (VK)

Im Verbalkomplex stehen – im Prinzip – beliebig viele Verben und die dazugehörigen Verbpartikeln, er kann aber auch leer bleiben. Es gibt also verschiedene Möglichkeiten, wie der Verbalkomplex gefüllt ist:

Besetzungs-
möglichkeiten des
Verbalkomplexes

ein infinites Verb **(+ Verbpartikel)**	*Haben sie die Prüfung <u>bestanden</u>?* *Soll ich die Prüfung <u>anfechten</u>?*
ein finites Verb **(+ Verbpartikel)**	*Ob sie sich wohl <u>ändert</u>?* *Ob sie uns <u>anruft</u>?*
mehrere infinite Verben **(+ Verbpartikel)**	*Hätten sie die Prüfung überhaupt <u>bestehen können</u>?* *Hätten ich die Prüfung <u>anfechten können</u>?*
ein finites und **ein infinites Verb** **(+ Verbpartikel)**	*Ob sie sich wohl <u>ändern werden</u>?* *Ob sie uns <u>anrufen werden</u>?*
ein finites und mehrere **infinite Verben** **(+ Verbpartikel)**	*Ob sie sich wohl <u>ändern werden können</u>?* *Ob sie uns <u>anrufen werden können</u>?*
eine Verbpartikel	*Bitte rufen Sie uns <u>an</u>!*
nichts	*Wir ändern uns nicht __.*

Was die Abfolge der Verben im Verbalkomplex betrifft, so folgt im Normalfall auf ein Verb das Verb, von dem es seleGIert wird. In *Ob sie sich ändern werden?* beispielsweise folgt auf *ändern* das Hilfsverb *werden*, das von *ändern* den 1. Status verlangt. Über die Abfolge gibt die folgende Vertiefung genauere Auskunft.

Zur Vertiefung

Topologie des Verbalkomplexes

Bech (^{2}1983) unterteilt den Verbalkomplex (er spricht von Schlussfeld)
in Unterfeld und fakultatives Oberfeld, wobei das Ober- dem Unterfeld
vorangeht.

Schlussfeld	
Oberfeld	Unterfeld

Die Abfolge der Verben im Oberfeld unterscheidet sich von der Abfolge
der Verben im Unterfeld.

Abfolge im Unterfeld: Im Unterfeld folgt auf ein Verb (wenn das Unterfeld aus mehr als einem Verb besteht) das Verb, von dem es statusregiert bzw. selegiert wird. Wenn wir die Selektionsverhältnisse durch
tiefgestellte Zahlen ausdrücken und ein Verb das Verb mit der nächst-
größeren Zahl selegiert, dann sieht die Abfolge im Unterfeld wie folgt
aus (UF = Unterfeld):

Abfolge
im Unterfeld

V_1	*ob sie da noch* [$_{UF}$ *lacht*]
$V_2 V_1$	*ob sie da noch* [$_{UF}$ *lachen kann*]
$V_3 V_2 V_1$	*ob sie da noch* [$_{UF}$ *lachen können wird*]
$V_4 V_3 V_2 V_1$	*ob sie da noch* [$_{UF}$ *lachen können wollen wird*]
$V_5 V_4 V_3 V_2 V_1$	*dass man ihn hier* [$_{UF}$ *liegen bleiben lassen können wird*]

Verbalkomplexe »mit mehr als vier verben jedoch sind äußerst selten«
(Bech ^{2}1983, 64) – das Beispiel mit fünf Verben stammt von Bech selbst.

Abfolge im Oberfeld: Nur unter besonderen Bedingungen sind Verbalkomplexe mit Oberfeld, d.h. **Oberfeldkonstruktionen** möglich: Das
finite Verb kann im gegenwärtigen Deutsch nur *werden* oder *haben* sein
und es muss mindestens zwei infinite Verben geben. Im Oberfeld ist es
gerade umgekehrt wie im Unterfeld, hier folgt das selegierte Verb auf
das Verb, von dem es selegiert wird (OF = Oberfeld):

Oberfeld-
konstruktionen

$V_1 V_3 V_2$	*ob man ihn hier* [$_{OF}$ *wird*] [$_{UF}$ *liegen lassen*]
$V_1 V_4 V_3 V_2$	*ob man ihn hier* [$_{OF}$ *wird*] [$_{UF}$ *liegen bleiben lassen*]
$V_1 V_2 V_4 V_3$	*ob man ihn hier* [$_{OF}$ *wird lassen*] [$_{UF}$ *liegen bleiben*]
$V_1 V_5 V_4 V_3 V_2$	*ob man ihn hier* [$_{OF}$ *wird*] [$_{UF}$ *liegen bleiben lassen können*]
$V_1 V_2 V_5 V_4 V_3$	*ob man ihn hier* [$_{OF}$ *wird können*] [$_{UF}$ *liegen bleiben lassen*]

Die letzten Beispiele erscheinen schon recht konstruiert, aber durchaus
noch akzeptabel.

Oberfeldkonstruktionen mit nicht-verbalem Material: In Oberfeldkonstruktionen ist es durchaus möglich, auch darauf hat Bech (^{2}1983)
bereits hingewiesen, dass im Unterfeld nicht nur Verben und Verbpartikel, sondern auch anderes sprachliches Material steht – und zwar am
Anfang des Unterfeldes.

ob man ihn hier wird <u>ernst</u> *nehmen können*
ob man ihm hier wird <u>Glauben</u> *schenken können*

Wenn man den Verbalkomplex, wie wir es oben getan haben, bestimmt als einen Bereich, in dem beliebig viele Verben und die dazugehörigen Verbpartikeln stehen, dann kann man in diesen Sätzen die Schlussfelder (*wird ernst nehmen können, wird Glauben schenken können*) nicht als Verbalkomplex analysieren, da *ernst* und *Glauben* weder Verben noch Verbpartikeln sind. Höhle (1986, 331) zerlegt in diesem Sinne solche Sätze so, dass *wird ernst* und *wird Glauben* im Mittelfeld stehen und der Verbalkomplex nur aus den beiden folgenden, infiniten Verben besteht. Anders Askedal (1986), der die gesamte Oberfeldkonstruktion als einen topologischen Bereich verstanden wissen will. Wenn man aber versucht, den Verbalkomplex so zu definieren, dass auch diese Oberfeldkonstruktionen mögliche Verbalkomplexe sind, dann hat dies, wie wir in Kapitel II.6.2.1 sehen werden, weitreichende Konsequenzen.

Zwischenstellung: Eine interessante Variante der Abfolge der Verben im Verbalkomplex ist die sogenannte Zwischenstellung wie in:

ob sie da noch lachen <u>wird</u> können

Man scheint es mit einer Oberfeldkonstruktion zu tun zu haben, aber etwas, was eigentlich zum Unterfeld gehört (nämlich *lachen*), steht vor dem Oberfeld. Der folgende Beispielsatz (a) ist eine normale Oberfeldkonstruktion, in (b) steht ein Anfangsteil des Unterfeldes (der durchgestrichene Teil) vor dem Oberfeld:

a. *ob sie* [$_{OF}$ *wird*] [$_{UF}$ *lachen können*]
b. *ob sie lachen* [$_{OF}$ *wird*] [$_{UF}$ ~~*lachen*~~ *können*]

Weitere Beispiele für die Möglichkeit der Zwischenstellung:

ob man ihn hier [$_{OF}$ *wird*] [$_{UF}$ *liegen bleiben lassen können*]
ob man ihn hier liegen [$_{OF}$ *wird*] [$_{UF}$ ~~*liegen*~~ *bleiben lassen können*]
ob man ihn hier liegen bleiben [$_{OF}$ *wird*] [$_{UF}$ ~~*liegen bleiben*~~ *lassen können*]
ob man ihn hier liegen bleiben lassen [$_{OF}$ *wird*] [$_{UF}$ ~~*liegen bleiben lassen*~~ *können*]

1.3.5 | COMP-Position (COMP)

Die COMP-Position ist im VE-Schema die Position unmittelbar vor dem Mittelfeld:

VE-Schema:	AN	TF	**COMP**	MF	VK	NF

In COMP steht eine Subjunktion oder eine Wortgruppe ganz bestimmter Art, nämlich eine Relativphrase, Interrogativphrase, Exklamativphrase, *je*+Komparativ-Phrase oder *so*+Positiv-Phrase.

Subjunktionen in COMP: Kommen wir zuerst zu Subjunktionen in COMP.

dass man hier gut leben kann   *um* sich nicht zu verraten
ob das so weiter gehen wird   *ohne* lange zu überlegen
nachdem alles vorbei war   *anstatt* sie zu fragen

Bei Subjunktionen in COMP hängt die Form des unabhängigen Verbs des VE-Satzes von der Subjunktion ab: *dass, ob, nachdem* etc. fordern ein finites Verb, sie leiten einen finiten Satz ein; *um, ohne, anstatt* etc. fordern ein infinites Verb im 2. Status, sie leiten einen infiniten Satz ein (s. Kap. I.2.2.2 zum Begriff des Status bei Verben).

Auch die sogenannten **satzwertigen Infinitivkonstruktionen** sind infinite Sätze mit der Besonderheit, dass in COMP kein Element sichtbar ist:

Den Rat von Fachleuten einzuholen, ist in diesem Fall nicht verkehrt.
Sie haben versprochen, sich noch von den Gästen zu verabschieden.

Im ersten Beispiel ist die Infinitivkonstruktion das Subjekt des Satzes, in dem zweiten Beispiel ist sie ein Objekt.

Stumme Subjunktionen   Zur Vertiefung

Wir werden bei satzwertigen Infinitivkonstruktionen eine ›stumme‹ Subjunktion annehmen. Ein stummes Element (man redet auch von leerem, nicht-sichtbarem oder nicht-overtem Element) hat keine phonetische oder graphische Gestalt, ist aber etwas, das syntaktische Eigenschaften hat. So hat die stumme Subjunktion eine Valenz: Sie fordert wie *um*, *ohne* und *anstatt* als Ergänzung ein Verb im 2. Status. Eine stumme Subjunktion ist also eine syntaktische Einheit, die man in der phonetischen bzw. graphischen Gestalt des Satzes nicht sieht. Ihr Vorkommen markieren wir durch das Symbol ø an der Stelle, an der eine hör- oder sichtbare Subjunktion stehen würde.

[$_S$ ø *sich noch von den Gästen zu verabschieden*]

Mit der Annahme dieser stummen Subjunktion gilt die Generalisierung ausnahmslos, dass die Subjunktion in VE-Sätzen die Form des unabhängigen Verbs bestimmt. Und wir können COMP als eine topologische Position bezeichnen, die obligatorisch besetzt sein muss. Satzwertige Infinitivkonstruktionen wären hier die einzige Ausnahme gewesen.

Relativ-, Interrogativ- und Exklamativphrasen in COMP: In den folgenden Beispielen sieht man, dass auch ganze Wortgruppen in COMP stehen können – Relativphrasen in (a), Interrogativphrasen in (b) und Exklamativphrasen in (c):

a.   *Das ist die Wand, von der er das Ding abgemacht hat.*
    Das ist der Zusatz, ohne den es nicht geklappt hätte.
    Das ist ein Buch, dessen Autor weltberühmt wurde.
b.   *Ich muss wissen, mit welchen Worten sie sich verabschiedet hat.*
    Ich weiß, welche Leute sich von der Bühne abgewandt haben.
    Wir fragen uns, wie oft wir das noch wiederholen sollen.

c. *Es ist schon erstaunlich, <u>was für Ausreden</u> der so auf Lager hat.*
    Es ist erfreulich, <u>wie gut</u> sich die Kinder entwickelt haben.
    Mich hat beeindruckt, <u>welche Zuversicht</u> sie immer noch an den Tag legt.

Wir können jetzt deutlich sehen, dass beispielsweise ein Relativpronomen tatsächlich in COMP und nicht etwa im Mittelfeld steht (diese Überlegung gilt entsprechend für alle anderen Phrasen in COMP auch). Nehmen wir einen Relativsatz wie (*das Ding,*) *das er von der Wand abgemacht hat.* Hier ist das Relativpronomen ein Objekt und steht vor dem Subjekt. Die umgekehrte Abfolge ist völlig undenkbar (**Das ist das Ding, er das von der Wand abgemacht hat*). Wenn aber *das* kein Relativpronomen ist und zusammen mit *er* im MF steht, dann muss strikt die Abfolge *er* vor *das* eingehalten werden (s. Kap. II.1.3.3):

> *Dann hat <u>er das</u> von der Wand abgemacht.*
> **Dann hat <u>das er</u> von der Wand abgemacht.*

Die Fakten werden sofort verständlich, wenn wir annehmen, dass Relativpronomina wie Subjunktionen einen VE-Satz einleiten und dabei in der für VE-Sätze spezifischen Position, der COMP-Position, stehen und somit nicht unter die Gesetzmäßigkeiten fallen, die für Ausdrücke im Mittelfeld gelten.

   ***Je*+Komparativ- und *so*+Positiv-Phrasen in COMP:** Zwei weitere Typen von Phrasen können in COMP stehen.

a. *<u>Je dicker</u> früher ein Buch gewesen ist, desto teurer ist es gewesen.*
b. *<u>So dick</u> das Buch ist, so uninteressant ist es auch.*
c. *Sie wollen es selbst machen, <u>so wenig</u> sie auch davon verstehen.*

In (a) steht die Partikel *je* mit einem Adjektiv im Komparativ in COMP, in (b) und (c) die Partikel *so* mit einem Adjektiv im Positiv (zur Komparation s. die Vertiefung in Kap. I.2.2.1). Bei *je* kann es auch ein Adverb im Komparativ sein (*je öfter*), bei *so* ein Adverb im Positiv (*so gerne*).

1.3.6 | Nachfeld (NF)

Das Nachfeld ist in den drei topologischen Satzschemata der Bereich, der unmittelbar auf den Verbalkomplex folgt.

AN	TF	…	MF	VK	**NF**

Im Nachfeld stehen vor allem Nebensätze (a) und Präpositionalgruppen (b) verschiedenster Art.

a. *Doch ist schnell klar geworden, <u>dass man sie vergessen hat</u>.*
    Sie haben versichert, <u>dass sie nicht eingeladen gewesen seien</u>.
    Dort würde niemand mehr auf die Straße gehen, <u>wenn es dunkel geworden ist</u>.

Sie konnten sich endlich die Dinge kaufen, <u>die sie immer begehrt haben</u>.

b. *Er ist ins Team zurückgekehrt <u>nach einem längeren Klinikaufenthalt</u>.*
   Er wird bestimmt bald zurückkehren <u>ins Team</u>.

Für **Subjekt- und Objektsätze** ist das Nachfeld der normale Aufenthaltsbereich, sie können aber auch im Vorfeld stehen. Im Mittelfeld kommen sie nur ganz selten vor. Dies sieht man schon, wenn man versucht, den Subjektsatz und den Objektsatz in den beiden ersten Sätzen in (a) ins Mittelfeld zu stellen – das Resultat ist von eher zweifelhaftem Wert:

?Doch ist, <u>dass man sie vergessen hat</u>, schnell klar geworden.
??Sie haben, <u>dass sie nicht eingeladen gewesen seien</u>, versichert.

Im Nachfeld stehen auch V2-Sätze, wenn sie den Status einer Ergänzung, eines Arguments, haben:

Sie haben versichert, <u>sie seien nicht eingeladen gewesen</u>.

Ebenfalls im Nachfeld stehen sogenannte freie *dass*-Sätze (a) und weiterführende Relativ- und Adverbialsätze (b):

a. *Für wen hältst du mich eigentlich, <u>dass du so brüllst</u>?*
   Fritz muss verrückt sein, <u>dass er kommt</u>.
   Der hat doch einen Vogel, <u>dass er in der heutigen Zeit seine Stelle aufgibt</u>.

b. *Sie hing den Vorfall an die große Glocke, <u>was natürlich zu erhitzten Debatten führte</u>.*
   Fritz ist der ruhige, besonnene Typ, <u>wogegen Hans schnell aufbraust</u>.
   Die Lage war verworren, <u>so dass sich niemand um eine schnelle Lösung mehr bemühte</u>.

Zu den verschiedenen Arten von Nebensätzen s. Kapitel II.2.2.

Nachfeld oder Mittelfeld?

Zur Vertiefung

Wenn der Verbalkomplex in einem Satz nicht besetzt ist, dann sieht man nicht unmittelbar, ob ein Nebensatz im Mittelfeld oder im Nachfeld steht.

a. *Sie versicherten, <u>dass sie nicht eingeladen gewesen seien</u>.*
b. *Klar ist, <u>dass man sie vergessen haben muss</u>.*

In diesen V2-Sätzen folgt auf das finite Verb sofort ein Nebensatz, der damit rein theoretisch sowohl im Mittel- wie im Nachfeld stehen könnte. In dieser Situation hilft die **VK-Probe**: Man verändert die Sätze so, dass der Verbalkomplex besetzt ist, und schaut, ob der Nebensatz nach dieser Veränderung besser vor oder nach dem Verbalkomplex steht. Um den Verbalkomplex sichtbar zu machen, bietet es sich an, eine periphrastische Konstruktion aus finitem und infinitem Verb zu bilden. Auf die beiden Sätze (a) und (b) angewendet, ergibt die VK-Probe das folgende Resultat (der Verbalkomplex ist unterstrichen):

> *Sie haben <u>versichert</u>, dass sie nicht eingeladen gewesen seien.*
> *Klar ist <u>geworden</u>, dass man sie vergessen haben muss.*
> *?Sie haben, dass sie nicht eingeladen gewesen seien, <u>versichert</u>.*
> *??Klar ist, dass man sie vergessen haben muss, <u>geworden</u>*
>
> Die *dass*-Sätze sind also eindeutig im Nachfeld zu platzieren. Dies passt zu dem Faktum, dass es im Normalfall zu nicht richtig akzeptablen Sätzen führt, wenn ein Subjekt- oder Objektsatz im Mittelfeld steht (s. Kap. II.1.3.6 oben).

1.3.7 | Topikfeld (TF)

Das Topikfeld wird von einer Wortgruppe besetzt, die das **Topik** bezeichnet, d. h. den Gegenstand, um den es in dem Satz geht. Das Topikfeld folgt in den drei topologischen Satzschemata direkt auf die Anschlussposition:

AN	TF	...	MF	VK	NF

Nach dem Verhältnis der Phrasen im Topikfeld zu dem Rest des Satzes lassen sich zwei Arten von Konstruktionen unterscheiden: Linksversetzung (im Topikfeld steht eine linksversetzte Phrase) einerseits und hängende Topikkonstruktion (im Topikfeld steht ein hängendes Topik) andererseits.

Linksversetzung: Schauen wir uns zuerst ein paar Beispiele für diese Konstruktion an (die linksversetzte Phrase ist unterstrichen):

<u>*Diesen Typ*</u>, **den** *kenne ich doch.*
<u>*Den Moritz*</u>, *wann hast du* **den** *zuletzt gesehen?*
<u>*An so einem Tag*</u>, **da** *geht einfach alles schief.*
<u>*Für so einen Preis*</u>, **da** *(/***dafür***) bekommst du auch was besseres.*
<u>*Wenn du kommst*</u>, **dann** *machen wir ein großes Fest.*
<u>*Dass du kommst*</u>, **das** *freut mich sehr.*
<u>*In Indien*</u>, **da** *(/***dort***) sind die Kühe heilig.*

Bei der Linksversetzung steht eine Wortgruppe am linken Rand eines Satzes (z. B. eine Nominalgruppe, eine Präpositionalgruppe oder ein Satz) und wird von einem Ausdruck in dem Satz wieder aufgegriffen (ein Ausdruck, der die Referenz eines anderen Ausdrucks aufgreift, wird **anaphorischer Ausdruck** genannt). Dieser anaphorische Ausdruck ist in den Beispielen gefettet. Bei ihm handelt es sich um einen d-Ausdruck: *der/die/das*, *da* (inkl. *da*+Präposition), *dann*, *dort* etc. Die linksversetzte Phrase kongruiert mit dem anaphorischen Ausdruck. Dies ist am deutlichsten bei einer linksversetzten Nominalphrase, die mit dem anaphorischen Ausdruck in Kasus, Genus und Numerus kongruiert (wie in <u>*Diesen Typ*</u>, **den** *kenne ich doch*).

Terminologische Anmerkung: ›Linksversetzung‹ (engl. *left dislocation*) wurde als Terminus geprägt, als man der Ansicht war, dass die linksversetzte Phrase aus dem Satzinneren kommend an den linken Rand des Satzes bewegt wird (zum Konzept der Bewegung s. Kap. II.6). Auch wenn man heute nicht mehr dieser Auffassung ist, hat man den Terminus beibehalten.

Hängende Topikkonstruktion: Beim hängenden Topik (engl. *hanging topic*, deutsch auch freies Topik, freies Thema oder *Nominativus pendens* genannt) ist das Verhältnis der Phrase im Topikfeld zu dem anaphorischen Ausdruck weniger eng als bei der Linksversetzung. So gibt es keine so enge Kongruenzbeziehung (handelt es sich um Nominalgruppen, müssen sie im Kasus nicht übereinstimmen), und der anaphorische Ausdruck kann unterschiedliche Gestalt haben.

Dieser Typ, **den** *kenne ich doch.*
*Der deutsche Fußball, na ja, viel ist **da**mit nicht los.*
Dieser (/*diesen*) *Typ, ich kann **ihn** nicht ausstehen.*
Dass du kommst, **da**von *gehe ich mal aus.*
Was Indien angeht, **dort** *sind die Kühe heilig.*

Zu den vielfältigen Eigenschaften dieser beiden Konstruktionen vgl. unter anderem Altmann (1981), Selting (1993), Scheutz (1997) und Frey (2005) – in der Forschung zur Syntax der gesprochenen Sprache spricht man in Bezug auf diese Konstruktionen von »Referenz-Aussage-Strukturen« (vgl. Duden-Grammatik [8]2009, 1198 ff.). In Wöllstein (2010, §§ 4.1, 4.5) wird topologisch ein Unterschied zwischen den beiden Konstruktionen gemacht.

1.3.8 | Anschlussposition (AN)

Die Anschlussposition ist der vorderste Bereich der topologischen Satzschemata. Sie wird von Diskurspartikeln besetzt.

AN TF	...	MF	VK	NF

Denn solche Sängerinnen sind selten geworden.
Aber das war gar nicht so beabsichtigt.
Und warum hast du das gemacht?
Nein, das mache ich nicht.
Also, so geht es nicht.

In der Anschlussposition stehen vor allem **Diskursmarker** wie *denn, aber* oder *und*, die die Funktion haben, den inhaltlichen Bezug eines Satzes zu dem vorausgegangenen Diskurs anzuzeigen (ob es sich um eine Erläuterung, einen Kontrast, eine Weiterführung etwa handelt). Es ist wichtig, diese Diskursmarker von den manchmal gleichlautenden Konjunktionen (koordinierenden Partikeln) zu unterscheiden. Als Diskursmarker haben diese Ausdrücke keine im syntaktischen Sinne koordinierende Funktion (zur Koordination s. Kap. II.2.3). Hier ein Beispiel, das deutlich machen soll, dass im Kontext der Frage der Person A die Verwendung von *und* durch B keine koordinierende Funktion hat:

A: Dann habe ich das Rad auf die Seite gelegt.
B: _Und_ warum hast du das gemacht?

Einige Diskursmarker kommen (noch) nur in der gesprochenen Sprache vor, nämlich _weil, obwohl_ und _wobei._ Es handelt sich dabei nicht um die gleichlautenden Subjunktionen, die einen VE-Satz einleiten, sondern um Partikeln, die am Anfang von gewöhnlichen V2-Aussagesätzen oder auch V1-Fragesätzen stehen können.

Es muss gehagelt haben. Weil auf meim Auto sin jede Menge Dellen.
So scheint das zu funktionieren. Obwohl ich hab das nich so richtig verstanden.
Der Aufsatz ist sehr, sehr lang. Wobei man kann durchaus sagen, dass er sich sehr flüssig liest.
Das geht also so. Obwohl, hab ich das eigentlich wirklich verstanden?
Das ist merkwürdig. Denn, hat er nicht schon mal angerufen?

Insbesondere zu dem Diskursmarker _weil_ gibt es eine sehr reichhaltige Diskussion (vgl. u. a. Pasch 1997; Eroms 1998; Scheutz 1998; Uhmann 1998; Gohl/Günthner 1999; Wegener 1999; Antomo/Steinbach 2010).

Zur Vertiefung

Die Satzklammer
In vielen Arbeiten zur Topologie des deutschen Satzes wird angenommen, dass das finite Verb in der Finitheitsposition und die infiniten Verben im Verbalkomplex eine Klammer bilden (Drach 1937; Engel 1970; Reis 1980, 64; Askedal 1986; IDS-Grammatik 1997, 1500 ff.; Kathol 2000, 47 ff.; Altmann/Hofmann [2]2008; Nübling [2]2008, 91 ff.; Duden-Grammatik [8]2009, 862; Wöllstein 2010, 22 ff. u. v. a). Man redet in Bezug auf das finite Verb in der Finitheitsposition von der linken Satzklammer, in Bezug auf die infiniten Verben im Verbalkomplex von der rechten Satzklammer (egal, ob ein V2- oder ein V1-Satz vorliegt).

VF	linke Satzklammer	MF	rechte Satzklammer	NF
Es	hat	noch	geklappt	gestern

linke Satzklammer	MF	rechte Satzklammer	NF
Hat	es	geklappt	gestern

Auch bei VE-Sätzen setzt man die Satzklammer an, wobei eine Subjunktion in COMP die linke Satzklammer bildet.

linke Satzklammer	MF	rechte Satzklammer	NF
dass	es	geklappt hat	gestern

Manchmal wird die Konzeption der Satzklammer auch benutzt, um topologische Modelle aufzustellen, die von nur _einem_ topologischen

Satzschema ausgehen, das für alle Sätze gelten soll. Siehe neuerdings Wöllstein (2010), die folgendes Grundschema ansetzt:

VF	linke Satzklammer	MF	rechte Satzklammer	NF
Es	hat	noch	geklappt	gestern
	Hat	es	geklappt	gestern
	dass	es	geklappt hat	gestern
wie		es	geklappt hat	gestern

(In dem Basismodell in Kapitel II.1.2 werden dagegen *drei* unterschiedliche topologische Satzschemata – V2-, V1- und VE-Schema – angenommen.)

Erkennbar und nachvollziehbar ist das Bedürfnis, mit der Redeweise von der Satzklammer auszudrücken, dass das finite Verb und die infiniten Verben in V2- und V1-Sätzen zusammengehören. Wir werden später sehen, dass man dazu das Bild von der Klammer nicht braucht, dass man die Beziehung zwischen beiden als Bewegung verstehen kann (s. Kap. II.6). Zu weiteren Begründungen für die Satzklammer siehe die oben angegebene Literatur, zur Kritik an der Satzklammer vgl. Pafel (2009, § 3).

1.4 | Übungen

1. Nach dem Basismodell des deutschen Satzes aus Kapitel II.1.2 sieht die topologische Analyse eines V2-Satzes wie *Gestern im Bus habe ich eine seltsame Geschichte gehört* und eines V1-Satzes wie *Hast du gestern gewonnen?* wie folgt aus:

V2	AN	TF	VF	FINIT	MF	VK	NF
			Gestern im Bus	habe	ich eine seltsame Geschichte	gehört	

V1	AN	TF	FINIT	MF	VK	NF
			Hast	du gestern	gewonnen	

Analysieren Sie in dieser Weise die folgenden Sätze topologisch nach dem Basismodell:

a. *Herr Feigl war wirklich sehr freundlich gewesen.*
b. *Sollte Otto diese Mahnung in den Wind geschlagen haben, ein bedeutungloses Lamento?*

c. *Nach einer Kette von schlimmen Erfahrungen mit Emporkömmlingen wird Habsburg wieder an seinen rechtmäßigen Platz zurückkehren.*

d. *Und wieso tat man seinem Hause das an?*

e. *Dort, in Funchal, umgeben von Kamelienblüten, Oleandergebüsch und der Pracht einer vulkanischen Landschaft, starb er, ein Fünfunddreißigjähriger, am 1. April des Jahres 1922 in den Armen seiner Gemahlin an Grippe.*

f. *Früher, da hat man sie behandelt wie Bittsteller.*

2. Überlegen Sie sich als Vorbereitung für das nächste Kapitel, was in den folgenden Sätzen der Hauptsatz und was der Nebensatz ist. Markieren Sie den Anfang und das Ende von Haupt- und Nebensatz durch Klammern (wie wir das von der indizierten Klammerung von Wortgruppen kennen).

a. *Ich weiß, dass sie kommt.*

b. *Sie sind, nachdem sie die Dreharbeiten beendet hatten, in die USA geflogen.*

c. *Obgleich sie keine Unbekannten mehr sind, müssen sie sich hinten anstellen.*

Lösungshinweise zu den Übungen finden Sie auf www.metzlerverlag.de/webcode. Ihren persönlichen Webcode finden Sie am Anfang des Bandes.

2. Analyse komplexer Sätze

2.1 | Hauptsatz, Teilsatz, Nebensatz

Haupt- und Nebensatz sind sehr alte Begriffe, die die meisten von uns in der Schule gelernt haben. Es ist nützlich, diese und verwandte Begriffe gleich zu Anfang so klar wie möglich zu definieren (so selbstverständlich, wie man meinen sollte, ist deren Definition gar nicht).

Ein → Hauptsatz ist ein selbständiger Satz.
Ein → Teilsatz ist ein unselbständiger Satz.
Ein Satz ist genau dann **selbständig**, wenn er nicht Teil eines anderen Satzes ist.
Ein Satz ist genau dann **unselbständig**, wenn er nicht selbständig ist.

Zum Begriff

Beispiele für **selbständige Sätze** sind: *Es regnet. Regnet es? Bitte, lass es regnen!* Mit einem selbständigen Satz wird in aller Regel eine sprachliche Handlung vollzogen: Es wird eine Feststellung getroffen, eine Frage gestellt, eine Bitte geäußert etc. (zu sprachlichen Handlungen, d.h. Sprechakten vgl. Meibauer et al. [2]2007, Kap. 6.5).

Beispiele für **unselbständige Sätze** sind der *dass*-Satz in *Ich weiß, dass sie kommt* und der *nachdem*-Satz in *Es kam zu einem Eklat, nachdem die Rede beendet war.* Mit unselbständigen Sätzen wird in vielen Fällen keine eigene sprachliche Handlung vollzogen.

Hauptsätze wie Teilsätze können einfach oder komplex sein.

Ein Satz ist → **einfach** genau dann, wenn er keinen (anderen) Satz enthält.
Ein Satz ist → **komplex** genau dann, wenn er nicht einfach ist.

Zum Begriff

Beispiele für **einfache Sätze** und zwar für einfache Hauptsätze sind: *Es regnet. Regnet es? Bitte, lass es regnen!* Ein einfacher Hauptsatz kann aber durchaus auch sehr umfangreich sein – hier ein noch recht moderates Beispiel: *In einem der vermutlich größten Steuerskandale der Republik müssen in den nächsten Wochen etwa 1100 Verdächtige mit Hausdurchsuchungen rechnen.*

Beispiele für **komplexe Hauptsätze** sind *Ich weiß, dass sie kommt* und *Es kam zu einem Eklat, nachdem die Rede beendet war*, da sie einen Teilsatz enthalten – den *dass*- bzw. *nachdem*-Satz. Dies werden wir gleich noch genauer erörtern. Der *dass*- und der *nachdem*-Satz in den beiden Beispielssätzen sind einfache Teilsätze. Beispiele für komplexe Teilsätze folgen später.

Ein komplexer Satz ist entweder eine Satzreihe (auch Satzkoordination genannt) oder ein Satzgefüge.

> Bei einer → Satzreihe/Satzkoordination werden zwei oder mehr Teilsätze mit oder ohne Konjunktionen koordiniert.
> Ein → Satzgefüge enthält einen Satz, der nicht mit einem anderen Satz koordiniert ist.

Mit einer **Satzreihe** bzw. **Satzkoordination** haben wir es zu tun in

(1) *Morgen regnet es oder es schneit.*

Hier sind die beiden V2-Sätze *Morgen regnet es* und *es schneit* mit Hilfe der Konjunktion *oder* koordiniert (die durch Konjunktionen verbundenen Teile einer Koordination heißen **Konjunkte**). Satz (1) selbst ist ein komplexer Satz, der aus zwei V2-Sätzen und der Konjunktion *oder* besteht, was wir graphisch so wiedergeben können, dass der große Kasten in (2) dem komplexen Satz entspricht:

(2)

| *Morgen regnet es* | *oder* | *es schneit* |

So wird anschaulich, dass die beiden Konjunkte Teil des Gesamtsatzes, Teil der Satzreihe sind. Wir können die Verhältnisse aber auch durch indizierte Klammerung darstellen (*S* steht für *Satz*; mit Hilfe der Zahlen können wir die einzelnen Sätze eindeutig kennzeichnen; die unterschiedliche Form der Klammerung ist ohne tiefere Bedeutung und dient nur zur besseren Orientierung):

(3) $\{_{S0} [_{S1}$ *Morgen regnet es*$]$ *oder* $[_{S2}$ *es schneit*$]\}$

Die Satzkoordination, d.h. der S_0-Satz, ist der Hauptsatz, die beiden V2-Sätze sind Teilsätze. Es liegt eine Koordination von zwei V2-Sätzen vor, nicht eine Koordination von zwei Hauptsätzen! Nach der obigen Definition von Hauptsatz ist es unmöglich, zwei Hauptsätze zu koordinieren, denn durch die Koordination werden Sätze unselbständig, Teil einer Satzreihe. Vor diesem Hintergrund werden wir eine Satzfolge wie *Die Tür geht auf. Marie kommt herein. Sie setzt sich aufs Sofa. Sofort kommt sie zum Wesentlichen* nicht als Koordination einstufen, sondern als eine Folge von selbständigen Sätzen, als **Satzsequenz**, d. h. als eine Folge von Hauptsätzen, die in keiner syntaktischen Beziehung zueinander stehen. Im Einzelfall ist es allerdings oft schwierig zu entscheiden, ob eine Satzsequenz oder eine Satzkoordination ohne Konjunktion vorliegt (Letzteres ist ein Fall von Asyndese, s. Kap. II.2.3.1).

Mit einem **Satzgefüge** haben wir zu tun in

(4) *Ich weiß, dass sie kommt.*

Hier ist der VE-Satz *dass sie kommt* Teil des Satzgefüges *Ich weiß, dass sie kommt*. (4) ist ein komplexer Satz, der aus *Ich weiß* und *dass sie kommt* besteht. Graphisch (5) und mit indizierter Klammerung (6) lassen sich die Verhältnisse wie folgt darstellen:

(5)

Ich weiß	*dass sie kommt*

(6) $\{_{S_0}$ *Ich weiß* $[_{S_1}$ *dass sie kommt*$]\}$

S_1 ist ein Teilsatz, der mit keinem anderen Satz koordiniert ist. Der S_0-Satz, ein Hauptsatz, ist ein Satzgefüge, da es einen Satz enthält, der nicht koordiniert ist.

Ein → Nebensatz ist ein Teilsatz, der nicht mit einem anderen Satz koordiniert ist.

Zum Begriff

S_1 in (6) ist ein Nebensatz, aber S_1 und S_2 in (3) sind zwar Teilsätze, aber keine Nebensätze, da sie koordiniert sind.

In (6) ist also S_1 ein Nebensatz und S_0 ein Hauptsatz, der einen Nebensatz enthält. D.h. *Ich weiß, dass sie kommt* (nicht nur *Ich weiß*) ist das Satzgefüge und der Hauptsatz. Leider lernt man vor allem in der Schule, dass in einem Satz wie (4) *Ich weiß* der Hauptsatz sei. Aber auch in der Dudengrammatik findet man diese Ansicht immer noch – Auflage für Auflage (vgl. etwa die letzte Auflage [8]2009, 1019 f.). Warum sollte in (4) das Objekt von *wissen* nicht zu dem Satz gehören, zu dem das Prädikat (und das Subjekt) gehört? In *Ich weiß das* würde niemand auf die Idee kommen, den Hauptsatz vor *das* enden zu lassen. In (4) ist *Ich weiß* zwar durchaus eine Wortkette, die als akzeptabler Satz durchgeht, da *wissen* syntaktisch einstellig verwendet werden kann, doch dies ist purer Zufall. In *Wir haben gemerkt, dass etwas nicht stimmt* kann die Kette *Wir haben gemerkt* nicht als Satz durchgehen, da *merken* nicht einstellig verwendet werden kann. Es gibt keinen Grund, in Sätzen wie (4) den Haupt- vor dem Nebensatz enden zu lassen.

Vor diesem Hintergrund können wir auf unsere terminologische Entscheidung in Kapitel I.1.1 zurückkommen, in Bezug auf Ausdrücke wie *dass, ob, nachdem* etc. von Subjunktionen und nicht von nebensatzeinleitenden Konjunktionen zu reden. Die letztere Bezeichnung suggeriert eine Verwandtschaft mit *und* und *oder* – und damit ein falsches Bild von Satzgefügen, demzufolge eine Subjunktion – wie die Konjunktion *oder* in (2) – zwei Sätze miteinander verbindet.

Einfache und komplexe, selbständige und unselbständige Sätze
Schauen wir uns nun in der Zusammenschau Beispiele für die verschiedenen Arten von einfachen und komplexen Sätzen an:

	einfacher Satz	Satzgefüge	Satzreihe
selbständig	1	3	4
unselbständig	2	5	6

1. Selbständige einfache Sätze (=einfache Hauptsätze) sind zum Beispiel:

Marie kommt. Wer kommt? Kommst du? Dass du mir ja nicht auch noch kommst!

Wie man an dem letzten Beispielsatz sieht, kann durchaus auch ein VE-Satz ein selbständiger Satz, also ein Hauptsatz, sein.

2. Unselbständige einfache Sätze sind zum Beispiel:

dass er kommt als Teil des Satzes *Wer weiß, dass er kommt?*
er wird morgen kommen als Teil des Satzes *Ich weiß, er wird morgen kommen.*

Wie man an dem letzten Satz sieht, kann auch ein V2-Satz eingebettet, also unselbständig vorkommen, zum Beispiel als Objekt. Der eingebettete V2-Satz ist hier kein Haupt-, sondern ein Nebensatz.

3. Selbständige Satzgefüge sind beispielsweise:

Ich weiß, dass sie kommt.
Es donnert, wenn es blitzt.

4. Selbständige Satzreihen sind beispielsweise:

Morgen regnet es oder es schneit.
Morgen wird es regnen, aber es wird nicht schneien.

Hauptsatz, Teilsatz,
Nebensatz

---

5. Unselbständige Satzgefüge sind zum Beispiel:

dass ich weiß, dass sie kommt
   als Teil des Satzes *Er weiß, dass ich weiß, dass sie kommt.*
dass es donnert, wenn es blitzt
   als Teil des Satzes *Jeder weiß, dass es donnert, wenn es blitzt.*

Hier ist es nützlich, die Teil-Ganzes-Verhältnisse durch Klammerung anzuzeigen:

a. $\{_{S_0}$ *Er weiß,* $[_{S_1}$ *dass ich weiß,* $(_{S_2}$ *dass sie kommt)*$]\}$
b. $\{_{S_0}$ *Jeder weiß,* $[_{S_1}$ *dass es donnert,* $(_{S_2}$ *wenn es blitzt)*$]\}$

6. Eine **unselbständige Satzreihe** ist zum Beispiel:

ob es morgen regnet oder ob es morgen schneit
   als Teil des Satzes *Ich weiß nicht, ob es morgen regnet oder ob es morgen schneit.*

c. $\{_{S_0}$ *Ich weiß nicht,* $[_{S_1}$ $(_{S_2}$ *ob es morgen regnet)* *oder* $(_{S_3}$ *ob es morgen schneit)*$]\}$

Aufgabe 5

Geben Sie von jedem der Sätze (a), (b) und (c) oben an, also jeweils von S_0, S_1, S_2 und S_3, ob sie selbständig oder unselbständig sind, ob sie ein einfacher Satz, ein Satzgefüge oder eine Satzreihe sind.
   Die Lösungen finden sich teilweise in den folgenden Abschnitten.

Bei der Beschreibung von komplexen Sätzen ist ein Begriff noch von Nutzen, und zwar der Begriff des **übergeordneten Satzes** bzw. des **Trägersatzes**.

Zum Begriff

Der → Trägersatz eines Teilsatzes ist der Satz, in den der Teilsatz unmittelbar eingebettet ist. Unmittelbar eingebettet bedeutet, dass es keinen Satz gibt, der kleiner als der Trägersatz wäre und den Teilsatz enthält. (Anstelle von Trägersatz redet man häufig auch von **Matrixsatz**.) Der Teil eines Tägersatzes, der übrig bleibt, wenn man den bzw. die Teilsätze wegnimmt, heißt **Gerüst** des Trägersatzes.

Beispiele: Der Satz *Wer weiß, dass er kommt?* ist der Trägersatz des Teilsatzes *dass er kommt. Wer weiß* ist das Gerüst des Trägersatzes. In (a) ist das unselbständige Satzgefüge S_1 der Trägersatz von S_2. Das selbständige Satzgefüge S_0 ist der Trägersatz von S_1 (nicht jedoch der von S_2).

a. $\{_{S_0}$ *Er weiß,* $[_{S_1}$ *dass ich weiß,* $(_{S_2}$ *dass sie kommt)*$]\}$

Ganz analog in (b):

b. $\{_{S_0}$ *Jeder weiß,* $[_{S_1}$ *dass es donnert,* $(_{S_2}$ *wenn es blitzt)*$]\}$

In (c) ist die unselbständige Satzreihe S_1, aber nicht S_0 der Trägersatz von S_2 und S_3. Das Gerüst des Trägersatzes S_1 ist die Konjunktion *oder*.

c. $\{_{S0}$ *Ich weiß nicht,* $[_{S1}$ $(_{S2}$ *ob es morgen regnet) oder* $(_{S3}$ *ob es morgen schneit)]\}*

Traditionell redet man bei Satzgefügen von Hypotaxe (Unterordnung, Subordination) und bei Satzreihen von Parataxe (Beiordnung, Nebenordnung).

Mit **Parataxe** wird das Verhältnis der Teilsätze in einer Satzreihe (und ggf. in anderen Formen der Nebenordnung) zueinander bezeichnet (man spricht auch von einem parataktischem Verhältnis).

Mit **Hypotaxe** wird das Verhältnis eines Nebensatzes zu seinem Trägersatz bezeichnet (man spricht auch von einem hypotaktischen Verhältnis). Da es aber sehr viele verschiedene Arten von Nebensätzen gibt (s. Kap. II.2.2) und man nur bei einem Teil von ihnen von echter Subordination reden kann, sollte man wohl Hypotaxe bzw. Subordination enger fassen (etwa semantisch als das Verhältnis, das ein Nebensatz, der Argument, Prädikat oder Modifikator ist, zu seinem Trägersatz hat). Zu dieser Problematik vgl. Reich et al. (2009).

2.2 | Satzgefüge

Da sich Satzgefüge dadurch auszeichnen, dass sie Nebensätze enthalten, müssen wir uns vor allem mit Form, Funktion und Stellung der Nebensätze befassen.

2.2.1 | Form der Nebensätze

Nebensätze kann man ihrer Form nach unterscheiden, und zwar nach dem topologischen Satztyp bzw. dem topologischen Satzschema (s. Kap. II.1.1), nach dem sie gebildet sind. Nebensätze können nach dem VE-Schema gebildet sein (VE-Nebensatz) – dies ist die prototypische Form eines Nebensatzes. Es gibt aber auch V1- und V2-Nebensätze.

VE-Nebensätze: Zuerst die protypischen Nebensätze.

Nachdem das Stück aus war, herrschte ergriffenes Schweigen.
Sie wollen nicht wahrhaben, dass alles verloren ist.
Sie haben das Gebäude, obwohl es ihnen strikt verboten war, betreten.
Wenn du nicht rechtzeitig kommst, dann fangen wir ohne dich an.
Selbst diejenigen, die es gesehen haben, konnten es kaum glauben.

Formal kann man die VE-Nebensätze noch weiter danach unterscheiden, was für Ausdrücke in der COMP-Position stehen. Wir haben in Kapitel II.1.3.5 gesehen, dass in COMP eine Subjunktion oder eine Wortgruppe ganz bestimmter Art steht, nämlich eine Relativ-, Interrogativ-, Exklamativ-, *je*+Komparativ- oder *so*+Positiv-Phrase. Eine besondere Form von

VE-Nebensatz sind die satzwertigen Infinitivkonstruktionen, bei denen in COMP kein Ausdruck sichtbar ist (s. Kap. II.1.3.5 und darin auch die Vertiefung ›Stumme Subjunktionen‹).

V1-Nebensätze: Es gibt zwei Arten von V1-Nebensätzen: den konditionalen V1-Nebensatz und die V1-Parenthese.

Das folgende Satzgefüge enthält einen **konditionalen V1-Nebensatz**:

Kommst du nicht rechtzeitig, dann fangen wir ohne dich an.

Mit seiner Hilfe kann man ziemlich genau das selbe aussagen wie mit Hilfe eines konditionalen VE-Nebensatzes: *Wenn du nicht rechtzeitig kommst, dann fangen wir ohne dich an.* Doch gibt es Unterschiede zwischen beiden, vgl. Reis/Wöllstein (2010).

Eine Parenthese ist – grob gesagt – ein satzförmiger Einschub in einen Satz. Ein Beispiel für ein Satzgefüge mit einer **V1-Parenthese** ist:

Das wird, hat er gedroht, nicht ohne Konsequenzen bleiben.

Zu Parenthesen allgemein vgl. Pittner (1995) und Hoffmann (1998).

Parenthese: Haupt- oder Nebensatz?

Bei Sätzen mit Parenthesen kann man leicht ins Grübeln geraten, was eigentlich der Nebensatz ist. Betrachten wir noch einmal den Satz:

Das wird, hat er gedroht, nicht ohne Konsequenzen bleiben.

Semantisch ist *drohen* dreistellig – jemand droht jemandem mit irgendetwas. Das bedeutet, dass *das wird nicht ohne Konsequenzen bleiben* semantisch ein Argument zu *drohen* ist, und zwar das Argument, das den Inhalt der Drohung angibt (zum Begriff des Arguments s. Kap. I.2.4.3). Dies legt nahe, dass *das wird nicht ohne Konsequenzen bleiben* eigentlich der Nebensatz ist. Doch syntaktisch macht dies keinen Sinn. Das gesamte Satzgefüge ist ein V2-Satz, das ist klar. Doch es kann unmöglich sein, dass *hat* in der Finitheitsposition steht und *das wird* das Vorfeld bildet (was soll *das wird* für eine Wortgruppe sein?). Sehr viel sinnvoller ist es, *wird* in die Finitheitsposition des Satzgefüges und *hat er gedroht* an den Anfang des Mittelfelds des Satzgefüges zu stellen (bzw. in eine Nische, s. Kap. II.2.4):

$\{_{S0}$ *Das wird,* $[_{S1}$ *hat er gedroht,*$]$ *nicht ohne Konsequenzen bleiben*$\}$

Zur Vertiefung

V2-Nebensätze: Zwei wichtige Arten von V2-Nebensätzen sind der V2-Argumentsatz (d. h. der Subjekt- oder Objektsatz mit V2-Struktur) und die V2-Parenthese.

Ein Beispiel für einen **V2-Argumentsatz** ist: *Ich weiß, er wird morgen kommen.* Mit diesem Nebensatz wird das selbe gesagt wie mit dem entsprechenden *dass*-Satz *Ich weiß, dass er morgen kommen wird* (zu den Besonderheiten des V2-Argumentsatzes vgl. Reis 1997).

Ein Beispiel für eine **V2-Parenthese** ist: *Die Lage ist trotz allem – das hat er mehrfach wiederholt – nicht hoffnungslos.*

Analyse
komplexer Sätze

Zur Vertiefung

V2-Relativsätze

Es gibt noch einen Kandidaten für einen V2-Nebensatz und zwar den sogenannten V2-Relativsatz. Man betrachte die beiden folgenden Sätze:

a.   *Das Blatt hat eine Seite, die ganz schwarz ist.*
b.   *Das Blatt hat eine Seite, die ist ganz schwarz.*

In (a) steht das finite Verb am Ende des VE-Relativsatzes im Verbalkomplex, in (b) scheint das finite Verb im Relativsatz in der Finitheitsposition zu stehen. Was die Bedeutung angeht, so gleichen sich die beiden Sätze sehr. Es sieht zumindest auf den ersten Blick so aus, als ob wir es in (b) mit einem V2-Nebensatz, einem V2-Relativsatz zu tun hätten.

VE- und V2-Relativsätze haben markant unterschiedliche Eigenschaften. V2-Relativsätze müssen zum einen immer ganz am Ende eines Satzes, im Nachfeld stehen (sie müssen ›extraponiert‹ sein; zu diesem Begriff s. Kap. II.6.1.3).

Das Blatt soll eine Seite haben, die ganz schwarz ist.
Das Blatt soll eine Seite haben, die ist ganz schwarz.
Das Blatt soll eine Seite, die ganz schwarz ist, haben.
*Das Blatt soll eine Seite, die ist ganz schwarz, haben.

Zum anderen sind am Anfang von V2-Relativsätzen nur bestimmte demonstrative Ausdrücke möglich (*der/die/das, da* etc.), die teilweise gar nicht als reguläre Relativphrasen verwendet werden können:

*Es gibt Länder, wo das Bier ein Vermögen **kostet**.*
Es gibt Länder, wo **kostet das Bier ein Vermögen.*
Es gibt Länder, da das Bier ein Vermögen **kostet.*
*Es gibt Länder, da **kostet** das Bier ein Vermögen.*

Drittens darf das Bezugselement bei V2-Relativsätzen bestimmte Formen nicht aufweisen, so darf es etwa nicht negiert sein:

*Ich kenne keine Frau, die ein Pferd **besitzt**.*
Ich kenne keine Frau, die **besitzt ein Pferd.*

V2-Relativsätze sind schon etwas sehr Spezielles. Es ist nicht klar, ob V2-Relativsätze wirklich Nebensätze sind, es könnte sich bei Satzgefügen mit V2-Relativsätzen auch um eine besondere Form der Parataxe handeln, eine Form neben der Koordination (vgl. dazu Brandt 1990 und Gärtner 2001).

2.2.2 | Funktion der Nebensätze

Nebensätze können fast alle syntaktischen Funktionen einnehmen (zur Definition der syntaktischen Funktionen s. Kapitel I.2.5). Sie können Subjekt, Objekt, Attribut, Adverbial und Prädikativ sein. Die einzige Ausnahme ist die Funktion des Prädikats, da nur Verben Prädikate sein können. Gehen wir diese Funktionen der Reihe nach durch.

Subjekt: VE-Sätze, die mit den Subjunktion *dass* und *ob* oder mit einer Interrogativ- oder Exklamativphrase eingeleitet werden, können Subjekt, also ein **Subjektsatz** sein. Aber auch infinite VE-Sätze ohne sichtbare Subjunktion (d. h. satzwertige Infinitivkonstruktionen) können Subjekt sein.

Mir ist klar, <u>dass dies so nicht weitergeht</u>.
Mir ist nicht klar, <u>ob das immer so weitergehen kann</u>.
Uns ist erst spät klar geworden, <u>wer wen geschmiert hat</u>.
Es ist erstaunlich, <u>welche Energie in ihr steckt</u>.
<u>Den richtigen Zeitpunkt für den Rücktritt zu finden</u>, ist nicht so einfach.

Bei bestimmten Arten von Adjektiven und Verben (sogenannten Präferenzprädikaten) ist auch ein *wenn*-Satz als Subjekt möglich – neben der Variante mit V2-Satz:

Es ist besser, <u>wenn du jetzt gehst</u>.
Es wäre besser, <u>du würdest jetzt gehen</u>.

Es gibt aber auch Relativsätze, die Subjekt sein können. Diese werden mit einer bestimmten Art von Relativphrase eingeleitet (*wer, was* und andere w-Ausdrücke) und heißen **freie Relativsätze**, weil sie kein Bezugselement brauchen.

<u>Wer wagt</u>, gewinnt.
<u>Wem ich das gebe</u>, ist meine Sache.

Objekt: Für Nebensätze in der Funktion des Objekts, d. h. für **Objektsätze**, gilt das selbe wie für Subjektsätze: VE-Sätze mit *dass, ob* oder einer Interrogativ- bzw. Exklamativphrase in COMP sowie infinite VE-Sätze sind möglich, auch V2-Sätze (bei den Verben des Sagens und Meinens, den *verba dicendi* und *putandi*).

Sie hat gesagt, <u>dass sie den Fall übernehmen wird</u>.
Sie hat nicht gesagt, <u>ob sie den Fall übernehmen wird</u>.
Sie hat nicht gesagt, <u>welchen Fall sie übernehmen wird</u>.
Es ist erstaunlich, <u>wie viele Fälle sie übernehmen wird</u>.
Sie hat versprochen, <u>den Fall zu übernehmen</u>.
Sie hat versprochen, <u>sie würde den Fall übernehmen</u>.

Sodann sind ebenfalls *wenn*-Sätze bei Präferenzverben und ganz allgemein freie Relativsätze möglich.

Ich würde es vorziehen, <u>wenn du jetzt gehst</u>.
Er hat ihr gegeben, <u>was sie nie haben wollte</u>.
Sie haben die Unterlagen, <u>wem sie wollten</u>, gezeigt.

Bei Akkusativobjektsätzen finden sich alle diese Möglichkeiten, bei Dativ-, Genitiv- und Präpositionalobjektsätzen sind *wenn*- und V2-Sätze nicht möglich.

Attribut: Bei Attributen handelt es sich um Ergänzungen oder Angaben zu Substantiven (s. Kap. I.2.5). Typische **Attributsätze**, d. h. Sätze in der Funktion des Attributs, sind Relativsätze mit einem Bezugselement wie in:

Ich kenne den Fall, <u>den sie übernehmen wird</u>, selbst schon recht gut.
Die Kollegen, <u>mit denen sie zusammenarbeitet</u>, sind begeistert.
Sie wird dort, <u>wo es am nötigsten ist</u>, anfangen.

Bei Attributsätzen findet sich aber auch fast alles wieder, was es bei den Objektsätzen gibt, da viele Verben, die Objektsätze selegieren, nominalisiert werden können und diese Valenz auch als Nomen aufweisen (nur *wenn*-Sätze und freie Relativsätze sind nicht möglich).

Ich habe ihre Zusage, <u>dass sie den Fall übernehmen wird</u>.
Noch nicht beantwortet hat sie die Frage, <u>ob sie den Fall übernehmen wird</u>.
Die direkte Frage, <u>welchen Fall sie übernehmen wird</u>, hat sie sichtlich überrascht.
Sie hat das Versprechen, <u>den Fall zu übernehmen</u>, abgegeben.
Wir haben sie an ihr Versprechen, <u>sie würde den Fall übernehmen</u>, erinnern müssen.

Attributsätze sind auch die Sätze, die bei den sogenannte Pronominaladverbien (s. die Vertiefung ›Pronominaladverbien‹ in Kap. II.4.1) wie *darüber, daran, damit, womit, hiermit* etc. vorkommen können: *Wir haben sie <u>daran</u> erinnert, <u>dass sie den Fall übernehmen wolle</u>. Daran* und der *dass*-Satz können eine zusammengehörende Wortgruppe bilden (s. in Kap. I.2.4.1: Lösungen zu Aufgabe 2) .

Adverbial: Bei einem Adverbial handelt es sich um eine (freie) Angabe (s. Kap. I.2.5). **Adverbialsätze** sind vor allem VE-Sätze mit Subjunktionen wie in (a), (b) und (c). Daneben sind auch freie Relativsätze (d) und V1-Sätze (e) als Adverbial möglich.

a. *Sie sind in die USA geflogen, <u>nachdem sie die Dreharbeiten beendet hatten</u>.*
b. *<u>Obgleich sie keine Unbekannten mehr sind</u>, müssen sie sich hinten anstellen.*
c. *Sie werden nachgeben, <u>um nicht zu lange ohne Engagement dastehen zu müssen</u>.*
d. *Sie arbeiten, <u>wo sie arbeiten dürfen</u>.*
e. *<u>Kommst du nicht rechtzeitig</u>, dann fangen wir ohne dich an.*

Prädikativ: In dieser Funktion, d. h. als Ergänzung eines Kopulaverbs, sind nur freie Relativsätze möglich: *Sie bleibt, <u>was sie immer war</u>.*

2.2.3 | Stellung der Nebensätze

Nebensätze findet man im Prinzip in allen topologischen Feldern, die für Sätze in Frage kommen: im Topikfeld (TF), Vorfeld (VF), Mittelfeld (MF) und Nachfeld (NF). Doch abhängig von ihrer Form und Funktion können Nebensätze mehr oder weniger eingeschränkt sein in Bezug auf ihre Stellungsoptionen.

Freie Relativsätze bewegen sich am freiesten recht unabhängig von ihrer Funktion im Satz:

Wer wagt, der gewinnt. (TF)
Wer wagt, gewinnt. (VF)
Doch wird, *wer etwas wagt*, auch gewinnen. (MF)
Doch wird nur gewinnen, *wer etwas wagt*. (NF)

Adverbialsätze findet man auch fast überall, nur ihre Positionierung im Topikfeld ist dadurch eingeschränkt, dass nicht immer ein passender anaphorischer Ausdruck zur Verfügung steht, der den Adverbialsatz anaphorisch wiederaufgreifen könnte.

?*Nachdem sie die Dreharbeiten beendet hatten*, **da** sind sie in die USA geflogen. (TF)
Nachdem sie die Dreharbeiten beendet hatten, sind sie in die USA geflogen. (VF)
Sie sind, *nachdem sie die Dreharbeiten beendet hatten*, in die USA geflogen. (MF)
Sie sind in die USA geflogen, *nachdem sie die Dreharbeiten beendet hatten*. (NF)

Subjekt- und Objektsätze findet man – von Ausnahmen abgesehen, auf die wir gleich zu sprechen kommen werden – auch in allen Feldern, nur die Stellung im Mittelfeld bedarf besonderer Bedingungen.

Welchen Fall sie übernehmen wird, das hat sie nicht gesagt. (TF)
Welchen Fall sie übernehmen wird, hat sie nicht gesagt. (VF)
?*Sie hat, *welchen Fall sie übernehmen wird*, nicht gesagt. (MF)
Sie hat nicht gesagt, *welchen Fall sie übernehmen wird*. (NF)

Ein gutes Beispiel für einen Objektsatz im MF ist *Ich sage das nur, weil ich, dass Hans krank ist, nicht glauben kann* (Beispiel nach Webelhuth 1992, 103 ff.).

Präpositionalobjektsätze sind in ihren Stellungsoptionen eingeschränkt. Sie sind im VF und im MF ausgeschlossen, aber im NF und im TF möglich. Nehmen wir das dreistellige *freuen* als Beispiel (*wir freuen uns darüber*):

*Wir freuen uns, *dass es allen schmeckt*. (NF)
Dass es allen schmeckt, darüber freuen wir uns natürlich sehr. (TF)
Dass es allen schmeckt, freuen wir uns natürlich sehr. (VF)
*Wir freuen uns, *dass es allen schmeckt*, natürlich sehr. (MF)

Attributsätze können natürlich innerhalb der Wortgruppe stehen, in der sie die Funktion des Attributs einnehmen: *Die Kollegen, mit denen sie zusammenarbeitet, sind begeistert; Das Versprechen, den Fall zu übernehmen, hat sie uns gegeben.* Sie können aber auch in Distanz zu dieser Wortgruppe stehen und zwar im Nachfeld des Trägersatzes, also extraponiert:

Deshalb sind die Kollegen begeistert, *mit denen sie zusammenarbeitet*.
Sie hat uns das Versprechen gegeben, *den Fall zu übernehmen*.

Im Vorfeld sind diese Attributsätze nicht möglich:

***Mit denen sie zusammenarbeiten*, sind die Kollegen begeistert.
*??*Den Fall zu übernehmen*, hat sie uns das Versprechen gegeben.

Es gibt eine Reihe von Nebensätzen, die auf das Nachfeld beschränkt scheinen. Zum einen V2- und *wenn*-Sätze in der Funktion eines Subjekts oder Objekts. Sodann die V2-Relativsätze und die weiterführenden Nebensätze (weiterführende Relativ- wie Adverbialsätze).

Ich weiß, er wird morgen kommen.
Es ist besser, wenn du jetzt gehst.
Das Blatt hat eine Seite, die ist ganz schwarz.
Sie haben das sehr überzeugend begründet, was viele überrascht hat.
Er hat die Sache dann an sich gerissen, wogegen sich aber sofort Widerstand erhob.

Es sei erwähnt, dass in der Literatur die verschiedenen Arten von eingebetteten Sätzen, wenn sie am Satzende stehen, mitunter auch in topologisch unterschiedlichen Feldern platziert werden. Insbesondere Reis (1997) unterscheidet zwischen Nachfeld (wo normale Argument- und Adverbialsätze stehen), Nachstellung (wo V2-Argumentsätze sowie freie *dass*-Sätze stehen) und Schlussstellung (wo weiterführende Nebensätze stehen).

Aufgabe 6 Klammern Sie zuerst Haupt- und Teilsätze in den folgenden Sätzen und analysieren Sie dann alle Haupt- und Teilsätze topologisch (erstellen Sie für jeden Haupt- und Teilsatz einen eigenen topologischen Analysekasten).
a. *Ich weiß, dass sie kommt.*
b. *Nachdem das Stück aus war, herrschte ergiffenes Schweigen.*
c. *Sie haben das Gelände, obwohl es ihnen strikt verboten war, betreten.*
d. *Selbst diejenigen, die es gesehen haben, konnten es kaum glauben.*

Die Lösungen finden sich am Ende von Kapitel II.2.2.4.

2.2.4 | Integration von Nebensätzen

Nebensätze sind, so sagt man, unterschiedlich stark in einen Trägersatz **integriert**. Drei Integrationsstufen kann man unterscheiden: maximale, relative und minimale Integration.

Maximal integriert sind insbesondere *dass*-Sätze mit Argumentstatus und normale Adverbialsätze. Sie können im Prinzip in allen topologischen Feldern stehen, haben den Status eines Arguments bzw. eines Modifikators und bilden auch pragmatisch mit ihrem Trägersatz eine Einheit.

Relativ integriert sind z. B. V2-Sätze mit Argumentstatus und freie *dass*-Sätze. Sie können nur im Nachfeld vorkommen (auch wenn sie nicht ganz am Ende des Nachfeldes stehen müssen), können den Status eines Arguments oder Modifikators haben und können auch pragmatisch mit ihrem Trägersatz eine Einheit bilden.

Minimal integriert sind z. B. weiterführende Relativ- und Adverbialsätze. Sie können nur im Nachfeld vorkommen und dort an letzter Stelle, sie haben typischerweise weder den Status eines Arguments noch den eines Modifikators und bilden unabhängig vom Gerüst des Trägersatzes (zu diesem Terminus s. Kap. II.2.1) eine eigene pragmatische Einheit (mit ihnen wird ein eigener Sprechakt vollzogen).

Zu dem Phänomen der Integration vgl. vor allem König/van Auwera (1988) und Reis (1997). Integration spielt in der jüngeren Forschung zu den Nebensätzen im Deutschen eine bedeutende Rolle (vgl. beispielsweise zwei Aufsätze aus dem selben neueren Zeitschriftenband: Antomo/Steinbach 2010 und Reis/Wöllstein 2010 mit viel Spezialliteratur in den Literaturangaben).

Hier folgen die Musterlösungen zu Aufgabe 6:

a. $\{_{S0}$ *Ich weiß* $[_{S1}$ *dass sie kommt*$]\}$

Lösungen zu Aufgabe 6

V2	AN	TF	VF	FINIT	MF	VK	NF
S_0			Ich	weiß			S_1

VE	AN	TF	COMP	MF	VK	NF
S_1			dass	sie	kommt	

b. $\{_{S0}$ $[_{S1}$ *Nachdem das Stück aus war*$]$ *herrschte ergriffenes Schweigen*$\}$

V2	AN	TF	VF	FINIT	MF	VK	NF
S_0			S_1	herrschte	ergriffenes Schweigen		

VE	AN	TF	COMP	MF	VK	NF
S_1			nachdem	das Stück aus	war	

c. $\{_{S0}$ *Sie haben das Gebäude,* $[_{S1}$ *obowhl es ihnen strikt verboten war*$]$ *betreten*$\}$

V2	AN	TF	VF	FINIT	MF	VK	NF
S_0			Sie	haben	das Gebäude S1	betreten	

VE	AN	TF	COMP	MF	VK	NF
S_1			obwohl	es ihnen strikt verboten	war	

d. $\{_{S0}$ *Selbst diejenigen,* $[_{S1}$ *die es gesehen haben,*$]$ *konnten es kaum glauben*$\}$

V2	AN	TF	VF	FINIT	MF	VK	NF
S_0			Selbst diejenigen S1	konnten	es kaum	glauben	

Analyse
komplexer Sätze

VE	AN	TF	COMP	MF	VK	NF
S₁			*die*	*es*	*gesehen haben*	

2.3 | Satzreihe bzw. Satzkoordination

Die zweite Art von komplexem Satz neben dem Satzgefüge ist die Satzreihe bzw. Satzkoordination.

2.3.1 | Syntax der Koordination

Zum Begriff

> Eine → Koordination ist die Verbindung von mindestens zwei syntaktischen Einheiten der selben Art zu einer größeren syntaktischen Einheit der selben Art entweder mit oder ohne Hilfe von koordinierenden Partikeln (d. h. Konjunktionen). Die koordinierten Einheiten heißen **Konjunkte**. Wenn zwei Konjunkte mit Hilfe einer Konjunktion verbunden sind, so spricht man von **Syndese**, wenn sie ohne Konjunktion verbunden sind, spricht man von **Asyndese**.
> Dass die Konjunkte ›Einheiten der selben Art‹ sind, ist recht vage und nicht leicht zu präzisieren. Man beachte in diesem Zusammenhang, dass sich insbesondere im Adverbialbereich durchaus Einheiten unterschiedlicher syntaktischer Art koordinieren lassen: *Schnell, zuverlässig und mit Sorgfalt haben sie den Auftrag erledigt.* Hier ist entscheidend, dass die Konjunkte semantisch von der selben Art sind (Prädikatsadverbiale).

Beispiele für **Syndese**:

Das Licht ist ausgegangen und die Wände haben gewackelt.
Wir haben natürlich gemerkt, dass das Licht ausgegangen ist und dass die Wände gewackelt haben.

Beispiele für **Asyndese**:

veni, vidi, vici. [Cäsar über sich selbst: »Ich kam, ich sah, ich siegte«]
Das Licht ging aus, die Wände wackelten, der Kronleuchter kam von der Decke.

Bei der indizierten Klammerung einer Koordination wird jedes einzelne Konjunkt geklammert sowie die gesamte Koordination:

{_{S0} [_{S1} *Das Licht ist ausgegangen*] *und* [_{S2} *die Wände haben gewackelt*]}
Wir haben natürlich gemerkt, {_{S0} [_{S1} *dass das Licht ausgegangen ist*] *und* [_{S2} *dass die Wände gewackelt haben*]}

{$_{S0}$ [$_{S1}$ *Das Licht ging aus*], [$_{S2}$ *die Wände wackelten*], [$_{S3}$ *der Kronleuchter kam von der Decke*]}

Dass die gesamte Koordination eine Wortgruppe ist, die als solche bei der Klammerung ausgezeichnet werden muss, sieht man gut an den folgenden Variationen von *Wir haben natürlich gemerkt, dass das Licht ausgegangen ist und dass die Wände gewackelt haben*, wo die Koordination im Vorfeld bzw. im Topikfeld steht, also eine Phrase sein muss:

Dass das Licht ausgegangen ist und dass die Wände gewackelt haben, haben wir natürlich gemerkt.
Dass das Licht ausgegangen ist und dass die Wände gewackelt haben, das haben wir natürlich gemerkt.

Koordinieren kann man nicht nur Sätze, sondern auch alle anderen Arten von Wortgruppen (sowie Wörter, wenn auch nicht alle Arten von Wörtern). Im Prinzip werden alle Wörter und Wortgruppen auf die gleiche Art koordiniert – siehe zur Illustration einige **Koordinationsmöglichkeiten** bei Nominalgruppen und ihre Entsprechung bei Sätzen:

Ottilie und Eduard (gingen spazieren)
(Wir wissen,) dass Eduard abgereist ist und dass Ottilie bei Charlotte geblieben ist.
Sowohl Ottilie als auch Eduard (ging spazieren)
(Wir wissen,) sowohl, dass Eduard abgereist ist, als auch, dass Ottilie bei Charlotte geblieben ist.
Charlotte, Ottilie und Eduard (gingen spazieren)
(Wir wissen,) dass Eduard abgereist ist, dass Ottilie bei Charlotte geblieben ist und dass der Mittler sich schon lange nicht mehr hat blicken lassen.

Die einfachste Koordination besteht aus zwei Konjunkten (K_1 und K_2) und einer Konjunktion (KOORD) zwischen den Konjunkten:

K_1	KOORD	K_2
Ottilie	*und*	*Eduard*

Es können aber auch mehr als nur zwei Konjunkte sein:

K_1	KOORD	K_2	KOORD	K_3
Charlotte		*Ottilie*	*und*	*Eduard*

K_1	KOORD	K_2	KOORD	K_3	KOORD	K_4
Charlotte		*Ottilie*		*Eduard*	*und*	*der Mittler*

Vor dem ersten Konjunkt kann mit *sowohl, entweder, weder* etc. noch der Anfangsteil von paarigen Koordinationselementen stehen (*sowohl ... als auch, entweder ... oder, weder ... noch* etc.). Alle diese Möglichkeiten zu-

Analyse
komplexer Sätze

sammenfassend, können wir folgendes (vereinfachtes) allgemeines Schema für die Koordination aufstellen:

Zusammenfassung

> **Allgemeines Schema für die Koordination**
>
> | KOORD$_1$ | K$_1$ | KOORD$_2$ | K$_2$ | ... | KOORD$_n$ | K$_n$ |
> |---|---|---|---|---|---|---|
> | | | | | | | |
>
> KOORD (fakultativ) eine Konjunktion; in KOORD$_1$ kann nur ein Element wie *sowohl, entweder, weder* etc. stehen.
> K$_1$ bis K$_n$ Phrasen (bzw. Wörter) der selben Art

Dieses allgemeine Schema ist genaugenommen kein topologisches Schema der Koordination, sondern ein Schema zur Bildung von topologischen Koordinationsschemata mit zwei, drei etc. Konjunkten. Dies wird gleich deutlicher werden.

Auf der Basis des allgemeinen Schemas für die Koordination können wir jetzt auch Satzreihen topologisch analysieren, etwas, was mit den drei Schemata in Kapitel II.1.2 alleine nicht möglich ist.

Analysebeispiel Auf der Basis der indizierten Klammerung in (1) ergibt sich (2) als (vollständige) topologische Analyse des Satzes *Das Licht ist ausgegangen und die Wände haben gewackelt* (KS in (2) steht für ›Koordinationsschema‹ – es handelt sich um ein Schema für zwei Konjunkte, das auf dem allgemeinen Schema der Koordination beruht):

(1) {$_{S0}$ [$_{S1}$ *Das Licht ist ausgegangen*] *und* [$_{S2}$ *die Wände haben gewackelt*]}

(2)

KS	KOORD$_1$	K$_1$	KOORD$_2$	K$_2$
S$_0$		S$_1$	*und*	S$_2$

V2	AN	TF	VF	FINIT	MF	VK	NF
S$_1$			*das Licht*	*ist*		*ausgegangen*	

V2	AN	TF	VF	FINIT	MF	VK	NF
S$_2$			*die Wände*	*haben*		*gewackelt*	

2.3.2 | Koordinationsellipse

Es ist ein ganz typisches Merkmal von Koordinationen, dass in einem Konjunkt die Teile weggelassen werden können, die in einem anderen Konjunkt (mehr oder weniger) identisch auftauchen. (Es ist sogar häufig stilistisch recht unelegant, wenn die Teile genannt werden, die auch in dem anderen Konjunkt vorkommen. Man vergleiche: *Ich weiß, dass Max den Hund füttern soll und Moritz die Katze* und *Ich weiß, dass Max den Hund füttern soll und Moritz die Katze füttern soll*) Dieses Phänomen nennt man **Koordinationsellipse** (auch: Koordinationsreduktion). Die zwei wichtigsten Arten der Koordinationsellipse sind Gapping und Linkstilgung.

Gapping: Bei Gapping wird das finite Verb und möglicherweise weitere Teile von nicht-ersten Konjunkten (d. h. vom zweiten und allen weiteren Konjunkten) weggelassen.

Max soll die Katze füttern und Marie den Hund ausführen.
Max soll die Katze füttern und Marie s̶o̶l̶l̶ den Hund ausführen.

Soll Max den Hund füttern und Moritz die Katze?
Soll Max den Hund füttern und s̶o̶l̶l̶ Moritz die Katze f̶ü̶t̶t̶e̶r̶n̶?

... dass Max den Hund füttern soll und Moritz die Katze.
... dass Max den Hund füttern soll und Moritz die Katze f̶ü̶t̶t̶e̶r̶n̶ ̶s̶o̶l̶l̶

Max soll den Hund mit Schokolade gefüttert haben und Moritz mit Sahne.
a.   *Max soll den Hund mit Schokolade gefüttert haben und Moritz s̶o̶l̶l̶ ̶d̶e̶n̶ ̶H̶u̶n̶d̶ mit Sahne g̶e̶f̶ü̶t̶t̶e̶r̶t̶ ̶h̶a̶b̶e̶n̶.*
b.   *Max soll den Hund mit Schokolade gefüttert haben und s̶o̶l̶l̶ Moritz mit Sahne g̶e̶f̶ü̶t̶t̶e̶r̶t̶ ̶h̶a̶b̶e̶n̶.*

Gapping ist, wie man sieht, bei V2-, V1- und VE-Sätzen möglich. Der Satz *Max soll den Hund mit Schokolade gefüttert haben und Moritz mit Sahne* hat zwei verschiedene Lesarten, er kann sowohl (a) als auch (b) bedeuten.

Es ist nach der obigen Charakterisierung von Gapping sofort deutlich, warum der folgende Satz nicht akzeptabel ist: Das finite Verb im zweiten Konjunkt darf nicht stehen bleiben:

*Max soll die Katze füttern und Marie soll den Hund.
*Max soll die Katze füttern und Marie soll den Hund f̶ü̶t̶t̶e̶r̶n̶.

Interessanterweise wird bei Gapping nicht verlangt, dass das getilgte finite Verb exakt die selbe Form hat wie das nicht getilgte im ersten Konjunkt – nur semantische Identität scheint notwendig zu sein:

Ich soll die Katze füttern und du den Hund.
Ich soll die Katze füttern und du s̶o̶l̶l̶s̶t̶ den Hund f̶ü̶t̶t̶e̶r̶n̶.

Weiterhin gilt, dass bei Gapping das, was übrig bleibt in den Konjunkten, in denen getilgt wird, semantisch in Kontrast steht zu dem Material, das im ersten Konjunkt steht. So ist beispielsweise *Ich soll die Katze füttern und du den Hund füttern* stilistisch deutlich uneleganter als der Satz *Ich soll die Katze füttern und du den Hund* (in Kontrast stehen *ich* und *du* sowie *die Katze* und *den Hund*, aber nicht *füttern* und *füttern*).

Linkstilgung (auch: rechtsperiphere Elision, engl. *Right Node Raising*): Bei der Linkstilgung wird am rechten Rand von nicht-letzten Konjunkten (d. h. vom ersten bis zum vorletzten Konjunkt) Material getilgt.

Max soll den Hund und Moritz soll die Katze füttern.
Max soll den Hund ~~füttern~~ und Moritz soll die Katze füttern.

Max soll den Tresor auf- und die Kasse zugeschlossen haben.
Max soll den Tresor auf~~geschlossen haben~~ und die Kasse zugeschlossen haben.

Bei dem getilgten Material muss es sich nicht um eine zusammenhängende Wortgruppe handeln, wie man an dem zweiten Beispielsatz sieht: *geschlossen haben* bildet keine eigenständige Wortgruppe, denn, wie wir wissen, bildet die Verbpartikel mit dem Verb im 3. Status zusammen eine Phrase (*Aufgeschlossen hat Max den Tresor nicht*). Wie bei Gapping scheint formale Identität nicht notwendig zu sein, semantische genügt (dies liest man in der Fachliteratur manchmal anders):

Weil ich die Katze füttern und du den Hund streicheln sollst.
Weil ich die Katze füttern ~~soll~~ und du den Hund streicheln sollst.

Gapping und Linkstilgung lassen sich auch kombinieren:

Max soll den Hund und Moritz die Katze füttern.
Max soll den Hund ~~füttern~~ und Moritz ~~soll~~ die Katze füttern.

Ich soll arbeiten und du lächeln lernen.
Ich soll arbeiten ~~lernen~~ und du ~~sollst~~ lächeln lernen.

Am Rande sei erwähnt, dass man zumindest einige Arten der Koordinationsellipse auch außerhalb von Koordinationen vorfindet, insbesondere bei Frage-Antwort-Sequenzen und bei Vergleichskonstruktionen.

Wer soll wen füttern?
Max die Katze und Marie den Hund.

Max hat mehr Katzen gefüttert als Marie Hunde.
Max hat mehr Katzen gefüttert als Marie Hunde gestreichelt.

Es gibt Sätze, die so aussehen, als gäbe es eine Entsprechung zur Linkstilgung, nämlich **Rechtstilgung**, d. h. die Tilgung von Material am linken Rand von nicht-ersten Konjunkten. Der folgende Satz ist ein Beispiel dafür:

a. *Da einige die Sache nicht ernstnehmen und sich mit anderem beschäftigen, höre ich auf.*
b. *Da einige die Sache nicht ernstnehmen und ~~da einige~~ sich mit anderem beschäftigen, höre ich auf.*

Doch gibt es einen starken Grund in diesen Fällen *keine* Rechtstilgung anzusetzen. Die beiden VE-Sätze (a) und (b) haben nämlich nicht die selbe Bedeutung: (a) sagt, dass es eine Gruppe von Leuten gibt, die sowohl

die Sache nicht ernst nehmen wie auch sich mit anderem beschäftigen;
(b) sagt, dass es eine Gruppe von Leuten gibt, die die Sache nicht ernst
nehmen, und eine Gruppe, die sich mit anderem beschäftigen – die beiden Gruppen können, müssen aber nicht gemeinsame Mitglieder haben
(das heißt, was das semantische Verhältnis der Sätze angeht: Aus a folgt
logisch b, aber aus b folgt nicht logisch a).

Aus diesem Grund nehmen wir an, dass es Rechtstilgung nicht gibt. In
(a) liegt eine Koordination zweier Verbalphrasen vor ohne jegliche Ellipse.

*Da einige {[die Sache nicht ernstnehmen] und [sich mit anderem beschäfti-
gen]}, höre ich auf.*

VP-Koordination   Zur Vertiefung

Das Phänomen der Koordination zweier oder mehrerer Verbalphrasen
findet man sehr häufig in Texten, so dass es sich lohnt, dieses Phänomen etwas genauer anzuschauen. Hier drei weitere Beispiele:

(1) a. *Wann merkt ein Mann, daß er auf einem stillgelegten Bahn-
        hof sitzt und vergeblich seinen Zug erwartet?* (Botho Strauß:
        Wohnen, Dämmern, Lügen (Beginn))

    b. *Wann merkt ein Mann, daß er {[auf einem stillgelegten Bahn-
        hof sitzt] und [vergeblich seinen Zug erwartet]}?*

(2) a. *Wunderbar hätte ich ein Gespräch mit jener mir leider na-
        mentlich unbekannten Dame gefunden, die ungefähr am 11.
        11. 89 am KaDeWe aus dem Taxi stieg, die Hand vors Gesicht
        schlug, »Um Gottes willen! Was für ein Affenzirkus!« rief, sich
        kopfschüttelnd zurück ins Taxi setzte und in Richtung der hei-
        mischen Villa entschwand.* (Max Goldt in ZEIT-Magazin Nr.
        51, 10.12.2009, S. 34)

    b. *Wunderbar hätte ich ein Gespräch mit jener mir leider na-
        mentlich unbekannten Dame gefunden, die {[ungefähr am 11.
        11. 89 am KaDeWe aus dem Taxi stieg], [die Hand vors Gesicht
        schlug], [»Um Gottes willen! Was für ein Affenzirkus!« rief],
        [sich kopfschüttelnd zurück ins Taxi setzte] und [in Richtung
        der heimischen Villa entschwand]}.*

(3) a. *Nur wer sich das Werk angehört und die Partitur dazu stu-
        diert hat, der wird die Struktur richtig begreifen.*

    b. *Nur wer {[sich das Werk angehört ~~hat~~] und [die Partitur dazu
        studiert hat]}, der wird die Struktur richtig begreifen.*

Oft ist nicht auf den ersten Blick klar, was in solchen Fällen zur Koordination gehört, was nicht. Hilfreich ist es, zu überprüfen, ob das, was
man aus der Koordination weggelassen hat, was nicht zur Koordination
gehört (in 1 *daß er*, in 2 *die* und in 3 *wer*), mit jedem der Konjunkte
alleine einen akzeptablen Satz ergibt mit einem mit dem Urspungssatz
kompatiblen Inhalt. In Bezug auf (1) ergibt dies die beiden ›Kontrollsät-
ze‹: *Wann merkt ein Mann, daß er auf einem stillgelegten Bahnhof sitzt?*

Analyse
komplexer Sätze

Wann merkt ein Mann, daß er vergeblich seinen Zug erwartet? Man merkt hier aber, dass wir den Strauß-Satz durchaus auch etwas anders hätten analysieren können:
Wann merkt ein Mann, daß er auf einem stillgelegten Bahnhof {[*sitzt*] *und* [*vergeblich seinen Zug erwartet*]}?
(Man vergleiche: *Wann merkt ein Mann, daß er auf einem stillgelegten Bahnhof vergeblich seinen Zug erwartet?*)

Doch die ursprüngliche Lesart ist wohl die naheliegendere. (Auch in (2) hätte man den Anfang der Koordination erst nach dem Temporaladverbial *ungefähr am 11. 11. 89* ansetzen können.)

Aufgabe 7 Finden Sie die VP-Koordinationen in dem folgenden Satz:

Der Eindruck, dass wir damals allesamt mit Sektflaschen auf der Straße umherrannten und fremde Leute umarmten, wird aus den Köpfen der Weltöffentlichkeit nicht mehr zu vertreiben sein, denn von den vielen, die gerade in West-Berlin eingeschnappt auf dem Sofa saßen und sich in ihrer Lebensqualität bedroht fühlten, gibt es leider kein Bildmaterial, das sich zur Dauerwiederholung eignen würde. (Max Goldt im *Zeitmagazin* Nr. 51 vom 10.12.2009, S. 34)

Die Lösung finden Sie am Ende von Kapitel II.2.3.2.

Topologischen Analyse: Wir werden für die Koordinationsellipse annehmen, dass in der Syntax die getilgten Elemente noch vorhanden sind, dass sie erst ›später‹ (in der phonologischen oder phonetischen Struktur) getilgt werden. So lässt sich die topologische Analyse ohne Probleme auch auf Fälle von Ellipse bei Satzkoordination anwenden.

Max soll den Hund und Moritz soll die Katze füttern.
{$_{S0}$ [$_{S1}$ *Max soll den Hund* ~~füttern~~] *und* [$_{S2}$ *Moritz* ~~soll~~ *die Katze füttern*]}

KS	KOORD$_1$	K$_1$	KOORD$_2$	K$_2$
S$_0$		S$_1$	*und*	S$_2$

V2	AN	TF	VF	FINIT	MF	VK	NF
S$_1$			*Max*	*soll*	*den Hund*	~~füttern~~	

V2	AN	TF	VF	FINIT	MF	VK	NF
S$_2$			*Moritz*	~~soll~~	*die Katze*	*füttern*	

Doch vermeintliche Fälle von Rechtstilgung wie *Da einige die Sache nicht ernstnehmen und sich mit anderem beschäftigen*, die ja gar keine Satzkoordinationen sind, können wir letztlich nicht zufriedenstellend analysieren.

Satzreihe bzw.
Satzkoordination

Denn mit Koordinationen, die sich über mehrere topologische Positionen oder Felder erstrecken, kommt die lineare Synax nicht wirklich zurecht, hier stößt sie an ihre Grenzen. Um eine partielle Analyse zu liefern, kann man wie folgt vorgehen: Wir fügen eine zweite Zeile ein und schreiben die beiden durch Klammerung ausgezeichneten Konjunkte untereinander, wodurch deutlich wird, wie sich deren Elemente topologischen Positionen und Feldern zuordnen lassen.

VE	AN	TF	COMP	MF		VK	NF
S			da	*einige*	[$_{VP}$ *die Sache nicht*	*ernstnehmen*]	
				und [$_{VP}$ *sich mit anderem*		*beschäftigen*]	

Das gleiche Problem – Koordination über topologische Positionen und Felder hinweg – zeigt sich in dem Satz (a) unten, wenn man eine Koordinationsstruktur wie in (b) ansetzt: Den Gesamtsatz kann man nicht nach einem der topologischen Schemata analysieren.

a. *Ihre Spielanalyse blieb knapp, erfasste aber die prekären Momente und führte, wie man es an den herzlichen Abschiedsgesten der beiden Männer erkennen konnte, die Parteien in Harmonie zueinander.*
b. *Ihre Spielanalyse {[blieb knapp], [erfasste aber die prekären Momente] und [führte, wie man es an den herzlichen Abschiedsgesten der beiden Männer erkennen konnte, die Parteien in Harmonie zueinander]}.*

Dies ähnelt der VP-Koordination, die wir oben schon behandelt haben, mit dem Unterschied, dass in den einzelnen Konjunkten das finite Verb in der Finitheitsposition steht. Wir können ähnlich wie bei den Fällen von VP-Koordination eine Darstellung wählen, die die Koordinationsstruktur veranschaulicht, ohne eine zufriedenstellende topologische Analyse zu sein. (Es handelt sich wahrscheinlich nicht um eine VP-Koordination; doch die Antwort auf die Frage, welche Art von Koordination genau vorliegt, ist extrem theorieabhängig (s. Kap. IV.2.4.3), weswegen wir es hier bei einer unindizierten Klammerung belassen.)

V2	AN	TF	VF	FINIT	MF	VK	NF
S			*Ihre Spielanalyse*	[*blieb*	*knapp*]		
				[*erfasste*	*aber die prekären Momente*]		
				und [*führte*	(...) *die Parteien* (...) *zueinander*]		

Hier folgt die Musterlösung zu Aufgabe 7:

Lösung
zu Aufgabe 7

Der Eindruck, dass wir damals allesamt {[mit Sektflaschen auf der Straße umherrannten] und [fremde Leute umarmten]}, wird aus den Köpfen der Weltöffentlichkeit nicht mehr zu vertreiben sein, denn von den vielen, die {[gerade in West-Berlin eingeschnappt auf dem Sofa saßen] und [sich in ihrer Lebensqualität bedroht fühlten]}, gibt es leider kein Bildmaterial, das sich zur Dauerwiederholung eignen würde.

2.3.3 | Asymmetrische Koordination

Eine asymmetrische Koordination von Sätzen liegt vor, wenn die Konjunkte sich in ihren syntaktischen Eigenschaften markant unterscheiden. Zwei Arten von asymmetrischer Koordination werden wir kurz vorstellen: asymmetrische V2-Koordination einerseits und SLF-Koordination andererseits.

Asymmetrische V2-Koordination: Bei dieser Form der Koordination wird ein V2-Satz als zweites Konjunkt koordiniert mit einem Satz mit ganz anderen Eigenschaften als der V2-Satz (zwischen beiden Sätzen besteht eine ›Asymmetrie‹). Beispiele:

a. *Wenn du nach Hause kommst und da steht der Gerichtsvollzieher vor der Tür, dann möchtest du am liebsten im Erdboden versinken.*
b. *Kommst du nach Hause und da steht der Gerichtsvollzieher vor der Tür, dann möchtest du am liebsten im Erdboden versinken.*
c. *Wann holst du die Fahrkarten und Heinz packt sein Zeug ein?*

In (a) ist ein VE-Satz (*wenn du nach Hause kommst*) mit einem V2-Satz (*da steht der Gerichtsvollzieher vor der Tür*) koordiniert, in (b) ein V1-Satz (*kommst du nach Hause*) mit einem V2-Satz (*da steht der Gerichtsvollzieher vor der Tür*). Hier besteht also eine Asymmetrie in Bezug auf den topologischen Satztyp der beiden Konjunkte. In (c) liegt eine andere Form der Asymmetrie vor: Während das erste Konjunkt eine Fragesatz ist mit einer Interrogativphrase im Vorfeld, hat das zweite Konjunkte die Form eines normalen Aussagesatzes – Sätze wie (c) werden nicht von allen Sprechern als wohlgeformt akzeptiert (vertiefend vgl. Höhle 1990).

SLF-Koordination (**S**ubjekt-**L**ücke bei der Koordination von **f**initen Sätzen): Bei dieser Form der Koordination ist das erste Konjunkt ein V2- oder V1-Satz mit dem Subjekt im Mittelfeld und das zweite Konjunkt ein V1-Satz, der kein Subjekt aufweist, aber inhaltlich so verstanden wird, dass das Subjekt des ersten Konjunkts auch dessen Subjekt ist. Beispiele:

a. *Am Ende liegt man erschöpft im Bett und träumt von grünen Marsmännchen.*
b. *Wann kommst du endlich mit der Lösung und erklärst mir alles?*
c. *Stehen da schon wieder welche rum und verteilen Flugblätter?*
d. *Nimmt man den Deckel ab und rührt die Füllung um, steigen übelriechende Dämpfe auf.*

Im ersten Beispiel ist *träumt von grünen Marsmännchen* der V1-Satz mit der Subjektlücke, und das Subjekt des ersten Konjunkts, *man*, ist auch das Subjekt zu *träumt*. Entsprechend bei den anderen Beispielen.

Die SLF-Koordination ist ein Phänomen, das man in Texten sehr häufig antrifft. Doch seine genaue Analyse liegt immer noch etwas im Dunkeln (die klassische Arbeit dazu ist Höhle 1983b, die neueste Arbeit Reich 2009). Für die topologische Analyse können wir wie folgt vorgehen, auch wenn dies mehr von praktischem, als von theoretischem Interesse ist (SL steht für Subjektlücke).

{$_{S0}$ [$_{S1}$ *Am Ende liegt man im Bett*] *und* [$_{S2}$ *träumt von Marsmännchen*]}

KS	KOORD$_1$	K$_1$	KOORD$_2$	K$_2$
S$_0$		S$_1$	*und*	S$_2$

V2	AN	TF	VF	FINIT	MF	VK	NF
S$_1$			*Am Ende*	*liegt*	*man im Bett*		

V1	AN	TF	FINIT	MF	VK	NF
S$_2$			*träumt*	SL *von Marsmännchen*		

2.4 | Nischen und Nischenelemente

Vor und nach jedem topologischen Platz (Position, Feld) kann eine **Nische** angesetzt werden, die von bestimmten Elementen – Nischenelemente genannt – besetzt werden kann, die recht frei in einen Satz eingefügt werden können. Zu den **Nischenelementen** zählen insbesondere

- Parenthesen wie in (1)
- konditionale Adverbiale wie konditionale *wenn*-Sätze in (2) oder Irrelevanzkonditionale in (3)
- vokativische Nominalphrasen (wie *Herr Präsident* in *Diese Äußerung, Herr Präsident, sollte gerügt werden*)
- kurze formelhafte Wendungen (wie *kurz und gut, versprochen, großes Ehrenwort, ohne Zweifel, ehrlich gesagt* etc.) sowie
- Interjektionen.

(1) a. *Dieser Vorschlag, <u>das werden wir gleich sehen</u>, bietet reichlich Stoff für Diskussion.*
  b. *Dieser Vorschlag, <u>so werden wir gleich sehen</u>, bietet reichlich Stoff für Diskussion.*
  c. *Dieser Vorschlag, <u>wie wir gleich sehen werden</u>, bietet reichlich Stoff für Diskussion.*
  d. *Welcher Vorschlag, <u>fragte sie</u>, bietet genügend Stoff für eine Diskussion.*
(2) a. *Dieses Papier, <u>wenn es denn je veröffentlicht wird</u>, wird hohe Wellen schlagen.*
  b. *Bücher, <u>auch wenn sie Bestseller sind</u>, werden nur von wenigen wirklich gelesen.*
(3) a. *Heute Abend, <u>ob es dir passt oder nicht</u>, gehe ich ins Kino.*
  b. *Ich, <u>auch wenn es dir nicht passt</u>, gehe heute Abend ins Kino.*

Zwischen Vorfeld und FINIT sind in diesen Beispielen verschiedene Arten von Sätzen eingeschoben, die sinnvoll weder dem Vorfeld noch FINIT zugeschlagen werden können. Sie scheinen in der Tat zwischen beiden zu stehen.

Diese Einschübe können in aller Regel auch am Anfang (4a), in der Mitte (4b) oder am Ende des Satzes (4c) stehen, auch zwischen Topikfeld und Vorfeld sind sie möglich (4d).

(4) a. *Wie wir gleich sehen werden*, dieser Vorschlag bietet reichlich Stoff für Diskussion.
   b. Dieser Vorschlag bietet, *wie wir gleich sehen werden*, reichlich Stoff für Diskussion.
   c. Dieser Vorschlag bietet reichlich Stoff für Diskussion, *wie wir gleich sehen werden*.
   d. Dieser Vorschlag, *wie wir gleich sehen werden*, der bietet reichlich Stoff für Diskussion.

Analysebeispiel Hier eine topologische Beispielanalyse mit Nische (NI):

{[S0 *Dieser Vorschlag,* [S1 *das werden wir gleich sehen*], *bietet reichlich Stoff für Diskussion.*}

V2	AN	TF	VF	NI	FINIT	MF	VK	NF
S0			Dieser Vorschlag	S1	bietet	reichlich Stoff für Diskussion		

Für Parenthesen im Mittelfeld (*Dieser Vorschlag bietet jedoch, das werden wir gleich sehen, reichlich Stoff für Diskussion*) benötigen wir keine Nische, wir können sie ins Mittelfeld mit aufnehmen.

2.5 | Das erweiterte Basismodell des deutschen Satzes

Für die Analyse einfacher und komplexer Sätze, die wir in den folgenden Abschnitten vornehmen werden, werden wir das Basismodell des deutschen Satzes aus Kapitel II.1.2 in einer etwas erweiterten Fassung zugrunde legen.

Zusammenfassung

> **Das erweiterte Basismodell des deutschen Satzes**
> (erweitertes HEH-System)
> Jeder deutsche Satz (Hauptsatz wie Teilsatz) ist entweder nach einem der drei Schemata in (1), die nach der Regel in (2) erweitert sein können, oder nach dem Koordinationsschema (4) aufgebaut, wobei die topologischen Plätze der Schemata den Restriktionen in (3) bzw. (5) unterliegen.

1. Topologische Satzschemata

V2-Schema:

AN	TF	**VF**	FINIT	MF	VK	NF

V1-Schema:

AN	TF	FINIT	MF	VK	NF

VE-Schema:

AN	TF	COMP	MF	VK	NF

2. Erweiterungsregel für die Satzschemata

Vor bzw. nach jedem topologischen Platz der Schemata in (1) kann
ein Nische (NI) eingefügt werden.

3. Restriktionen für die Plätze der Satzschemata

AN   (fakultativ) eine Diskurspartikel

TF   (fakultativ) eine Wortgruppe, die als Topik fungiert

VF   eine Wortgruppe

FINIT eine finite Verbform

COMP eine Subjunktion oder eine Wortgruppe (Relativ-, Interroga-
tiv-, Exklamativ-, *je*+Komparativ- oder *so*+Positiv-Phrase)

MF   (fakultativ) beliebig viele Wörter und Wortgruppen, deren
lineare Abfolge untereinander von bestimmten Eigenschaften der Wörter und Wortgruppen abhängt

VK   (fakultativ) beliebig viele Verbformen und dazu gehören-
de Verbzusätze, falls vorhanden, deren Abfolge sich nach
bestimmten Regeln richtet

NF   (fakultativ) beliebig viele Wortgruppen, deren lineare
Abfolge untereinander von bestimmten Eigenschaften der
Wortgruppen abhängt

NI   ein Nischenelement

4. Koordinationsschema

KOORD$_1$	K$_1$	KOORD$_2$	K$_2$	...	KOORD$_n$	K$_n$

5. Restriktionen für die Plätze des Koordinationsschemas

KOORD (fakultativ) eine Konjunktion; in KOORD$_1$ kann nur ein
Element wie *sowohl*, *entweder*, *weder* etc. stehen.

K$_1$ bis K$_n$ Phrasen (bzw. Wörter) der selben Art

Analyse
komplexer Sätze

2.6 | Ein Verfahren zur Analyse von komplexen Sätzen

Ohne eine adäquate Analyse komplexer Sätze ist keine erfolgreiche Satzanalyse möglich. Aber auch jede weitergehende Beschäftigung mit der Struktur von Sätzen, zum Beispiel eine stilistische Analyse, hängt ohne das sichere Gespür für die Struktur komplexer Sätze in der Luft. Wir werden im Folgenden ein Verfahren vorstellen, das hilft, Haupt- und Teilsätze in komplexen Sätzen richtig zu identifizieren. Das Verfahren soll zu einer Klammerung des Satzes und seiner Teilsätze führen, auf deren Basis dann die topologische Analyse vorgenommen werden kann. Das Verfahren besteht aus sieben Schritten.

Sieben Schritte
zur Analyse
komplexer Sätze

Schritt 1 Man klammere den ganzen Satz ($\{_{S0}$ $\}$).

Schritt 2 Man markiere alle finiten und infiniten Verben.

Schritt 3 Man markiere den topologischen Platz (FINIT, VK), in dem die finiten Verben jeweils stehen.

Schritt 4 Man klammere finite VE-Teilsätze.

Schritt 5 Man klammere finite V2- und V1-Teilsätze.

Schritt 6 Man klammere infinite Teilsätze.

Schritt 7 Man klammere Satzkoordinationen und andere Arten von Koordinationen, bei denen Verben beteiligt sind.

Schritt 1: Man klammere den ganzen Satz ($\{_{S0}$ $\}$).
Angewendet auf *Schauen wir mal, ob das klappen wird*, unseren ersten Versuchssatz, ergibt der erste Schritt:

$\{_{S0}$ *Schauen wir mal, ob das klappen wird*$\}$

Bei jeder im Weiteren neu eingeführten Satzklammer werden wir eine noch nicht verwendete natürliche Zahl als Index für das Symbol S benutzen.

Schritt 1 ist unproblematisch, wenn ein selbständiger Satz (wie unser Versuchssatz) zur Analyse vorgegeben wurde. Wenn man die Sätze in einem zusammenhängenden Text analysieren soll, so ist die Entscheidung, was ein selbständiger Satz ist, natürlich nicht immer so einfach zu treffen.

Schritt 2: Man markiere alle finiten und infiniten Verben.
In unserem Versuchssatz gibt es zwei finite Verben und ein infinites Verb, die wir unterschiedlich markieren: Finite Verben werden gefettet (alternativ: doppelt unterstrichen), infinite einfach unterstrichen:

$\{_{S0}$ **Schauen** wir mal, ob das <u>klappen</u> **wird**$\}$

Schritt 3: Man markiere den topologischen Platz (FINIT, VK), in dem die finiten Verben jeweils stehen.
Wenn unmittelbar vor dem finiten Verb ein infinites Verb steht, das von ihm selegiert werden kann (Hilfs- und Modalverben insbesondere selegieren infinite Verben), dann können wir mit einiger Sicherheit davon ausgehen, dass das finite Verb im VK steht (wir müssen lediglich die Mög-

lichkeit ausschließen, dass das infinite Verb im VF steht wie in *Gelacht hat sie nicht*). Wenn auf das finite Verb ein infinites Verb (nicht unbedingt unmittelbar) folgt, das von ihm selegiert werden kann, dann können wir mit einiger Sicherheit davon ausgehen, dass das finite Verb in FINIT steht – es sei denn, wir haben es mit einer Oberfeldkonstruktion (s. Kap. II.1.3.4) zu tun (bei einer Oberfeldkonstruktion sollten wir links vom finiten Verb ein passendes Adverbial einfügen können, ohne dass der Satz unakzeptabel wird). Bei finiten Verben, die kein infinites Verb zu selegieren scheinen, machen wir die Periphrasenprobe: Wie wäre die Verteilung von finitem und infinitem Verb, wenn man das finite Verb des Satzes durch eine periphrastische Konstruktion ersetzt? Steht das infinite Verb in dieser periphrastischen Konstruktion vor dem finiten Verb, dann ist das finite Verb im VK, folgt es dem finiten Verb, ist dieses in FINIT.

Vor dem Hintergrund dieser Überlegungen können wir in unserem Versuchssatz nun *wird* als Verb im VK bestimmen. Die Periphrasenprobe macht aus *Schauen wir mal, ob das klappen wird* zum Beispiel den Satz: *Könnten wir mal schauen, ob das klappen wird*. Damit können wir in unserem Versuchssatz die finiten Verben topologisch genau lokalisieren:

$$\{_{S0} \textbf{\textit{Schauen}}^{\text{FINIT}} \textit{ wir mal, ob das \underline{klappen} } \textbf{\textit{wird}}^{\text{VK}}\}$$

Schritt 4: Man klammere finite VE-Teilsätze.
Dabei geht man folgendermaßen vor: Man setzt bei finiten Verben im VK nach dem finiten Verb eine Satzendklammer (wobei man die Möglichkeit eines Nachfeldes bedenkt), markiert die zugehörige COMP-Position und bringt vor dieser eine (zur Satzendklammer korrespondierende) Satzanfangsklammer an.

Im Nachfeld kann ja, wie wir bereits wissen, recht umfangreiches Material stehen – z. B. Subjekt-, Objekt- und Attributsätze von beliebiger Größe. So kann es sehr nützlich sein, genau zu überlegen, ob das, was nach dem VK des finiten Verbs steht, eine Funktion innerhalb des Satzes haben könnte, zu dem der VK gehört.

Schritt 4 ergibt für unseren Versuchssatz:

$$\{_{S0} \textbf{\textit{Schauen}}^{\text{FINIT}} \textit{ wir mal, } [_{S1} \textit{ ob}^{\text{COMP}} \textit{ das \underline{klappen} } \textbf{\textit{wird}}^{\text{VK}}]\}$$

Damit ist die Haupt- und Teilsatzstruktur unseres Versuchssatzes erschlossen. Die topologische Analyse liegt jetzt auf der Hand. Der S_1-Satz ist ein VE-Satz und S_0 ist ein V1-Satz. Bei der Periphrasenprobe haben wir schon gesehen, dass VK von S_0 vor dem VE-Satz anzusetzen ist (*Könnten wir mal \underline{schauen}, ob das klappen wird* versus **Könnten wir mal, ob das klappen wird, \underline{schauen}*).

V1	AN	TF	FINIT	MF	VK	NF
S_0			*Schauen*	*wir mal*		S_1

VE	AN	TF	COMP	MF	VK	NF
S_1			*ob*	*das*	*klappen wird*	

Für einen Satz wie *Ob das klappen wird, ist ungewiss* kommen wir mit diesen vier Schritten auch zum richtigen Ergebnis:

$\{_{S0}\ [_{S1}\ ob^{COMP}\ das\ \underline{klappen}\ \textbf{\textit{wird}}^{VK},]\ \textbf{\textit{ist}}^{FINIT}\ ungewiss\}$

Schritt 5: Man klammere finite V2- und V1-Teilsätze.

Dabei geht man folgendermaßen vor: Man überprüft, falls mehr als ein Verb an einem Platz der Art FINIT steht, mehrere Möglichkeiten, nämlich ob eine Satzkoordination, ein Argumentsatz, ein konditionaler V1-Nebensatz, ein konsekutiver V2-Satz oder eine Parenthese vorliegt.

Erste Möglichkeit – Satzkoordination: Es kann sein, dass es sich um eine Koordination von V1- oder V2-Sätzen handelt oder um eine satzinterne Koordination, die die finiten Verb umfasst. Dann markiert man die Konjunkte entsprechend.

Beispiel: *Es hat geblitzt und es hat gedonnert.* Bis zu Schritt 4 haben wir:

$\{_{S0}\ Es\ \textbf{\textit{hat}}^{FINIT}\ \underline{geblitzt}\ und\ es\ \textbf{\textit{hat}}^{FINIT}\ \underline{gedonnert}\}$

Nach Schritt 5 haben wir:

$\{_{S0}\ [_{S1}\ Es\ \textbf{\textit{hat}}^{FINIT}\ \underline{geblitzt}]\ und\ [_{S2}\ es\ \textbf{\textit{hat}}^{FINIT}\ \underline{gedonnert}]\}$

(Ganz entsprechend für *Hat es geblitzt oder hat es gedonnert?*)

Zweite Möglichkeit – Argumentsatz: Man überprüft, ob man einen V2-Satz identifizieren kann, der die Funktion eines Objekt bzw. Subjekts einnimmt. Dies wäre beispielsweise in dem Satz *Sie hat versprochen, sie würde kommen* möglich, der bis zu Schritt 5 folgendermaßen aussieht:

$\{_{S0}\ Sie\ \textbf{\textit{hat}}^{FINIT}\ \underline{versprochen},\ sie\ \textbf{\textit{würde}}^{FINIT}\ \underline{kommen}\}$

In diesem Satz lässt sich *sie würde kommen* als Objekt von *versprochen* deuten (aber nicht *sie hat versprochen* als Objekt zu *kommen*). Das ergibt:

$\{_{S0}\ Sie\ \textbf{\textit{hat}}^{FINIT}\ \underline{versprochen},\ [_{S1}\ sie\ \textbf{\textit{würde}}^{FINIT}\ \underline{kommen}]\}$

Dritte Möglichkeit – konditionaler V1-Nebensatz: Man überprüft die Möglichkeit, ob ein konditionaler V1-Nebensatz vorliegt, dadurch, dass man diesen durch einen konditionalen *wenn*-Satz ersetzt. Nehmen wir als Beispiel den Satz: *Ist genug Zeit, dann komme ich.* Bis zu Schritt 4 haben wir:

$\{_{S0}\ \textbf{\textit{Ist}}^{FINIT}\ genug\ Zeit,\ dann\ \textbf{\textit{komme}}^{FINIT}\ ich\}$

Nach Schritt 5 haben wir:

$\{_{S0}\ [_{S1}\ \textbf{\textit{Ist}}^{FINIT}\ genug\ Zeit,]\ dann\ \textbf{\textit{komme}}^{FINIT}\ ich\}$

Vierte Möglichkeit – ein konsekutiver V2-Satz: Neben einem Satz wie *Sie hat so schön gesungen, dass man hätte weinen können* mit konsekutivem VE-Satz ist auch ein Satz möglich wie *Sie hat so schön gesungen, man hätte weinen können* mit einem konsekutiven V2-Satz.

Fünfte und letzte Möglichkeit – Parenthese: Man überprüft, ob es einen zusammenhängenden V1- oder V2-Satz gibt, den man weglassen könnte, ohne dass der Rest unakzeptabel werden würde (in unklaren Fällen kann man überprüfen, ob der Rest dem Inhalt eines Objekts oder Subjekts der Parenthese entspricht). Beispiel: *Doch hat – das hat er mehrmals wiederholt – dies alles keinen Sinn*. Hier kann man das in Gedankenstriche Eingeschlossene weglassen (*Doch hat dies alles keinen Sinn*), wobei sich der Satz ohne die Parenthese inhaltlich als Objekt zu *wiederholen* deuten lässt: *Er hat mehrmals wiederholt, dass dies doch alles keinen Sinn hat*. Wir erhalten damit als Ergebnis:

{$_{S0}$ *Doch* **hat**^{FINIT} – [$_{S1}$ *das* **hat**^{FINIT} *er mehrmals* _wiederholt_] – *dies alles keinen Sinn*}

Schritt 6: Man klammere infinite Teilsätze.
Es gibt zwei Arten von infiniten Teilsätzen: infinite Argumentsätze und infinite Adverbialsätze. Infinite Argumentsätze bestehen aus einem Verb im 2. Status (=*zu*-Infinitiv) und gegebenenfalls Objekten und Adverbialen, die sich auf das Verb beziehen:

die Verse mehrmals zu wiederholen
rechtzeitig anzukommen
ihm mit aller Macht ins Gewissen zu reden

Infinite Adverbialsätze bestehen ebenfalls aus einem Verb im 2. Status und werden von speziellen Subjunktionen eingeleitet: *um, ohne, anstatt* etc.:

um rechtzeitig anzukommen
ohne die Verse mehrmals zu wiederholen
anstatt ihm mit aller Macht ins Gewissen zu reden

Anfang und Ende dieser infiniten Sätze wird durch Klammern markiert. Um den Anfang von Argumentsätzen zu identifizieren, hilft eine Paraphrase durch einen entsprechenden finiten VE-Satz (*dass er die Verse mehrmals wiederholt*).

Infinite Argumentsätze zu identifizieren, ist nicht immer leicht. Wir werden in Kapitel II.5.2 sehen, welche speziellen Schwierigkeiten es gibt. Manchmal hilft es, sich zu überlegen, ob das Verb im 2. Status in einem VK steht, ohne dass es von einem anderen Verb statusregiert wird.

Nehmen wir den Satz *Sie haben versprochen, die Richtlinien noch einmal zu überarbeiten*. Nach den Schritten 1 bis 5 haben wir als Ergebnis:

{$_{S0}$ *Sie* **haben**^{FINIT} _versprochen, die Richtlinien noch einmal_ _zu überarbeiten_}.

Das Verb im 2. Status wird nicht von *versprochen* statusregiert (dazu müsste es im selben VK wie *versprochen* stehen), es ist unabhängig. Die Grenzen des infiniten Satzes liegen hier auf der Hand (vergleiche *dass sie die Richtlinien noch einmal überarbeiten* als finite Paraphrase), so dass wir als Ergebnis von Schritt 6 bekommen:

{$_{S0}$ *Sie* **haben**^{FINIT} _versprochen_, [$_{S1}$ *die Richtlinien noch einmal* _zu überarbeiten_]}

Zur Erinnerung: Infinite Sätze können auch Attribute zu Substantiven sein:

Wir kennen ihr Versprechen, [$_S$ *die Richtlinien noch einmal* <u>*zu überarbeiten*</u>].

Schritt 7: Man klammert Satzkoordinationen und andere Arten von Koordinationen, bei denen Verben beteiligt sind.
Dabei zieht man die Möglichkeit von Koordinationsellipsen in Betracht, rekonstruiert die ausgelassenen Elemente und führt in Bezug auf die rekonstruierten Elemente die Schritte 2 bis 6 durch, wenn finite und infinite Verben ausgelassen wurden.
Wendet man die ersten sechs Schritte auf den Satz *Schauen wir mal, ob das klappen wird und ob das überhaupt jemand versteht* an, so erhalten wir:

{$_{S0}$ ***Schauen***^{FINIT} *wir mal,* [$_{S1}$ *ob*^{COMP} *das* <u>*klappen*</u> ***wird***^{VK}] *und* [$_{S2}$ *ob*^{COMP} *das überhaupt jemand* ***versteht***^{VK}]}

Nach Schritt 7 haben wir:

{$_{S0}$ ***Schauen***^{FINIT} *wir mal,* ($_{S3}$ [$_{S1}$ *ob*^{COMP} *das* <u>*klappen*</u> ***wird***^{VK}] *und* [$_{S2}$ *ob*^{COMP} *das überhaupt jemand* ***versteht***^{VK}])}

Eine Variation des Satzes mit Koordinationsellipse (*Schauen wir mal, ob das klappen und wie das klappen wird*) ergibt:

{$_{S0}$ ***Schauen***^{FINIT} *wir mal,* ($_{S3}$ [$_{S1}$ *ob*^{COMP} *das* <u>*klappen*</u> ~~*wird*~~^{VK}] *und* [$_{S2}$ *wie*^{COMP} *das* <u>*klappen*</u> ***wird***^{VK}])}

Hier noch ein Beispiel für Koordinationsellipse bei VP-Koordination (*Schauen wir mal, ob das klappen und allen verständlich sein wird*):

{$_{S0}$ ***Schauen***^{FINIT} *wir mal,* ($_{S3}$ *ob*^{COMP} *das* [<u>*klappen*</u> ~~*wird*~~^{VK}] *und* [*allen verständlich* <u>*sein*</u> ***wird***^{VK}])}

Dies sind die sieben Schritte in aller Ausführlichkeit. Je mehr man geübt ist, um so weniger braucht man Anleitungen wie diese, um die Struktur komplexer Sätze zu erkennen. Wenn man die Fähigkeit einmal besitzt, kann man sich oft nicht mehr vorstellen, dass man jemals Schwierigkeiten hatte, komplexe Sätze analytisch zu durchdringen. Übung macht auch hier den Meister.

Aufgabe 8   Kennzeichnen Sie in den folgenden Sätzen (aus Ingeborg Bachmann: *Malina*) die vorkommenden Sätze durch indizierte Klammerung. Unterscheiden Sie jeweils die einzelnen Sätze mithilfe von Nummern.
a. *Noch nie hat jemand behauptet, die Ungargasse sei schön.*
b. *Wenn ich hingegen ›heute‹ sage, fängt mein Atem unregelmäßig zu gehen an.*
c. *Wer je einen schrecklich flehenden Brief geschrieben hat, um ihn dann doch zu zerreißen und zu verwerfen, weiß noch am ehesten, was hier unter ›heute‹ gemeint ist.*

d. *Denn in der verlorenen Zeit, als wir einander nicht einmal die Namen abfragen konnten, noch weniger unser Leben, habe ich ihn für mich ›Eugenius‹ genannt, weil ›Prinz Eugen, der edle Ritter‹ das erste Lied war, das ich zu lernen hatte.*

Lösungen am Ende von Kapitel II.2.7.

2.7 | Musteranalyse einer Kleist-Passage

Die topologische Analyse nach dem erweiterten Basismodell und die sieben Schritte zur Analyse komplexer Sätze wollen wir nun auf einen anspruchsvollen Textausschnitt anwenden, und zwar auf eine Passage aus Heinrich von Kleists *Das Erdbeben in Chili* (in der Münchner Ausgabe Band II, S. 157).

Jeronimo nahm Josephen, nachdem sich beide in diesen Betrachtungen stillschweigend erschöpft hatten, beim Arm, und führte sie mit unaussprechlicher Heiterkeit unter den schattigen Lauben des Granatwaldes auf und nieder. Er sagte ihr, daß er, bei dieser Stimmung der Gemüther und dem Umsturz aller Verhältnisse, seinen Entschluß, sich nach Europa einzuschiffen, aufgebe; daß er vor dem Vicekönig, der sich seiner Sache immer günstig gezeigt, falls er noch am Leben sey, einen Fußfall wagen würde; und daß er Hoffnung habe, (wobei er ihr einen Kuß aufdrückte), mit ihr in Chili zurückzubleiben. Josephe antwortete, daß ähnliche Gedanken in ihr aufgestiegen wären; daß auch sie nicht mehr, falls ihr Vater nur noch am Leben sey, ihn zu versöhnen zweifle; daß sie aber statt des Fußfalles lieber nach La Conception zu gehen, und von dort aus schriftlich das Versöhnungsgeschäft mit dem Vicekönig zu betreiben rathe, wo man auf jeden Fall in der Nähe des Hafens wäre, und für den besten, wenn das Geschäft die erwünschte Wendung nähme, ja leicht wieder nach St. Jago zurückkehren könnte. Nach einer kurzen Überlegung gab Jeronimo der Klugheit dieser Maßregel seinen Beifall, führte sie noch ein wenig, die heiteren Momente der Zukunft überfliegend, in den Gängen umher, und kehrte mit ihr zur Gesellschaft zurück.

Wenn Sie wollen, können Sie zu Übungszwecken die Analyse schon selbst einmal vornehmen und schauen, wie weit Sie kommen, bevor Sie weiterlesen.

Nehmen wir uns den ersten Satz vor und wenden wir die ersten drei Schritte an:

{$_{S0}$ *Jeronimo* **nahm**^{FINIT} *Josephen, nachdem sich beide in diesen Betrachtungen stillschweigend* <u>erschöpft</u> **hatten**^{VK}, *beim Arm, und* **führte**^{FINIT} *sie mit unaussprechlicher Heiterkeit unter den schattigen Lauben des Granatwaldes auf und nieder.*}

Zu *hatten* im VK finden wir leicht das zugehörige COMP und können dann wie folgt klammern:

{$_{S0}$ *Jeronimo* **nahm**^{FINIT} *Josephen,* [$_{S1}$ *nachdem*^{COMP} *sich beide in diesen Betrachtungen stillschweigend* <u>erschöpft</u> **hatten**^{VK},] *beim Arm, und* **führte**^{FINIT} *sie mit unaussprechlicher Heiterkeit unter den schattigen Lauben des Granatwaldes auf und nieder.*}

Analyse
komplexer Sätze

Wir haben hier zwei finite Verben in FINIT, und die Partikel *und* vor *führte* zeigt an, dass wir es mit einer Koordination zu tun haben. Vor der Partikel endet das erste Konjunkt, nach ihr beginnt das zweite. Da Konjunkte meist syntaktisch von der selben Art sind, liegt es nahe anzunehmen, dass auch das erste Konjunkt mit dem finiten Verb beginnt. Schließlich klammern wir die beiden Konjunkte noch als eine Koordination (Schritt 7).

{$_{S0}$ *Jeronimo* ([**nahm**^{FINIT} *Josephen,* [$_{S1}$ *nachdem*^{COMP} *sich beide in diesen Betrachtungen stillschweigend* <u>*erschöpft*</u> **hatten**^{VK},] *beim Arm,*] *und* [**führte**^{FINIT} *sie mit unaussprechlicher Heiterkeit unter den schattigen Lauben des Granatwaldes auf und nieder.*])}

Damit können wir die topologische Analyse vornehmen (zur Darstellung der Koordination in S_0 s. Ende von Kap. II.2.3.2).

V2	AN	TF	VF	FINIT	MF	VK	NF
S$_0$			Jeronimo	[nahm und [führte	Josephen S$_1$ beim Arm] sie mit (...) des Granatwaldes	auf und nieder]	

VE	AN	TF	COMP	MF	VK	NF
S$_1$			nachdem	sich beide in (...) stillschweigend	erschöpft hatten	

Kommen wir zum zweiten Satz der Passage.

Er sagte ihr, daß er, bei dieser Stimmung der Gemüther und dem Umsturz aller Verhältnisse, seinen Entschluß, sich nach Europa einzuschiffen, aufgebe; daß er vor dem Vicekönig, der sich seiner Sache immer günstig gezeigt, falls er noch am Leben sey, einen Fußfall wagen würde; und daß er Hoffnung habe, (wobei er ihr einen Kuß aufdrückte), mit ihr in Chili zurückzubleiben.

Die ersten drei Schritte ergeben Folgendes, wobei wir die Semikolons nicht als Anzeichen für Satzende deuten, wie wir es in einem gegenwärtigen Text wohl tun würden – außerdem haben wir *gezeigt* als *gezeigt hatte* gedeutet:

{$_{S0}$ *Er* **sagte**^{FINIT} *ihr, daß er, bei dieser Stimmung der Gemüther und dem Umsturz aller Verhältnisse, seinen Entschluß, sich nach Europa* <u>*einzuschiffen*</u>, **aufgebe**^{VK}; *daß er vor dem Vicekönig, der sich seiner Sache immer günstig* <u>*gezeigt*</u>^{VK}, *falls er noch am Leben* **sey**^{VK}, *einen Fußfall* <u>*wagen*</u> **würde**^{VK}; *und daß er Hoffnung* **habe**^{VK}, *(wobei er ihr einen Kuß* **aufdrückte**^{VK}), *mit ihr in Chili* <u>*zurückzubleiben*</u>.}

Schritt 4 ergibt:

{$_{S0}$ *Er* **sagte**^{FINIT} *ihr,* [$_{S1}$ *daß*^{COMP} *er, bei dieser Stimmung der Gemüther und dem Umsturz aller Verhältnisse, seinen Entschluß, sich nach Europa* <u>*einzuschiffen*</u>, **aufgebe**^{VK}]; [$_{S2}$ *daß*^{COMP} *er vor dem Vicekönig,* [$_{S3}$ *der*^{COMP} *sich seiner Sache immer günstig* <u>*gezeigt*</u>^{VK}], [$_{S4}$ *falls*^{COMP} *er noch am Leben* **sey**^{VK}], *einen Fußfall* <u>*wagen*</u> **würde**^{VK}]; *und* [$_{S5}$ *daß*^{COMP} *er Hoffnung* **habe**^{VK}, [$_{S6}$ *(wobei*^{COMP} *er ihr einen Kuß* **aufdrückte**^{VK})], *mit ihr in Chili* <u>*zurückzubleiben*</u>.]}

Die Endklammer in S_5 muss ganz am Ende gesetzt werden, da *mit ihr in Chili zurückzubleiben* zu diesem Satz als Attribut zu *Hoffnung* gehört.

Schritt 5 ist hier nicht relevant, da nur *ein* Verb in FINIT vorhanden ist. Es liegen zwei infinite Teilsätze vor (*sich nach Europa einzuschiffen* sowie *mit ihr in Chili zurückzubleiben*), so dass **Schritt 6** ergibt:

{[$_{S0}$ *Er* **sagte**^{FINIT} *ihr,* [$_{S1}$ *daß*^{COMP} *er, bei dieser Stimmung der Gemüther und dem Umsturz aller Verhältnisse, seinen Entschluß,* [$_{S7}$ *sich nach Europa einzu-schiffen*], **aufgebe**^{VK}]; [$_{S2}$ *daß*^{COMP} *er vor dem Vicekönig,* [$_{S3}$ *der*^{COMP} *sich seiner Sache immer günstig gezeigt*^{VK}], [$_{S4}$ *falls*^{COMP} *er noch am Leben* **sey**^{VK}], *einen Fußfall wagen* **würde**^{VK}]; *und* [$_{S5}$ *daß*^{COMP} *er Hoffnung* **habe**^{VK}, [$_{S6}$ *(wobei*^{COMP} *er ihr einen Kuß* **aufdrückte**^{VK})], [$_{S8}$ *mit ihr in Chili zurückzubleiben.*]]]}

S_7 ist ein Attributsatz zu *Entschluß* und S_8 zu *Hoffnung*. Jetzt müssen wir nur noch die satz- und fast satzförmigen Koordinationen markieren – es gibt eine Koordination von drei *daß*-Sätzen (S_1, S_2, S_5) – und fertig ist die Strukturierung.

{[$_{S0}$ *Er* **sagte**^{FINIT} *ihr,* ([$_{S9}$ [$_{S1}$ *daß*^{COMP} *er, bei dieser Stimmung der Gemüther und dem Umsturz aller Verhältnisse, seinen Entschluß,* [$_{S7}$ *sich nach Europa einzuschiffen*], **aufgebe**^{VK}]; [$_{S2}$ *daß*^{COMP} *er vor dem Vicekönig,* [$_{S3}$ *der*^{COMP} *sich seiner Sache immer günstig gezeigt*^{VK}], [$_{S4}$ *falls*^{COMP} *er noch am Leben* **sey**^{VK}], *einen Fußfall wagen* **würde**^{VK}]; *und* [$_{S5}$ *daß*^{COMP} *er Hoffnung* **habe**^{VK}, [$_{S6}$ *(wobei*^{COMP} *er ihr einen Kuß* **aufdrückte**^{VK})], [$_{S8}$ *mit ihr in Chili zurückzubleiben.*]])]}

Die topologische Analyse sieht nun wie folgt aus: (wir gehen, was nicht unbedingt notwendig ist, *top-down* vor, indem wir zuerst S_0 analysieren, dann die in S_0 unmittelbar eingebetteten Teilsätze, dann die in den Teilsätzen unmittelbar eingebetteten Teilsätze usw.)

V2	AN	TF	VF	FINIT	MF	VK	NF
S_0			Er	sagte	ihr		S_9

KS	KOORD$_1$	K$_1$	KOORD$_2$	K$_2$	KOORD$_3$	K$_3$
S_9		S_1		S_2	und	S_5

VE	AN	TF	COMP	MF	VK	NF
S_1			daß	er bei (...) seinen Entschluß S_7	aufgebe	

VE	AN	TF	COMP	MF	VK	NF
S_7			ø	sich nach Europa	einzuschiffen	

VE	AN	TF	COMP	MF	VK	NF
S_2			daß	er (...) S_3 S_4 einen Fußfall	wagen würde	

Analyse
komplexer Sätze

VE	AN	TF	COMP	MF	VK	NF
S_3			der	sich seiner Sache immer günstig	gezeigt (hatte)	

VE	AN	TF	COMP	MF	VK	NF
S_4			falls	er noch am Leben	sey	

VE	AN	TF	COMP	MF	VK	NF
S_5			daß	er Hoffnung	habe	$S_6 S_8$

VE	AN	TF	COMP	MF	VK	NF
S_6			wobei	er ihr einen Kuß	aufdrückte	

VE	AN	TF	COMP	MF	VK	NF
S_8			ø	mit ihr in Chili	zurückzubleiben	

Kommen wir zum dritten Satz.

Josephe antwortete, daß ähnliche Gedanken in ihr aufgestiegen wären; daß auch
sie nicht mehr, falls ihr Vater nur noch am Leben sey, ihn zu versöhnen zweifle; daß
sie aber statt des Fußfalles lieber nach La Conception zu gehen, und von dort aus
schriftlich das Versöhnungsgeschäft mit dem Vicekönig zu betreiben rathe, wo man
auf jeden Fall in der Nähe des Hafens wäre, und für den besten, wenn das Geschäft
die erwünschte Wendung nähme, ja leicht wieder nach St. Jago zurückkehren
könnte.

Die ersten vier Schritte ergeben:

{$_{S0}$ *Josephe* **antwortete**^{FINIT}, [$_{S1}$ *daß*^{COMP} *ähnliche Gedanken in ihr* <u>*auf-*</u>
<u>*gestiegen*</u> ***wären***^{VK}]; [$_{S2}$ *daß*^{COMP} *auch sie nicht mehr,* [$_{S3}$ *falls*^{COMP} *ihr Va-*
ter nur noch am Leben ***sey***^{VK}], *ihn* <u>*zu versöhnen*</u> ***zweifle***^{VK}]; [$_{S4}$ *daß*^{COMP}
sie aber statt des Fußfalles lieber nach La Conception <u>*zu gehen*</u>, *und von*
dort aus schriftlich das Versöhnungsgeschäft mit dem Vicekönig <u>*zu be-*</u>
<u>*treiben*</u> ***rathe***^{VK}, [$_{S5}$ *wo*^{COMP} *man auf jeden Fall in der Nähe des Hafens*
wäre^{VK}, *und für den besten,* [$_{S6}$ *wenn*^{COMP} *das Geschäft die erwünschte*
Wendung ***nähme***^{VK}], *ja leicht wieder nach St. Jago* <u>*zurückkehren*</u> ***könn-***
te^{VK}]$_{S5}$]$_{S4}$]$_{S0}$}

S_1 ist unproblematisch, S_2, S_3 und S_6 ebenso. S_4 und S_5 jedoch haben es in
sich. Reduziert man S_5 etwas, so erhält man:

wo^{COMP} *man auf jeden Fall in der Nähe des Hafens* ***wäre***^{VK} *und leicht wie-*
der nach St. Jago <u>*zurückkehren*</u> ***könnte***^{VK}

Wir haben hier zwei finite Verben im VK, deren zugehörige COMP-Position durch *wo* besetzt ist. Offensichtlich ist dies möglich durch die Koordination, die in dem Satz vorkommt. In S_4 erkennt man *rathe* als finites Verb

im VK mit *daß* in der zugehörigen COMP-Position. S_4 endet nach S_5, also ganz am Ende. Auffällig ist, dass wir mit *zu gehen* und *zu betreiben* zwei voneinander unabhängige infinite Verben haben. Offensichtlich ist dies wie eben durch die Koordination ermöglicht.

Da Schritt 5 und 6 nicht einschlägig sind, können wir uns direkt diesen Koordinationen zu wenden. In S_5 haben wir es mit VP-Koordination zu tun – zuerst an der reduzierten Fassung demonstriert:

*wo*COMP *man ([auf jeden Fall in der Nähe des Hafens* **wäre**VK*] und [leicht wieder nach St. Jago* <u>*zurückkehren*</u> **könnte**VK*])*

Auch in S_4 haben wir es mit VP-Koordination zu tun, wobei eine Linkstilgung von *rathe* hinzukommt:

*daß*COMP *sie aber ([VP [VP statt des Fußfalles lieber nach La Conception* <u>*zu gehen*</u> ~~**rathe**~~VK*], und [VP von dort aus schriftlich das Versöhnungsgeschäft mit dem Vicekönig* <u>*zu betreiben*</u> **rathe**VK*, ...])*

Vollständig sieht die Analyse nach den sieben Schritten wie folgt aus:

{S0 *Josephe* **antwortete**FINIT, (S7 [S1 *daß*COMP *ähnliche Gedanken in ihr* <u>*auf-gestiegen*</u> **wären**VK]; [S2 *daß*COMP *auch sie nicht mehr,* [S3 *falls*COMP *ihr Vater nur noch am Leben* **sey**VK], *ihn* <u>*zu versöhnen*</u> **zweifle**VK]; [S4 *daß*COMP *sie aber* (VP [VP *statt des Fußfalles lieber nach La Conception* <u>*zu gehen*</u> ~~**rathe**~~VK], *und* [VP *von dort aus schriftlich das Versöhnungsgeschäft mit dem Vicekönig* <u>*zu betreiben*</u> **rathe**VK, [S5 *wo*COMP *man* (VP [VP *auf jeden Fall in der Nähe des Hafens* **wäre**VK], *und* [VP *für den besten,* [S6 *wenn*COMP *das Geschäft die erwünschte Wendung* **nähme**VK], *ja leicht wieder nach St. Jago* <u>*zurückkehren*</u> **könnte**VK.]VP)S5]]VP)S4]S7)S0}

V2	AN	TF	VF	FINIT	MF	VK	NF
S_0			Josephe	antwortete			S_7

KS	KOORD₁	K₁	KOORD₂	K₂	KOORD₃	K₃
S_7		S_1		S_2	und	S_4

VE	AN	TF	COMP	MF	VK	NF
S_1			daß	ähnliche Gedanken in ihr	aufgestiegen wären	

VE	AN	TF	COMP	MF	VK	NF
S_2			daß	auch sie (...) S_3 ihn	zu versöhnen zweifle	

VE	AN	TF	COMP	MF	VK	NF
S_3			falls	ihr Vater nur noch am Leben	sey	

VE	AN	TF	COMP	MF	VK	NF
S_4			daß	*sie aber* [$_{VP}$ *statt* (...) *la Conception und* [$_{VP}$ *von* (...) *Vicekönig*	*zu gehen* ~~*rathe*~~] *zu betreiben rathe*]	S_5

VE	AN	TF	COMP	MF	VK	NF
S_5			wo	*man* [$_{VP}$ *auf jeden* (...) *des Hafens und* [$_{VP}$ *für den besten* S_6 (...) *Jago*	*wäre*] *zurückkehren könnte*]	

VE	AN	TF	COMP	MF	VK	NF
S_6			wenn	*das* (...) *erwünschte Wendung*	*nähme*	

Kommen wir noch zum letzten Satz. Die ersten drei Schritte ergeben folgendes Ergebnis:

{$_{S0}$ *Nach einer kurzen Überlegung* **gab**[FINIT] *Jeronimo der Klugheit dieser Maßregel seinen Beifall,* **führte**[FINIT] *sie noch ein wenig, die heiteren Momente der Zukunft überfliegend, in den Gängen umher, und* **kehrte**[FINIT] *mit ihr zur Gesellschaft zurück.*}

Bei Schritt 5 – der vierte Schritt (finite VE-Teilsätze) ist ebenso wie der sechste (infinite Teilsätze) nicht relevant – markiert man eine Koordination mit drei Konjunkten (die Markierung der Satzkoordination in Schritt 7 erübrigt sich). Im ersten Konjunkt befindet sich das Subjekt im MF, im zweiten und dritten gibt es kein Subjekt bzw. das Subjekt des ersten Konjunkts wird als Subjekt der beiden anderen Konjunkte verstanden. Dies ist zweimal die Konstellation der SLF-Koordination: in Konjunkt Zwei und Drei liegt eine Subjektlücke (SL) vor (s. Kap. II.2.3.3). Damit ergibt sich:

{$_{S0}$ [$_{S1}$ *Nach einer kurzen Überlegung* **gab**[FINIT] *Jeronimo der Klugheit dieser Maßregel seinen Beifall*], [$_{S2}$ **führte**[FINIT] *sie noch ein wenig, die heiteren Momente der Zukunft überfliegend, in den Gängen umher,*] *und* [$_{S3}$ **kehrte**[FINIT] *mit ihr zur Gesellschaft zurück.*]}

KS	KOORD$_1$	K$_1$	KOORD$_2$	K$_2$	KOORD$_3$	K$_3$
S_0		S_1		S_2	*und*	S_3

V2	AN	TF	VF	FINIT	MF	VK	NF
S_1			*Nach* (...) *Überlegung*	*gab*	*Jeronimo* (...) *Beifall*		

V1	AN	TF	FINIT	MF	VK	NF
S_2			*führte*	SL *sie noch ein wenig* (...) *in den Gängen*	*umher*	

V1	AN	TF	FINIT	MF	VK	NF
S₃			kehrte	SL mit ihr zur Gesellschaft	zurück	

Lösungen
zu Aufgabe 8

Hier folgen die Lösungen zu Aufgabe 8:

a. {$_{S0}$ *Noch nie hat jemand behauptet,* [$_{S1}$ *die Ungargasse sei schön*]}

b. {$_{S0}$ [$_{S1}$ *Wenn ich hingegen ›heute‹ sage,*] *fängt mein Atem unregelmäßig zu gehen an.*}

c. {$_{S0}$ ($_{S1}$ *Wer je einen schrecklich flehenden Brief geschrieben hat,* [$_{S2}$ *um ihn dann doch zu zerreißen und zu verwerfen,*]) *weiß noch am ehesten,* [$_{S3}$ *was hier unter ›heute‹ gemeint ist.*]}}

d. {$_{S0}$ *Denn in der verlorenen Zeit,* [$_{S1}$ *als wir einander nicht einmal die Namen abfragen konnten, noch weniger unser Leben,*] *habe ich ihn für mich ›Eugenius‹ genannt,* ($_{S2}$ *weil ›Prinz Eugen, der edle Ritter‹ das erste Lied war,* [$_{S3}$ *das ich zu lernen hatte.*])}}

2.8 | Übungen

1. Kennzeichnen Sie in den folgenden Sätzen (aus Christoph Ransmayr: *Der Weg nach Surabaya*) die vorkommenden Sätze durch indizierte Klammerung und Nummerierung.

   e. *Nachdem die streikenden Arbeiter von Danzig im August 1980 die Tore ihrer Werften mit dem Bild der Madonna versiegelt hatten, tat der greise Primas von Polen, Stefan Wyszynski, wozu die Explosivität der polnischen Gegenwart die Kirche insgesamt verurteilt hat.*

   f. *Wenn er am Abend in der dunklen Küche seines Hauses vor dem Bildschirm saß, dann erfaßte ihn über den vielen Kriegen, die er da mit ansehen mußte, über den Nachrichten von »Stürmen, Feuersbrünsten und der Heimtücke der Menschheit« manchmal eine so große Unruhe, daß er vor dem Schlafengehen nicht einmal mehr richtig beten konnte.*

   g. *Dabei hatte Werein die »Fernsicht« doch angeschafft, es war vor vier Jahren im Herbst, weil er mit seiner Haushälterin sehr allein im Moor lebt, weil er bis zum nächsten Dorf, nach Habach, einen langen Weg hat und weil ihm damals schien, daß ein Blick in die Weite, bis nach Afrika und Indien, »eine große Wohltat für die minderen Leute« sein müßte, die »leiblich niemals fortkönnen von dem Ort, an dem sie geboren sind«.*

2. Analysieren Sie die Sätze aus Aufgabe 8 sowie die Sätze (e), (f) und (g) in Übung 1 aus diesem Abschnitt topologisch.

3. Analysieren Sie folgenden Ausschnitt (aus Botho Strauß: *Wohnen, Dämmern, Lügen*) topologisch.

Analyse
komplexer Sätze

Es gibt auf dem Land etliche Bahnhöfe, die ohne Personal, ohne Aufsicht sind, wo Kartenschalter mit Pappe verschlossen, die Rolläden vor dem Kiosk heruntergelassen, keine Zeitung, keine Fahrkarte zu kaufen sind, und dennoch hält ein- oder zweimal am Tag ein Zug, der Dörfer mit der Kreisstadt verbindet.

Lösungshinweise zu den Übungen finden Sie auf www.metzlerverlag.de/webcode. Ihren persönlichen Webcode finden Sie am Anfang des Bandes.

3. Die Struktur von Nominalgruppen

3.1 | Einführung

Die Wortfolge in einer Nominalgruppe kann man – wie bei einem Satz – durch ein topologisches Schema, d. h. eine Abfolge von Positionen und Feldern beschreiben, deren Füllung bestimmten Bedingungen unterliegt. Sie könnten, bevor Sie weiterlesen, anhand der Sätze in (1) selbst versuchen, ein solches Schema zu erstellen (Welche Positionen und Felder könnte man annehmen? Wie können bzw. müssen sie gefüllt sein?).

(1) a. *der Thomaskantor*
     b. *ein großer deutscher Komponist*
     c. *welcher große deutsche Komponist*
     d. *jede Fuge aus dem wohltemperierten Klavier*
     e. *der berühmteste Komponist der Welt*
     f. *seine Feststellung, dass Bach der Größte ist*
     g. *die Frage der Leute, ob Bach der Größte sei*
     h. *diese Aufführung gestern*

Alle Nominalgruppen in (1) beginnen mit einem Determinativ: mit dem definiten oder indefiniten Artikel, einem Interrogativum, einem Quantitativum, einem Possessivum oder einem Demonstrativum (zu diesen Termini s. Kap. I.2.1). Den Anfang dieser Nominalgruppen bildet die **Determinativposition**, die durch ein Determinativ gefüllt wird.

Nach dem Determinativ kommt in (1) entweder gleich ein Substantiv oder es stehen vor dem Substantiv noch ein bis zwei Adjektive. Zwischen Determinativ und Substantiv gibt es einen Bereich, das **Zwischenfeld**, in dem Adjektive und zwar beliebig viele stehen können. Genau genommen sind es **Adjektivgruppen**, die dort stehen, die manchmal nur aus einem Wort bestehen, aber auch beliebig umfangreich sein können:

ein [$_{AP}$ sehr bedeutender] [$_{AP}$ deutscher] Komponist
ein [$_{AP}$ in Leipzig lebender] Musiker

(Bildungen wie *lebender* aus Verbstamm plus Suffix *-end* sind Adjektive, s. Kap. I.2.2.2). Im letzten Beispiel sollte man *in Leipzig lebender* nicht so analysieren, dass im Zwischenfeld die Präpositionalgruppe *in Leipzig* einerseits und die Adjektivphrase *lebender* andererseits stehen. Denn Präpositionalgruppen als solche sind im Zwischenfeld nicht möglich, nur als Teil von Adjektivgruppen können sie dort vorkommen. Man vergleiche *ein lebender Musiker* mit **ein in Leipzig Musiker* (im Kontrast zu *ein Musiker in Leipzig*).

Auf das Zwischenfeld folgt der Platz, an dem das Substantiv steht. Wie wir in Kapitel II.3.3.2 ausführlicher sehen werden, kann an diesem Platz mehr als nur ein Substantiv stehen – wie in den folgenden Beispielen:

der berühmte Herr Prof. Dr. Johann Sebastian Bach
die Stadt Leipzig

Wir werden auch die Genitivphrase, die auf ein Substantiv folgen kann, mit zu diesem Platz rechnen, da es, was die Abfolge angeht, eine sehr enge Bindung der Genitivphrase an das Substantiv gibt.

der berühmteste Komponist der Welt
die Frage der Leute, ob Bach der Größte sei

Es ist – bis auf ganz wenige gegenteilige Fälle – unmöglich, etwas zwischen die beiden zu stellen:

die Frage der Leute, ob Bach der Größte sei
*die Frage, ob Bach der Größte sei, der Leute
die Frage der Leute nach der Uhrzeit
*die Frage nach der Uhrzeit der Leute (mit *der Leute* als Attribut zu *Frage*)

Der Platz nach dem Zwischenfeld heißt **Nominalkomplex**.

Auf den Nominalkomplex folgt das **Rechtsfeld**, in dem vor allem folgende Wortgruppen stehen:

- Präpositionalgruppen (z. B. *jede Fuge aus dem wohltemperierten Klavier*)
- Nebensätze (z. B. *seine Feststellung, dass Bach der Größte ist*)
- Adverbien bzw. Adverbphrasen (z. B. *diese Aufführung gestern*)

Es können dabei mehrere dieser Wortgruppen vorkommen:

die Aufführung [von zwei Passionen] [gestern], [die große Beachtung fand]
die Aufführung [von zwei Passionen] [durch Rilling] [in der Liederhalle]

Innerhalb der Nominalgruppe können auch noch vor der Determinativposition Ausdrücke stehen, so z. B. Fokus- und Negationspartikeln sowie das Wörtchen *alle* in einer speziellen Verwendung:

Nur der wenig bekannte Zelenka kann Bach das Wasser reichen.
Nicht (nur) der geniale Bach beherrscht den Kontrapunkt, sondern (auch) Zelenka.
Selbst nicht einmal Bach hat so etwas gewagt.
Alle diese Werke komponierte Zelenka in Dresden.

Dieser Platz heißt **Linksfeld**. In ihm stehen manchmal auch Wortgruppen, die man eigentlich im Rechtsfeld erwartet. Diese Stellung im Linksfeld ist ungewöhlich, wenn man sie geschrieben sieht, in der gesprochenen Sprache jedoch ist sie nichts Ungewöhnliches:

Vom Fritz der Bruder war da. (vs. *Der Bruder vom Fritz war da.*)
Dort der Herr möchte bedient werden. (vs. *Der Herr dort möchte bedient werden.*)
Am See das Hotel steht zum Verkauf. (vs. *Das Hotel am See steht zum Verkauf.*)

Das topologische Schema für die Nominalgruppe – das **Nominalschema** – besteht aus Linksfeld, Determinativposition, Zwischenfeld, Nominalkomplex und Rechtsfeld.

3.2 | Lineare Syntax der Nominalgruppe

Topologisches Schema und Restriktionen: Auf der Basis der Darlegungen im vorangegangenen Abschnitt und weiterer Überlegungen, die im folgenden Abschnitt erläutert werden, sieht das Modell für die lineare Struktur von Nominalgruppen wie folgt aus:

Lineare Syntax der Nominalgruppe   Zusammenfassung
Jede deutsche Nominalgruppe ist entweder nach dem Schema (1)
und den Restriktionen (2) oder nach dem allgemeinen Koordinationsschema und dessen Restriktionen (s. Kap. II.2.3.1) aufgebaut.

1. Das Nominalschema

LF	DET	ZF	NK	RF

2. Die Restriktionen für die Plätze von (1)
LF (fakultativ) ein oder mehrere Elemente der Art: Fokuspartikel, Negationspartikel, Präpositionalgruppe, Adverbgruppe etc.
DET ein einfaches oder komplexes Determinativ, ein pränominaler Genitiv oder ein pränominaler Dativ plus Possessivum
ZF (fakultativ) eine oder mehrere Adjektivgruppen
NK (fakultativ) ein einfaches oder ein durch linke und/oder rechte enge Appositionen erweitertes Substantiv, eventuell gefolgt von einer Nominalgruppe im Genitiv
RF (fakultativ) ein oder mehrere Elemente der Art: Präpositionalgruppe, Adverbgruppe, Satz, Nominalgruppe, Topikpartikel etc.

Topologische Analyse: Eine Analyse nach diesem Modell sieht wie folgt aus (NS steht für Nominalschema; dass wir Nominalgruppen als DPs

und nicht als NPs kategorisieren, ist hier nicht entscheidend, s. dazu Kap.
IV.2.2.2):

NS	LF	DET	ZF	NK	RF
DP		der		Thomaskantor	

NS	LF	DET	ZF	NK	RF
DP		ein	großer deutscher	Komponist	

NS	LF	DET	ZF	NK	RF
DP	alle	diese		Werke	

NS	LF	DET	ZF	NK	RF
DP	nicht einmal	die	begeisternde	Aufführung	gestern

Ist eine Nominalgruppe Teil einer Nominalgruppe, gehen wir wie bei
komplexen Sätzen vor. Siehe beispielsweise die Analysen der folgenden
beiden komplexen Nominalgruppen:

die begeisternde Aufführung der Matthäuspassion gestern
die gestrige und die heutige Aufführung (ein Fall von Linkstilgung, s.
Kap. II.2.3.2)

$\{_{DP0}$ *Die begeisternde Aufführung* $[_{DP1}$ *der Matthäuspassion] gestern*$\}$

NS	LF	DET	ZF	NK	RF
DP_0		die	begeisternde	Aufführung DP_1	gestern
DP_1		der		Matthäuspassion	

$\{_{DP0}$ $[_{DP1}$ *Die gestrige* ~~Aufführung~~$]$ *und* $[_{DP2}$ *die heutige Aufführung]*$\}$

KS	KOORD$_1$	K$_1$	KOORD$_2$	K$_2$
DP_0		DP_1	und	DP_2

NS	LF	DET	ZF	NK	RF
DP_1		die	gestrige	~~Aufführung~~	
DP_2		die	heutige	Aufführung	

Die intensive Beschäftigung mit der Topologie der Nominalgruppe kann
nicht auf eine so reiche und lange Tradition zurückblicken wie die Topologie des Satzes. Die Modelle, die entwickelt worden sind, sind recht
unterschiedlich, auch wenn es einige Gemeinsamkeiten gibt (vgl. insb.

Engel 1977; 1988; IDS-Grammatik 1997, 2069; Karnowski/Pafel 2004; Ramers 2006).

3.3 | Positionen und Felder im Detail

In diesem Abschnitt betrachten wir die Positionen und Felder des Nominalschemas genauer und erläutern vor allem die Bedingungen, die Ausdrücke erfüllen müssen, um diese Positionen und Felder zu besetzen.

3.3.1 | Determinativposition (DET)

In der Determinativposition muss entweder ein einfaches oder komplexes Determinativ, ein pränominaler Genitiv oder ein pränominaler Dativ mit Possessivum stehen.

Einfache und komplexe Determinative: In der Determinativposition kann wie in den bisher betrachteten Fällen ein **einfaches Determinativ** stehen: *der, ein, welcher, jeder, seine, diese* etc. Neben einfachen gibt es auch komplexe Determinative wie *die meisten, ein jeder, das gleiche* oder *das selbe*. Die beiden Elemente dieser **komplexen Determinative** sind unterschiedlicher Art. Das erste Element ist offensichtlich der definite oder indefinite Artikel, das zweite ist, wenn man sich an der Flexion orientiert, ein Adjektiv – es flektiert genau so, wie ein Adjektiv nach einem solchen Artikel flektiert (zur Adjektivflexion s. Kap. I.2.2.1). Diese beiden Elemente funktionieren zusammen wie ein Determinativ, deshalb die Bezeichnung ›komplexes Determinativ‹. Eine andere Art von komplexem Determinativ sind *manch ein, solch ein, welch ein, all das* etc., wo der Artikel das linear zweite Element ist. (Da wir *das selbe* als komplexes Determinativ, bestehend aus Artikel und Adjektiv, analysieren, schreiben wir es auch nicht wie ein Wort zusammen – entgegen der heutigen Norm der standardsprachlichen Schreibweise.)

Pränominaler Genitiv (auch: sächsischer Genitiv): In einer Nominalgruppe wie *Bachs Kantaten* wird *Bachs* pränominaler Genitiv genannt. Im Gegenwartsdeutschen sind standardsprachlich uneingeschränkt bestimmte Arten von Eigennamen (Nomen Propria) als pränominale Genitive möglich. Personen-, Stadt- und Staatennamen beispielsweise sind möglich, nicht aber Fluss- und Bergnamen. Die Eigennamen, die als pränominaler Genitiv möglich sind, sind genau die Eigennamen, die standardsprachlich ohne definiten Artikel verwendet werden können:

Bachs Kantaten. Berlins Wahrzeichen. Amerikas Macht.
Wir kennen Bach. Wir waren in Berlin. Wir kommen aus Amerika.
*Neckars Schönheit. *Eigers Nordwand.
*Dort fließt Neckar. *Wir steigen auf Eiger.

Neben diesen Eigennamen sind Relativpronomen (*dessen, deren*) und Interrogativpronomen (*wessen*) als pränominale Genitive uneingeschränkt möglich:

Bach, [<u>dessen</u> *Kantaten] jeder kennt, lebte in Leipzig.*
Ich möchte wissen, [<u>wessen</u> *Kantaten] ihr da spielt.*

Im Prinzip sind auch weitere Arten von Nominalgruppen als pränominale Genitive möglich, sie gehören jedoch einem gehobenen standardsprachlichen Stil an (*des Trainers umstrittene Entscheidung*).

Folgende Beobachtungen sprechen dafür, dass der pränominale Genitiv innerhalb der Nominalgruppe in der Determinativposition steht:

- Der pränominale Genitiv lässt sich nicht mit einem Adjektiv im Zwischenfeld vertauschen (s. *Bachs bekannte Kantaten* vs. **bekannte(n) Bachs Kantaten*).
- Der pränominale Genitiv kann nicht zusammen mit einem Artikel (oder einem anderen Determinativ) vorkommen (**Bachs die Kantaten, *die Bachs Kantaten*), aber zusammen mit im Linksfeld stehenden Partikeln (*nicht einmal Bachs Kantaten*).
- Der pränominale Genitiv hat den selben Bedeutungseffekt wie ein definiter Artikel: Wir verstehen die so eingeleitete Nominalgruppe als definit. So sagt beispielsweise der Satz *Sie haben Bachs Kantaten eingespielt* das selbe wie *Sie haben die Kantaten von Bach eingespielt*, aber nicht das selbe wie *Sie haben Kantaten von Bach eingespielt*.

Pränominaler Dativ plus Possessivum: Neben einem Determinativ oder einem pränominalen Genitiv kann auch ein Nominalgruppe im Dativ plus Possessivum in der Determinativposition stehen – wie in *dem Bach seine Kantaten*, wo *dem Bach* die Nominalgruppe im Dativ und *seine* das Possessivum ist. Standardsprachlich ist diese Konstruktion verpönt, aber in der Umgangssprache und in den Dialekten ist sie allgegenwärtig. Dativ und Possessivum verhalten sich zusammen wie ein Determinativ: Sie stehen vor dem Zwischenfeld und nach dem Linksfeld.

NS	LF	DET	ZF	NK	RF
DP	*nicht einmal*	*dem Bach seine*	*bekannten*	*Kantaten*	

Im Bundestagswahlkampf 2002 wurde ein Slogan kreiert, der diese Konstruktion zweifach benutzt: *Ich wähl Doris ihrem Mann seine Partei.*

*Doris*_{pränominaler Dativ} *ihrem*_{Possessivum} *Mann*
*[Doris ihrem Mann]*_{pränominaler Dativ} *seine*_{Possessivum} *Partei*

3.3.1.1 | Das deutsche Artikelsystem

Auf den ersten Blick sieht es so aus, als ob die Besetzung der Determinativposition fakultativ und nicht obligatorisch wäre: *Wir hören Musik. Wir hören Bach. Wir hören uns Kantaten an.* Doch können wir keineswegs immer die Determinativposition unbesetzt lassen, es gibt ganz systema-

tisch Fälle, wo ein Satz unakzeptabel wird, wenn die Determinativposition nicht besetzt ist:

(2) a.   *Wir hören uns eine späte Klaviersonate von Beethoven an.*
     b.   **Wir hören uns späte Klaviersonate von Beethoven an.*
(3) a.   *Wir hören uns die letzte Klaviersonate von Beethoven an.*
     b.   **Wir hören uns letzte Klaviersonate von Beethoven an.*
(4) a.   *Auf dem Bild sieht man den schwerhörigen Beethoven mit Hörrohr.*
     b.   **Auf dem Bild sieht man schwerhörigen Beethoven mit Hörrohr.*
(5) a.   *Wir hören den Neckar rauschen.*
     b.   **Wir hören Neckar rauschen.*

Es hängt dabei teilweise von den Eigenschaften des Substantivs ab, ob
ein Determinativ notwendig ist oder nicht. So ist bei **Individuativa** wie
Klaviersonate, Flügel, Partitur etc. ein Determinativ notwendig, wenn das
Substantiv im Singular steht (siehe 2a und 3a vs. 2b und 3b), nicht aber
wenn es im Plural steht (*Dort gibt es Klaviersonaten, Flügel und Partitu-
ren*). Bei **Kontinuativa** wie *Musik, Wasser, Gold* ist ein Determinativ nicht
notwendig (*Dort gibt es Musik, Wasser und Gold*).

Ein → Individuativum ist ein Prädikat (im semantischen Sinne von
Kap. I.2.4.3), das auf Einzeldinge (Individuen im ganz allgemeinen
Sinne) zutrifft (alternative Termini: Gattungsname, Appellativum,
engl. *count noun*). Beispiele sind: *Klaviersonate, Flügel, Partitur,
Tisch, Lampe, Haus, Gerichtsurteil, Arzt, Löffel* etc. Individuativa kön-
nen in aller Regel auch im Plural auftreten, im Singular aber nicht
ohne Determinativ.
Ein → Kontinuativum ist ein Prädikat, das auf Substanzen (Stoffe,
Massen) oder Kollektive zutrifft. Man kann demzufolge unterschei-
den zwischen Substanznomen (Stoffnomen, Massennomen, engl.
mass noun) wie *Musik, Wasser, Gold, Staub, Erde* oder *Lehm* und
Kollektivnomen wie *Vieh* und *Polizei*. Kontinuativa können in aller
Regel nicht im Plural auftreten, können aber zumeist ohne Determinativ vorkommen.

Zum Begriff

Bei **Personennamen**, stehen sie alleine, ist in der Standardsprache des
Deutschen, egal ob geschrieben oder gesprochen, ein Determinativ nicht
möglich (**Auf dem Bild sieht man den Beethoven mit einem Hörrohr*), bei
Flussnamen jedoch nötig (siehe 5a vs. 5b; vgl. die Erläuterungen oben
zum pränominalen Genitiv). Bei Personennamen ist ein Determinativ
aber dann nötig, wenn zum Beispiel ein Adjektivattribut hinzukommt
(siehe 4a vs. 4b).

Die Determinativposition kann also anders als beim Links-, Zwischen-
und Rechtsfeld nicht fakultativ besetzt werden, es gibt offenkundig eine
Beziehung zum Nominalkomplex. Bei dieser Beziehung scheint es sich
nicht um eine Selektionsbeziehung, die vom Nomen ausgeht, zu handeln:

Es ist nicht die Art des Nomens alleine, die entscheidend ist, sondern es sind die Art des Nomens plus morphologische und syntaktische Eigenschaften, die entscheidend sind (Numerus, Vorkommen von Attributen).

Viel mehr spricht für eine **Selektionsbeziehung**, die vom Determinativ ausgeht. So selegieren zum Beispiel *viel* und *wenig* im Singular Kontinuativa (wie *Musik*), nicht Individuativa (**viel Klaviersonate, *wenig Flügel, *viel Partitur*). (Manchmal kann man solche Ausdrücke aber bilden – etwa: *Das ist wenig Flügel für so viel Geld*, doch dann interpretiert man das Individuativum zu einem Kontinuativum um.) Komplementär dazu selegiert das Determinativ *ein* uneingeschränkt Individuativa, nicht aber Kontinuativa:

Aus dem Fels spritzt Wasser heraus.
*Aus dem Fels spritzt ein Wasser heraus.
Dann begannen sie wieder Musik zu spielen.
*Dann begannen sie wieder eine Musik zu spielen.

(Hier gibt es scheinbare Ausnahmen wie in *Dann begannen sie wieder eine Musik zu spielen, die die Zuhörer sichtbar in ihren Bann zog*, wo jedoch aus dem Kontinuativum *Musik* ein Individuativum mit der Bedeutung »Art von Musik« geworden ist.)

Für eine vom Determinativ ausgehende Selektionsbeziehung spricht auch, dass manche Determinative obligatorisch ein Substantiv verlangen (*Mein Hund hat gebellt* vs. **Mein hat gebellt, Ein Hund hat gebellt* vs. **Ein hat gebellt*), sowie dass die Deklinationsart bei Adjektiven und dort, wo sie sich auch bei Substantiven zeigt, vom Determinativ abhängt (s. Kap. I.2.2.1.1).

Vor diesem Hintergrund gibt es nun die Möglichkeit, die oben betrachteten Fakten bezüglich der Notwendigkeit bzw. Nicht-Notwendigkeit eines Determinativs in einer Nominalgruppe als Anzeichen für das Vorkommen von **stummen Determinativen** zu verstehen, d. h. von Determinativen, die man nicht sieht, die es aber trotzdem gibt, die – anders ausgedrückt – syntaktische und semantische Eigenschaften haben, aber keine phonetische oder graphische Gestalt (s. die Vertiefung ›Stumme Subjunktionen‹ in Kap. II.1.3.5).

Bei manchen Nomen Propria (Eigennamen) ist, wie gesehen, standardsprachlich ein definiter Artikel nicht möglich, bei anderen notwendig. Mit der Annahme von stummen Determinativen ist bei Eigennamen immer ein Determinativ vorhanden. Das stumme Determinativ bei Eigennamen (es sei ›Null‹ genannt) selegiert Substantive (ohne Adjektiv- oder Genitivattribut), die Namen von Personen, Städten (allg. Ansiedlungen) oder Staatsgebilden sind (der Staatsnamen muss Neutrum sein). Dieses Determinativ ist ein stummer definiter Artikel, der eine ganz ähnliche Bedeutung hat wie der hör- und sichtbare definite Artikel. So kann man den standardsprachlichen Fakten gerecht werden, was die Möglichkeit von artikellosen Eigennamen angeht.

Neben dem stummen definiten gibt es auch einen stummen indefiniten Artikel, ›**Zero**‹. In der Pluralvariante selegiert er Substantive (im Plural), die Individuativa sind, in der Singularvariante selegiert er nur Substantive, die Kontinuativa sind.

Vor diesem Hintergrund kann man sagen, dass die Determinativposition immer besetzt ist. Mit ›Null‹ und ›Zero‹ – die zuerst von Chesterman (1991; 1993) fürs Englische eingeführt wurden – gibt es in der Determinativposition einfache Determinative, die zwar keinen phonetischen Gehalt haben, aber Einheiten mit syntaktischen und semantischen Eigenschaften sind.

Das **Artikelsystem** des Deutschen sieht dann wie folgt aus:

Artikelsystem des Deutschen

	definit	indefinit
Singular/Plural	*der/die/das*	Zero, *kein*
Singular	Null	*ein*

Zusammenfassung

Mit stummen Determinativen gestaltet sich die topologische Analysen einer Nominalgruppe wie *Kantaten von Bach* wie folgt:

$\{_{DP_0} Kantaten\ von\ [_{DP_1} Bach]\}$

NS	LF	DET	ZF	NK	RF
DP_0		Zero		*Kantaten*	*von* DP_1
DP_1		Null		*Bach*	

Stumme Elemente anzunehmen, ist keine Selbstverständlichkeit – es gibt eine köstliche Persiflage auf die Annahme von Nullartikeln durch Löbner (1986), die gut das Unbehagen an stummen Elementen artikuliert, aber nicht wirklich eine stichhaltige Argumentation gegen den Nullartikel ist. Wenn man die Fakten elegant auf eine Weise erklären kann, die ohne stumme Elemente auskommt, wird man eine solche alternative Erklärung vorziehen. Aber andererseits haben stumme Elemente nichts Mysteriöses an sich: Dass ein Element einen syntaktischen und semantischen, aber keinen phonetischen oder graphischen Gehalt hat, ist im Prinzip nichts anderes als, was wir bei impersonalen Pronomina schon kennen gelernt haben: Diese haben einen syntaktischen und phonetisch/graphischen, aber keinen semantischen Gehalt (s. den Abschnitt zu syntaktischer und semantischer Valenz in Kap. I.2.4.3).

3.3.2 | Nominalkomplex (NK)

Im Nominalkomplex steht ein Substantiv und gegebenenfalls nach dem Substantiv noch eine Nominalgruppe im Genitiv. Dabei kann ein Substantiv links und rechts durch andere Substantive (Erweiterungsnomina genannt) erweitert werden, rechts auch durch Adjektive. Man sagt, dass ein Substantiv linke und rechte **enge Appositionen** zu sich nehmen kann. In den folgenden Beispielen sind die Appositionen unterstrichen:

Beispiele für linke enge Appositionen:
Wir alle kennen [_Johann Sebastian_ *Bach*].
Wir alle kennen [_Prof. Dr. Johann Sebastian_ *Bach*].
Wir alle kennen [_Herrn_ *Bach*].
Wir alle kennen [_Herrn Prof. Dr. Johann Sebastian_ *Bach*].

Beispiele für rechte enge Appositionen:
Wir alle kennen [*den Musiker* _J.S. Bach_].
[*Die Stadt* _Leipzig_ *in Sachsen*] *ehrt ihren berühmtesten Bürger.*
Er schrieb das Stück in [*der Tonart* _E-Moll_]
Das ist [*Kontrapunkt* _pur_].

Diese Appositionen werden nicht flektiert mit Ausnahme von Titeln (wie *Herr*) und Anredenomina (wie *Kollege* oder *Genosse*).

Was ist die Apposition? Bei rechten engen Appositionen ist es nicht immer sofort zu erkennen, dass es sich bei ihnen um die Apposition und nicht um das Kernnomen handelt. Warum beispielsweise ist *Leipzig* und nicht *Stadt* die Apposition in *die Stadt Leipzig in Sachsen*? Betrachten wir dazu die folgenden Sätze:

(6) *Wir wissen, dass die Stadt Leipzig in Sachsen ihren berühmtesten Bürger ehrt.*
(7) **Wir wissen, dass Stadt Leipzig in Sachsen ihren berühmtesten Bürger ehrt.*
(8) *Wir wissen, dass Leipzig seinen berühmtesten Bürger ehrt.*

Dass in (6) der Artikel notwendig ist (s. das ungrammatische 7), in (8) aber nicht, erklärt sich, wenn in (6) *Stadt* (ein Individuativum) das Kernnomen und *Leipzig* die Apposition ist, da Individuativa im Singular (mit Ausnahme mancher Eigennamen) nicht ohne ein sichtbares Element in der Determinativposition auftreten können. Auch am Possessivum des Akkusativobjekts der Nebensätze in (6) und (8) kann man das Kernnomen erkennen: *Ihren* kann sich nur auf eine Nominalgruppe im Femininum beziehen, *seinen* nur auf eine Nominalgruppe im Maskulinum oder Neutrum. Also muss in (6) das Nomen *Stadt* im Femininum das Kernnomen sein, in (8) ist dagegen *Leipzig* das Kernnomen.

Schließlich kann man erkennen, was Kernnomen und was Apposition ist, wenn die Nominalgruppe im Genitiv steht:

der berühmteste Bürger der Stadt Leipzig
*der berühmteste Bürger der Stadt Leipzigs
der berühmteste Bürger Leipzigs

Wenn *Leipzig* Apposition ist, darf es nicht die Genitivform aufweisen; wenn es aber das Kernnomen ist, muss es die Genitivform ausweisen. (Dass *Stadt* im ersten Beispiel im Genitiv steht, sieht man seiner Gestalt nicht an – siehe aber: *der berühmteste Bürger des <u>Bezirks</u> Leipzig*.)

Stumme Substantive? Bei den Sätzen in (9) scheint es, dass der Nominalkomplex fakultativ besetzt werden kann. Aber es könnten stumme (nicht sicht- oder hörbare) Substantive vorliegen – *große* in (9a) verstehen wir in diesem Kontext ja eindeutig als *große Brötchen* (wenn es stumme Determinative gibt, s. Kap. II.3.3.1.1, dann kann es auch stumme Substantive geben). Doch dies ist erstmal ein semantischer Grund, und kein syntaktischer (s. aber die Vertiefung zu stummen Elementen in Kap. IV.2.2.2).

(9) a. *Die einen backen kleine Brötchen, die anderen große.*
     b. *Einige waren da, aber nicht alle.*

Syntax der Pronomina   Zur Vertiefung

Kann man Pronomina mit Hilfe des Nominalschemas analysieren oder macht dies vielleicht gar keinen Sinn, da Pronomina für ganze Nominalgruppen stehen? Wenn man ein Pronomen an einen Platz des Nominalschemas einordnen möchte, dann muss man sich in der Frage entschieden haben, was die syntaktische Kategorie des Pronomens ist. In Kapitel I.2.1 haben wir das Pronomen als Wortart eingeführt, aber offen gelassen, welche syntaktische Kategorie Pronomina sind. Hier nun muss man Farbe bekennen.

Betrachten wir zuerst das **Indefinitpronomen** *einer*. Es kann zwar nicht mit einem Substantiv kombiniert werden, aber mit Elementen, die dem Linksfeld, und mit Elementen, die dem Rechtsfeld angehören: *nur einer, einer von uns, nur einer von uns*. Also ist *einer* zwischen Links- und Rechtsfeld positioniert. In Frage kommen die Determinativposition und der Nominalkomplex (da das Zwischenfeld für Adjektive reserviert ist, können wir es ausschließen). Für die Entscheidung zwischen den zwei Möglichkeiten ist die Flexion von *einer* aufschlussreich. Denn das Pronomen flektiert nicht wie ein Substantiv, sondern wie die Determinative *dieser, jener, jeder, alle, welcher* u. a. Wenn man das Pronomen *einer* als Determinativ deutet, das alleine eine Nominalgruppe bilden kann, so sind damit eine ganze Reihe von Fakten erklärt. Ganz ähnlich kann man bei den Possessivpronomina *meiner, deiner* etc. argumentieren.

Bei dem **Demonstrativpronomen** *der/die/das* und dem Interrogativ- sowie Indefinitpronomen *wer* (*wen, wem, wessen*) liegt es nun ebenfalls nahe, sie als Determinative zu deuten wegen ihrer ausgeprägten Flexion und ihrer Kombinationsmöglichkeit mit anderen Elementen (*nur die in den hinteren Reihen*; *wer von euch*).

> Bei den **Personalpronomina** gibt es Indizien dafür, dass auch sie Determinative sind, da sie mitunter mit Adjektiven und Nomina kombiniert werden können und dann genau dort stehen, wo Determinative stehen: *ich dummer Idiot, wir begeisterten Bachfans, Sie arroganter Schnösel* (vgl. Lawrenz 1993, § 6).
>
> Neben Pronomina, die Determinative sind, scheint es auch Pronomina zu geben, die Nomen sind, also im Nominalkomplex platziert werden – möglicherweise gehören das Reflexivpronomen *sich* und das Reziprokpronomen *einander* dazu (vgl. Karnowski/Pafel 2004, § 4.4).
>
> Auf Grund solcher Überlegungen kann man sagen, dass das Nominalschema die Struktur aller (nicht-koordinierten) Nominalgruppen wiedergibt, von pronominalen wie nicht-pronominalen.

3.3.3 | Zwischenfeld (ZF)

Die Abfolge der Adjektivgruppen im Zwischenfeld weist eine gewisse Regularität auf. So ist etwa in einer Nominalgruppe wie *die zahlreichen alten englischen Gärten* eine andere als die vorliegende Reihung der Adjektive nur bedingt möglich (*die alten zahlreichen englischen Gärten,* [?]*die englischen zahlreichen alten Gärten,* [?]*die zahlreichen englischen alten Gärten* etc.). In Grammatiken und der Fachliteratur wird versucht, semantische Klassen von Adjektiven zu bilden und für diese Klassen eine präferierte Abfolge anzusetzen. Die Duden-Grammatik ([8]2009, 342 f.) etwa unterscheidet fünf Klassen:

Klassen von
attributiven
Adjektiven

- Zahladjektive (wie *verschiedene, weitere, zwei* etc.)
- Relationale Adjektive mit Bezug auf räumliche oder zeitliche Lage (wie *damalige, dortige* etc.),
- Qualifizierende Adjektive (wie *groß, mangelhaft* etc.),
- Relationale Adjektive, die die stoffliche Beschaffenheit ausdrücken (wie *silbern, ledern* etc.) und
- Relationale Adjektive, die die Herkunft oder den Bereich angeben (*bayrisch, schulisch* etc.).

Die Abfolge in der Aufzählung entspricht der Abfolge im Zwischenfeld. Ein Beispiel mit einem Adjektiv aus jeder der fünf Klassen wäre: *die fünf linken schmucken ledernen bayrischen Hosen.* Da es erstmal so aussieht, dass hier die Semantik entscheidend ist, muss sich die Syntax nicht mit der Regularität der Abfolge der Adjektive im ZF befassen.

Für die Syntax relevant jedoch ist der folgende Kontrast (Beispiel aus Duden-Grammatik [8]2009, 342):

(10) a. *Der Chemiker führte weitere, erfolgreiche Versuche durch.*
   Lesart: Der Chemiker führte erfolgreiche Versuche durch, denen erfolglose Versuche vorausgegangen sein können.
   b. *Der Chemiker führte weitere erfolgreiche Versuche durch.*

Lesart: Der Chemiker führte erfolgreiche Versuche durch, denen erfolgreiche Versuche bereits vorausgegangen sind.

Semantisch kann man den Unterschied so beschreiben, dass in (10a) sowohl *weitere* wie auch *erfolgreiche* das Nomen modifiziert, während in (10b) *weitere* den Komplex aus *erfolgreiche* und *Versuche* modifiziert. Diesem semantischen Unterschied entspricht ein syntaktischer. In (10a) haben wir es mit einer (asyndetischen) Koordination (s. Kap. II.2.3.1) zu tun, nicht so in (10b) (s. Kap. IV.2.2 zur genaueren Analyse von Nominalgruppen wie 10b).

NS	LF	DET	ZF	NK	RF
DP		Zero	$\{_{AP} [_{AP}$ *weitere*$], [_{AP}$ *erfolgreiche*$] \}$	*Versuche*	
DP		Zero	$[_{AP}$ *weitere*$] [_{AP}$ *erfolgreiche*$]$	*Versuche*	

3.3.4 | Linksfeld (LF) und Rechtsfeld (RF)

Im **Linksfeld** stehen fakultativ insbesondere Fokuspartikeln, Negationspartikeln, Präpositionalgruppen und Adverbgruppen (s. Kap. II.3.1), wobei die Abfolge ›Partikel vor Phrase‹ ist (*nur dort der Herr* vs. *dort nur der Herr*).

Im **Rechtsfeld** können (u.a.) Präpositionalgruppen, Adverbgruppen und diverse Arten von Nebensätzen stehen. Deren Reihenfolge ist nicht strikt festgelegt, es sind oft mehrere Abfolgen im Prinzip akzeptabel:

NS	LF	DET	ZF	NK	RF
DP		die		Aufführung	*von der Matthäuspassion gestern in der Stiftskirche* *gestern von der Matthäuspassion in der Stiftskirche* *von der Matthäuspassion in der Stiftskirche gestern* *gestern in der Stiftskirche von der Matthäuspassion*
DP		die		Aufführung	*von der Matthäuspassion, die gestern stattgefunden hat* *die gestern stattgefunden hat, von der Matthäuspassion*

Eine Topikpartikel wie *aber* kann an mehreren Stellen im Rechtsfeld auftauchen:

die Aufführung (aber) von der Matthäuspassion (aber) gestern (aber) in der Stiftskirche (aber)

Es gibt eine Einheit im Rechtsfeld, die als einzige mehr oder weniger strikt an das Endes dieses Feldes gebannt scheint, und zwar die **losen** (oder auch: **lockeren**) **Appositionen**. Hierbei handelt es sich um Wortgruppen, die zwar syntaktisch Teil der Nominalgruppe sind, sich aber nicht an der Festlegung deren Referenz beteiligen, sondern diese Referenz voraussetzend einen Nebengedanken über den Referenten präsentieren. Bei den losen Appositionen kann es sich um Relativsätze, Nominalgruppen oder Adjektivgruppen handeln.

die Aufführung von der Matthäuspassion, die ja ein großer Erfolg war
die Matthäuspassion von Bach, die wahrscheinlich beliebteste der Passionen
die Matthäuspassion von Bach, populärer als seine anderen Passionen

Lose Appositionen kann man in Parenthesen umformen – siehe: *Die Matthäuspassion, die wahrscheinlich beliebteste der Passionen, wird demnächst aufgeführt* und *Die Matthäuspassion – sie ist wahrscheinlich die beliebteste der Passionen – wird demnächst aufgeführt.*

3.4 | Lineare Syntax englischer und französischer Nominalgruppen

Für das Englische kann man im Prinzip das selbe topologische Schema ansetzen wie für das Deutsche, auch die Restriktionen für die Plätze sind sehr ähnlich (wir beziehen uns vor allem auf Huddelston/Pullum 2002, 452–455, vgl. auch Meyer 2000).

LF	DET	ZF	NK	RF
	the	*well-known*	*opera ›Carmen‹*	
all	*these*		*attacks*	*on the press*
even	*a few*	*stubborn*	*scientists*	
	Mary's	*two*	*aunts*	*in London*

Linksfeld (LF): Hier können im Englischen insbesondere Fokuspartikeln (wie *even*), Adverbien (vgl. *financially such a mess*) sowie *all* und *both* in einer speziellen Verwendung stehen.
Determinativposition (DET): Hier steht ein (einfaches oder komplexes) Determinativ oder ein pränominaler Genitiv. (*A little, a few, a good many* und *many a* etwa sind komplexe Determinative.) Bei dem englischen pränominalen Genitiv wird das Element *-s* (über dessen genaue Natur die Meinungen auseinandergehen) meist mit einem Nomen oder einer Nominalgruppe verbunden, es kann aber auch eine Adverb sein.

Edward's daughter, the audience's applause, the potential buyer's income, the professor of ancient history's car, yesterday's papers, today's Italy

Es gibt nebenbei bemerkt auch einen pränominalen Genitiv, der nicht in DET steht: *a man's bicycle, the 75-minute young people's concert* (dazu und zum Genitiv im Englischen allgemein vgl. Meyer 2000, §4).
Zwischenfeld (ZF): Hier können wie im Deutschen insbesondere Kardinalzahlen, Ordinalzahlen, Superlative und alle (sonstigen) Arten von Adjek-

tiven stehen. Man kann gewisse Tendenzen der Abfolge im Zwischenfeld festmachen, aber keine strikten Abfolgeregeln angeben.

Nominalkomplex (NK): Hier stehen Substantive und enge Appositionen zu den Substantiven (wie in *John F. Kennedy, the opera ›Carmen‹*) – wahrscheinlich sollte man *of*-Appositionen wie in *the city of Rome* oder *the principle of justice* hinzunehmen (zu engen Appositionen und *of*-Appositionen vgl. u. a. Keizer 2007, § 3 und § 4). In Bezug auf *of*-Phrasen allgemein stellt sich die Frage, ob sie wie postnominale Genitivphrasen im Deutschen auch im NK stehen.

Rechtsfeld (RF): Hier können Präpositionalgruppen und Attributsätze verschiedener Art stehen. Aber auch Fokuspartikeln wie *too* ›auch‹ und *alone* ›einzig‹.

LF	DET	ZF	NK	RF
	the		attack	[on the prime minister] [in the tabloid press]
	the		rumor	[in the tabloid press] [that income tax would be cut]
	the		rumor	[which was published in ›The Times‹] [that income tax would be cut]
	the	one	man	[alone] [who can help you on this]
	the		possibility	[too] [that the prisoners would be released]

Auch für das **Französische** ist das topologische Schema für die deutsche und die englische Nominalphrase einschlägig, wieder sind die Restriktionen recht ähnlich, wenn auch nicht identisch (vgl. Fagyal et al. 2006, 100–108).

Im Linksfeld können Fokuspartikeln (wie *seul* ›nur‹) stehen, aber auch *tout/tous* ›alles, alle‹. In der Determinativposition steht ein Determinativ und auch im Zwischenfeld können neben Kardinal- und Ordinalzahlen eine Reihe von Adjektivtypen stehen. Im Unterschied zum Deutschen und Englischen können ›normale‹ attributive Adjektive aber auch im Rechtsfeld stehen zusammen mit Präpositionalgruppen und Attributsätze unterschiedlicher Art.

la flotte [anglaise] [amarrée a Bordeaux] [qui fut arrivée deux jours plus tôt]
›die englische, vor Bordeaux ankernde Flotte, die zwei Tage früher ankam‹

le cadeau [typique] [de Noël]
›das typische Weihnachtsgeschenk‹

ce studio [de Chicago] [spacieux]
›dieses geräumige Studio in Chicago‹

3.5 | Übungen

1. Geben Sie eine topologische Analyse der Nominalgruppen, die in Übung 4 (in Kapitel I.2.7) in den Textausschnitten von Musil bzw. Ransmayr vorkommen. Legen Sie die lineare Syntax aus Kapitel II.3.2 zugrunde. Entscheiden Sie sich, ob sie mit oder ohne stumme Determinative (s. Kap. II.3.3.1.1) arbeiten wollen.

2. Markieren Sie in dem folgenden Textausschnitt (Jonathan Franzen: *Freedom*. London, S. 24) zuerst die Nominalgruppen durch indizierte Klammerung und geben Sie dann eine topologische Analyse aller Nominalgruppen nach den Vorgaben in Kapitel II.3.4.

   Although some neighbors did undoubtedly take satisfaction in Patty's reaping of the whirlwind of her son's extraordinariness, the fact remained that Carol Monaghan had never been well liked on Barrier Street, Blake was widely deplored, Connie was thought spooky, and nobody had ever really trusted Joey.

   Lösungshinweise zu den Übungen finden Sie auf www.metzlerverlag.de/webcode. Ihren persönlichen Webcode finden Sie am Anfang des Bandes.

4. Die Struktur von Präpositional-, Adjektiv- und Adverbgruppen

4.1   Präpositionalgruppen
4.2   Adjektivgruppen
4.3   Adverbgruppen

4.1 | Präpositionalgruppen

Präpositionalgruppen bestehen (zumindest) aus einer Präposition und einer Ergänzung zu ihr (z. B. *für das Leben, über den Wolken, dem Hauptgebäude gegenüber*). Im Deutschen gibt es (s. Kap. I.2.1) sehr viele vorangestellte Präpositionen, einige nachgestellte (die man auch Postpositionen nennt) und ganz wenige Fälle, wo gleichzeitig eine vorangestellte und eine nachgestellte Präposition vorhanden ist (eine Zirkumposition). Neben einfachen Präpositionen wie *in, an, für, bis* etc. scheint es auch komplexe Präpositionen zu geben: Die Ausdrücke *in Anbetracht, aus Anlass, im Namen, auf Kosten, im Rahmen* etc. bestehen aus einer Präposition und einem Substantiv und verhalten sich zusammen wie eine Präposition. Aus solchen komplexen Präpositionen werden mit der Zeit in aller Regel einfache Präpositionen, ein Prozess, der bei *anstelle* und *anhand* wohl schon abgeschlossen ist. In diesem Bereich gibt es nicht zufällig eine Reihe von Schwankungen in der Schreibung (z. B. *auf Grund* vs. *aufgrund*).

Arten von Ergänzungen: Präpositionen haben als Ergänzung sehr oft eine Nominalgruppe, der sie vor- bzw. nachgestellt sind.

für [$_{DP}$ *das Leben*]	*über* [$_{DP}$ *den Wolken*]
angesichts [$_{DP}$ *dieses Elends*]	*zugunsten* [$_{DP}$ *dieser Organisationen*]
[$_{DP}$ *den Eltern*] *zuliebe*	[$_{DP}$ *dem Hauptgebäude*] *gegenüber*

Anstelle einer Nominalgruppe ist bei einigen Präpositionen aber auch eine Adverbgruppe oder eine Präpositionalgruppe als Ergänzung möglich:

bis [$_{AdvP}$ *dorthin*]	*bis* [$_{AdvP}$ *gestern*]	
bis [$_{PP}$ *zur Haustüre*]	*von* [$_{PP}$ *vor zwei Stunden*]	
seit [$_{AdvP}$ *gestern*]	*von* [$_{AdvP}$ *hier*]	*ab* [$_{AdvP}$ *morgen*]
angesichts [$_{PP}$ *von so viel Elend*]	*zugunsten* [$_{PP}$ *von zwei Hilfsorganisationen*]	

Komplexe Präpositionen haben als Ergänzung eine Genitiv- oder mitunter auch eine Präpositionalgruppe mit *von*. Bei einer speziellen Verwendung der Präposition *für* ist nahezu alles als Ergänzung möglich, was bei einem

Präpositional-,
Adjektiv- und
Adverbgruppen

Kopulaverb möglich ist, also auch Adjektivgruppen (man kann bei diesem *für* deshalb von einer Kopula-Präposition reden):

Wir halten das für	*gut möglich* *Unsinn* *einen großen Unsinn* *in Ordnung*

Erweiterungen von Präpositionalgruppen: Einige Arten von Präpositionalgruppen können durch spezielle Angaben erweitert werden – bei diesen Angaben kann es sich um Adjektiv-, Nominal-, Adverb- oder Präpositionalgruppen handeln (die Angaben sind unterstrichen):

<u>hoch</u> über den Wolken

<u>hundert Meter</u> über den Wolken

<u>schräg links</u> über der Turmspitze
<u>irgendwo</u> zwischen Hamburg und Berlin
in Stuttgart, <u>in der Landeshauptstadt</u>

<u>direkt</u> nach dem Sonnenuntergang
<u>zwei Stunden</u> nach dem Sonnenuntergang
<u>oben</u> im Schrank
<u>gestern</u> vor einer Woche
vor der Ampel, <u>ganz rechts</u>

Manchmal ist es nicht eindeutig, welcher Teil die Erweiterung ist. So ist beispielsweise *oben im Schrank* zweideutig: Wenn *oben* die Erweiterung ist, dann wird mit der gesamten Präpositionalgruppe auf den oberen Teil des Schrankes Bezug genommen (oben, nicht unten im Schrank); wenn *im Schrank* die Erweiterung ist, dann wird *oben* durch *im Schrank* genauer spezifiziert (etwa: im oberen Stockwerk und dort im Schrank). Im ersten Fall wird eine PP durch ein Adverb, im zweiten Fall das Adverb durch eine PP erweitert.

[$_{PP}$ [$_{AdvP}$ *oben*] *im Schrank*]   [$_{AdvP}$ *oben* [$_{PP}$ *im Schrank*]]

Schwierig sind auch Fälle wie *In Stuttgart in der Mozartstraße im Haus Nr. 17 hat er nur kurz gelebt* zu analysieren. Was ist hier die Erweiterung? Wird hier *in Stuttgart* genauer spezifiziert oder *im Haus Nr. 17*?

Präpositionalgruppen lassen sich schließlich noch links und rechts durch Partikeln (Fokus- und Topikpartikeln insbesondere) erweitern:

<u>nur</u> für das Leben; über den Wolken <u>aber</u>
<u>auch</u> dem Hauptgebäude gegenüber; den Eltern zuliebe <u>aber</u>
<u>selbst</u> um des lieben Friedens willen; <u>sogar</u> von diesem Zeitpunkt an

Zur Vertiefung

Maßangaben in Präpositionalgruppen
Bei den linken Erweiterungen haben Angaben wie *hundert Meter, zwei Stunden, direkt* etc. einen besonderen Status – diese Erweiterungen sollen im Folgenden ›Maßangaben‹ heißen. Sie stehen in einem sehr engen syntaktischen Verhältnis zur Präposition. So lassen sie sich von der Präpositionalgruppe nicht abtrennen:

> *100 Meter* nach der Kreuzung *kam der Wagen zum Stehen.*
> * *100 Meter* kam der Wagen nach der Kreuzung *zum Stehen.*
> *Nach der Kreuzung *kam der Wagen* 100 Meter *zum Stehen.*
>
> Dies gilt für andere linke Erweiterungen nicht in dem selben Maße:
>
> *Oben im Schrank liegen die Betttücher.*
> *Oben liegen im Schrank die Betttücher.*
> *Im Schrank liegen oben die Betttücher.*
>
> Diese Maßangaben können desweiteren nur linke, keine rechten Erwei-
> terungen sein.
>
> *100 Meter* nach der Kreuzung *kam der Wagen zum Stehen.*
> *Nach der Kreuzung *100 Meter* kam der Wagen zum Stehen.*
>
> Dies gilt für andere linke Erweiterungen wieder nicht in dem selben
> Maße: *Oben im Schrank liegen die Betttücher* und *Im Schrank oben
> liegen die Betttücher* können beide die Lesart haben, dass die Betttücher
> im oberen Teil des Schrankes liegen.
>   Dies alles deutet darauf hin, dass die Maßangabe und die Präposition
> syntaktisch eine sehr enge Einheit bilden.

Lineare Struktur: In Präpositionalgruppen mit vorangesteller Präpositi-
on, gibt es einmal den Platz, an dem die Präposition steht, **PRÄ-Position**
(PRÄ) genannt, sowie den Platz für die Ergänzung der Präposition, das
Ergänzungsfeld (EF), das auf PRÄ unmittelbar folgt.

PRÄ	EF

In der PRÄ-Position steht eine einfache oder komplexe Präposition, in EF
steht eine Wortgruppe – je nach Präposition kann diese eine Wortgruppe
unterschiedlicher syntaktischer Art sein (bei *in* eine Nominalgruppe im
Akkusativ oder Dativ, bei *angesichts* eine Nominalgruppe im Genitiv oder
eine *von*-PP, bei *seit* eine Nominalgruppe im Dativ oder eine Adverbgruppe, usw.).
  In Präpositionalgruppen mit nachgesteller Präposition, gibt es ein
Ergänzungsfeld, auf das die Präposition in der **POST-Position** (POST)
folgt.

EF	POST

Dies gibt die Grundstruktur von Präpositionalgruppen wieder. Diese kann
links und rechts erweitert werden, durch eine **Linksfeld** (LF) und eine
Rechtsfeld (RF). Sowohl im Links- wie im Rechtsfeld können Partikeln
und Wortgruppen unterschiedlicher Art stehen. Was die Sonderstellung
der Maßangaben wie *100 Meter* oder *zwei Stunden* angeht, so kann man
versuchen, ihr gerecht zu werden, indem man sie als eine Erweiterung

der Präposition mit in die PRÄ- bzw. POST-Position nimmt. Zusammenfassend kann man die Topologie der Präpositionalgruppe folgendermaßen formulieren.

> **Lineare Syntax der Präpositionalgruppe**
> Jede deutsche Präpositionalgruppe ist entweder nach einem der Schemata in (1) und den Restriktionen in (2) oder nach dem allgemeinen Koordinationsschema und dessen Restriktionen (s. Kap. II.2.3.1) aufgebaut.
>
> **1. Präpositionalschemata**
>
> P1-Schema:
>
> | LF | PRÄ   EF | RF |
> |----|----------|----|
>
> P2-Schema:
>
> | LF | EF   POST | RF |
> |----|-----------|----|
>
> **2. Restriktionen für die Plätze der Schemata in (1)**
> LF   (fakultativ) ein oder mehrere Elemente der Art: Fokuspartikel, Wortgruppe etc.
> PRÄ   eine (einfache oder komplexe) Präposition, die ihre Ergänzung unmittelbar rechts fordert; die Präposition kann links erweitert sein von einer Maßangabe
> EF   eine Wortgruppe
> POST eine (einfache oder komplexe) Präposition, die ihre Ergänzung unmittelbar links fordert; die Präposition kann links erweitert sein von einer Maßangabe
> RF   (fakultativ) ein oder mehrere Elemente der Art: Fokuspartikel, Wortgruppe etc.

Sonderfälle: Ein Spezialfall von Präpositionalgruppen sind solche, bei denen die Präposition mit dem definiten Artikel verschmolzen ist: _Im_ (= in + dem) _Treppenhaus brannte Licht_, _am_ (= an + dem) _Fenster aber war niemand zu sehen_. Es stehen dabei _im_ bzw. _am_ in der PRÄ-Position und _Treppenhaus_ bzw. _Fenster_ im Ergänzungsfeld.

Die Struktur von Präpositionalgruppen mit einer vorangestellten und gleichzeitig einer nachgestellten Präposition (d. h. mit einer Zirkumposition) ist noch weitgehend ungeklärt. Mehr aus praktischen Gründen, um eine topologische Analyse anbieten zu können, setzen wir ein eigenes topologisches Schema für solche Präpositionalgruppen an:

P3-Schema:

LF	PRÄ EF POST	RF

Topologische Analyse: Die nachstehenden Präpositionalgruppen werden wie folgt topologisch analysiert:

oben im Schrank aber
selbst direkt nach dem Sonnenuntergang
im Namen von uns allen
in Stuttgart, in der Landeshauptstadt
dem Hauptgebäude gegenüber aber
nur um des lieben Friedens willen

P1	LF	PRÄ	EF	RF
PP	oben	im	Schrank	aber

P1	LF	PRÄ	EF	RF
PP	selbst	direkt nach	dem Sonnenuntergang	

P1	LF	PRÄ	EF	RF
PP		im Namen	von uns allen	

P1	LF	PRÄ	EF	RF
PP		in	Stuttgart	in der Landeshauptstadt

P2	LF	EF	POST	RF
PP		dem Hauptgebäude	gegenüber	aber

P3	LF	PRÄ	EF	POST	RF
PP	nur	um	des lieben Friedens	willen	

Zur Vertiefung

Pronominaladverbien

Als Ergänzung zu einer Präposition ist die Anapher *es* nicht möglich.
Man kann zwar sagen *Ich habe an sie (/an den, an das) gedacht*, aber
nicht *Ich habe an es gedacht*. Stattdessen sagt man *Ich habe daran*
gedacht. Traditionell bezeichnet man *daran* als Pronominaladverb.
Pronominaladverbien bestehen aus einem Adverb (*da*, *wo* oder *hier*) und
einer Präposition (wobei manchmal ein *r* dazwischengeschaltet ist). Drei
Gruppen von Pronominaladverbien kann man damit unterscheiden:

darüber, daran, damit etc.
worüber, woran, womit etc.
hierüber, hieran, hiermit etc.

(Manchmal gibt es auch eine Variante, in der der Vokal des Adverbs
getilgt ist wie in *dran* und *drüber*.) Hier drei Beispielsätze:

Ich muss noch einmal darüber nachdenken.
Worüber willst du da noch nachdenken?
Auch hierüber muss ich noch nachdenken.

In der Fachliteratur (vgl. etwa Fleischer 2002) wird sehr häufig die Auffassung vertreten, dass die sogenannten Pronominaladverbien gar keine Adverbien sind, sondern Einheiten, die den Status von Präpositionalgruppen haben. Es ist auch keineswegs offensichtlich, dass man es dabei immer mit einfachen Wörtern zu tun hat (wie der Namen Adverb nahelegt), also mit Einheiten, die syntaktisch nicht mehr zerlegbar wären. Vielmehr gehen viele Analysen davon aus, dass in der Syntax das erste Element und die Präposition zwei (wenn auch eng zusammengehörige) syntaktische Einheiten sind, und dass die Präposition der Kern und damit das Ganze eine Präpositionalgruppe ist (s.u. das Präpositionsstranden).

Wir werden in diesem Sinne die sogenannten Pronominaladverbien als Präpositionalgruppen mit einer Präposition als Kern behandeln.

Bei den Pronominaladverbien ist es mitunter möglich, dass das Adverb und die Präposition getrennt voneinander stehen (**Distanzstellung**). Umgangssprachlich und in den deutschen Dialekten ist dies sehr verbreitet:

<u>Da</u> hab ich nich <u>mit</u> gerechnet.
<u>Wo</u> hast du nichts <u>gegen</u>?

Das Phänomen, dass eine Präposition und ihre Ergänzung in Distanzstellung stehen, nennt man **Präpositionsstranden** (nach engl. *preposition stranding*). Präpositionsstranden ist in der Umgangssprache und den Dialekten zwar häufig anzutreffen, es ist jedoch ein Phänomen, das nur in engen Grenzen möglich ist. Wir haben gesehen, dass es bei Pronominaladverbien möglich ist. Liegt aber eine Präpositionalphrase mit vorangestellter Präposition vor, bei der es sich nicht um ein Pronominaladverb handelt, ist Präpositionsstranden in der Umgangssprache strikt unmöglich:

Ich würde so etwas nie <u>zu ihm</u> sagen.
*<u>Ihm</u> würde ich so etwas nie <u>zu</u> sagen.
Wir würden so etwas nie <u>für die Rechtsabteilung</u> tun.
*<u>Die Rechtsabteilung</u> würden wir so etwas nie <u>für</u> tun.

Bei Präpositionalgruppen mit nachgestellter Präposition jedoch ist Präpositionsstranden durchaus mehr oder weniger gut möglich:

<u>Ihm gegenüber</u> würde ich so etwas nie äußern.
<u>Ihm</u> würde ich so etwas <u>gegenüber</u> nie äußern.
<u>Der Rechtsabteilung zuliebe</u> würden wir so etwas nie tun.
<u>Der Rechtsabteilung</u> würden wir so etwas <u>zuliebe</u> nie tun.

Im Englischen ist das Präpositionsstranden jedoch nicht so eingeschänkt wie im Deutschen: *<u>Who</u> did you look <u>for</u>?* versus **Wem hast du dich nach umgeschaut?* (im Sinne von ›Nach wem hast du dich umgeschaut?‹)

4.2 | Adjektivgruppen

Auch wenn Adjektive oft schon alleine den Status einer Adjektivgruppe haben (wie etwa in 1), so lassen sich Adjektive in einer Adjektivgruppe doch durch andere Ausdrücke erweitern (wie beispielsweise in 2 bis 7):

(1) *die* [$_{AP}$ *zufriedenen*] *Unterhändler*
(2) *die* [$_{AP}$ *sehr zufriedenen*] *Unterhändler*
(3) *die* [$_{AP}$ *mit dem Ergebnis sehr zufriedenen*] *Unterhändler*
(4) *die* [$_{AP}$ *auf das Ergebnis ja ungemein stolzen*] *Unterhändler*
(5) *die* [$_{AP}$ *ihnen nicht gehörenden*] *Unterlagen*
(6) *ein* [$_{AP}$ *scheinbar grenzenlos offenes*] *Land*
(7) *die* [$_{AP}$ *nach den Verhandlungen angeblich mit dem Ergebnis größtenteils recht zufriedenen*] *Unterhändler*

Nach links lassen sich Adjektiv generell also leicht erweitern, nicht so nach rechts. Attributiv verwendete Adjektivgruppen lassen sich nach rechts überhaupt nicht erweitern (s. *die sehr zufriedenen mit dem Ergebnis Unterhändler*). Aber bei prädikativ und adverbial gebrauchten Adjektiven ist dies in Maßen möglich – manche Partikeln und Präpositionalgruppen können rechts vom Adjektiv stehen:

Mit dem Ergebnis zufrieden <u>aber</u> waren sie nicht.
Zufrieden <u>mit dem Ergebnis</u> waren sie nicht.
Sie sind nicht zufrieden <u>mit dem Ergebnis</u> gewesen.
Stolz <u>auf den Kompromiss</u> traten sie vor die Presse.

Daraus ergibt sich das folgende Schema und die folgenden Restriktionen:

Zusammenfassung

Lineare Syntax der Adjektivgruppe
Jede deutsche Adjektivgruppe ist entweder nach dem Schema in (1) und den Restriktionen in (2) oder nach dem allgemeinen Koordinationsschema und dessen Restriktionen (s. Kap. II.2.3.1) aufgebaut.

1. Adjektivschema

A-Schema:

LF	ADJ	RF

LF = Linksfeld; ADJ = Adjektivposition; RF = Rechtsfeld

2. Restriktionen für die Plätze des Schemas in (1)
LF (fakultativ) eine oder mehrere Wortgruppen bzw. Wörter
ADJ ein Adjektiv
RF (fakultativ) ein oder mehrere Elemente der Art: Topikpartikel, Präpositionalgruppe etc.

Präpositional-,
Adjektiv- und
Adverbgruppen

Zwei Beispiele für die topologische Analyse:

AS	LF	ADJ	RF
AP	*mit dem Ergebnis sehr*	*zufrieden*	*aber*

AS	LF	ADJ	RF
AP	*sehr*	*zufrieden*	*mit dem Ergebnis aber*

4.3 | Adverbgruppen

Auch bei den Adverbien hängt es sehr von ihrer Art ab, ob und wie sie erweitert werden können. Konjunktionaladverbien (*allerdings, also, trotzdem* etc.) etwa können überhaupt nicht erweitert werden. Prädikatsadverbien können durch Intensitätspartikeln erweitert werden (*sehr gerne, extrem gerne*). Bei Frequenz-, Temporal- und Lokaladverbien sind links und rechts Erweiterungen möglich: (die Erweiterungen sind unterstrichen)

a. *sehr oft*; *sogar manchmal, wenn ich träume*; *fast immer im Laufe von einem Monat*
b. *heute Abend*; *morgen Vormittag*
c. *jetzt, wo ich Zeit habe, aber*; *sogar heute um vier Uhr*; *dort in Afrika*; *hier, wo wir schon lange nicht mehr waren*; *ganz links von uns*; *oben im Schrank*

Daraus ergibt sich die folgende Topologie der Adverbgruppe:

Zusammenfassung

Lineare Syntax der Adverbgruppe
Jede deutsche Adverbgruppe ist entweder nach dem Schema in (1) und den Restriktionen in (2) oder nach dem allgemeinen Koordinationsschema und dessen Restriktionen (s. Kap. II.2.3.1) aufgebaut.

1. Adverbschema

AV-Schema:

LF	ADV	RF

LF = Linksfeld; ADV = Adverbposition; RF = Rechtsfeld

2. Restriktionen für die Plätze des Schemas in (1)
LF   (fakultativ) ein oder mehrere Elemente der Art: Fokuspartikel, Intensitätspartikel etc.
ADV   ein Adverb, ggf. rechts erweitert um ein Substantiv
RF   (fakultativ) ein oder mehrere Elemente der Art: Fokuspartikel, Topikpartikel, Präpositionalgruppe, Relativsatz (inkl. relative *wenn*-Sätze) etc.

Einige Beispiele für die topologische Analyse:

AV	LF	ADV	RF
AdvP	*sogar*	*manchmal*	*wenn ich träume*

AV	LF	ADV	RF
AdvP	*nur*	*heute Abend*	*um acht Uhr*

AV	LF	ADV	RF
AdvP	*ganz*	*links*	*von uns*

5. Die Struktur von Verbal-gruppen

5.1 | Ein erneuter Blick auf den Verbalkomplex

Mit den Verbalgruppen sind wir nun definitiv in einem Bereich, wo man die lineare Strukur nicht mehr so leicht relativ theorieneutral angeben kann. Denn es ist von Theorie zu Theorie verschieden, was als Verbalgruppen angesehen wird. Es gibt nicht wenige, die dem Verbalkomplex den Status einer Phrase absprechen (vgl. etwa IDS-Grammatik 1997, 83) und ihm den Status eines (komplexen) Verbs geben. Aus der linearen Syntax des Satzes (s. Kap. II.1) ergeben sich jedoch Hinweise darauf, dass die Verben in einem Verbalkomplex zusammen als eine Verbalgruppe zu betrachten sind.

Struktur des Unterfeldes: Ausgangspunkt sei der Verbalkomplex in dem Satz:

ob sie noch lachen kann

Er besteht nur aus zwei Verben, genauer: nur aus einem Unterfeld mit zwei Verben, wobei *lachen* von *kann* statusregiert wird (s. die Vertiefung ›Topologie des Verbalkomplexes‹ in Kap. II.1.3.4). Wenn wir aùs diesem VE-Satz einen V2- oder V1-Satz machen, so steht *kann* in der Finitheitsposition (*Kann sie noch lachen? Sie kann noch lachen*) – das Modalverb hat hier also den Status eines Wortes, nicht den einer Phrase (s. Kap. II.1.3.1). Anders ist dies bei *lachen*. Da es im Vorfeld stehen kann (*Lachen kann sie noch*), hat es den Status einer Phrase, bei der es sich nur um eine Verbalphrase (VP) handeln kann (s. Kap. II.1.3.2). Dies ergibt folgende Struktur für *lachen kann*:

[$_{VP}$ *lachen*] *kann*   VP V

Das Unterfeld besteht somit aus einer Verbalphrase und einem darauf folgenden Verb. Beide bilden zusammen wieder eine VP, wie wir gleich sehen werden:

[$_{VP}$ [$_{VP}$ *lachen*] *kann*]   [$_{VP}$ VP V]

Betrachten wir den Verbalkomplex in *ob sie noch lachen können wird*. Hier statusregiert *wird* das Modalverb *können* und dieses das Vollverb *lachen*. *Lachen* ist auch hier nicht nur ein Verb, sondern hat den Status einer VP (siehe b). Auch *lachen können* hat den Status einer VP, wie sich aus (c) ergibt, wo beide zusammen im Vorfeld stehen. Anders als *lachen* hat *können*

alleine nicht den Status einer VP – das Vollverb kann alleine im Vorfeld
stehen (b, e), das Modalverb nicht (d).

a. *Sie wird noch lachen können.*
b. *Lachen wird sie noch können.*
c. *Lachen können wird sie vielleicht nicht mehr.*
d. *[*]Können wird sie jetzt vielleicht nicht mehr lachen.*
e. *Lachen wird sie jetzt vielleicht nicht mehr können.*

Dies ergibt folgende Struktur für *lachen können* in einem Satz wie *ob sie
noch lachen können wird*:

[$_{VP}$ [$_{VP}$ *lachen*] *können*]   [$_{VP}$ VP V]

Dies ist also die selbe Struktur wie bei *lachen kann*. Das gesamte Unterfeld *lachen können wird* ist wieder nach dem gleichen Muster aufgebaut:
[$_{VP}$ VP V]. Wir haben also eine VP, die aus einer VP (*lachen können*) und
einem Verb (*wird*) besteht, wobei die VP (*lachen können*) wieder aus einer
VP (*lachen*) und einem Verb besteht. Diese Struktur können wir mit Hilfe
eines Kastendiagramms wie folgt darstellen:

(1)

Die oberste Zeile sagt uns, dass wir es mit einer VP zu tun haben. Die
zweite Zeile sagt, dass diese VP aus einer VP und einem Verb (nämlich
wird) besteht. Die in der obersten VP eingebettete VP besteht nun ihrerseits wieder aus einer VP und einem Verb (nämlich *können*). Die unterste
VP besteht nun nur aus einem Verb (*lachen*).

Ein solches **Kastendiagramm** zeigt uns auf einen Blick (u.a.) die Teil-
Ganzes-Struktur einer Wortgruppe, d.h. es zeigt uns, aus welchen Teilen
eine Wortgruppe besteht und wie die Teile sich zu einem Ganzen zusammensetzen. Dies ist eine andere Art der Darstellung als die, die wir bisher
mit Hilfe von topologischen Schemata vorgenommen haben. Wir könnten
zwar auch hier mit einem speziellen topologischen Schema arbeiten, doch
ist die Darstellung mit dem Kastendiagramm zum einen anschaulicher
und kompakter, zum anderen erlaubt sie uns, die Struktur beliebiger
Wortgruppen in ein und dem selben Format darzustellen (sie erlaubt die
Darstellung der vollständigen Phrasenstruktur eines Satzes und seiner
Teile, s. Kap. IV.2). Mit den Kastendiagrammen gehen wir über die lineare Struktur hinaus und werfen bereits einen Blick auf die hierachische
Struktur von Wortgruppen, die Thema des Kapitels IV sein wird.

Anstelle von Kastendiagrammen werden in der Syntax zumeist **Baum-
diagramme** – kurz: Bäume – verwendet. Die beiden Darstellungsweisen

sind aber äquivalent. Das Kastendiagramm (1) oben sieht in ein Baumdiagramm übersetzt wie folgt aus:

(2)

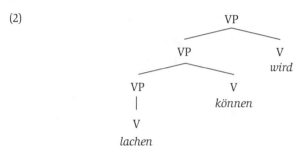

Struktur von Oberfeldkonstruktionen: Nehmen wir die Oberfeldkonstruktionen in dem folgenden Satz (s. Kap. II.1.3.4):

ob sie da noch wird lachen können.
Oberfeld: *wird*   Unterfeld: *lachen können*

Diese Oberfeldkonstruktion unterscheidet sich von der reinen Unterfeldkonstruktion *lachen können wird* nur darin, dass zuerst das Hilfsverb (*wird*) und dann die VP (*lachen können*) kommt: [$_{VP}$ V VP]. Alles andere bleibt gleich.

(3)

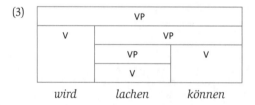

Wenn man mit Baumdiagrammen wie (2) oben arbeitet, kann man das sehr anschauliche Bild vom Mobile bemühen, um die Beziehung zwischen Oberfeldkonstruktion und reiner Unterfeldkonstruktion zu veranschaulichen: In (2) kann man V und VP auf der zweiten Ebene von oben einfach drehen und bekommt dann die Oberfeldkonstruktion (vgl. Sternefeld 2006, 647).

Zur Vertiefung

Zur Struktur von Oberfeldkonstruktionen mit nicht-verbalem Material
In Oberfeldkonstruktionen ist es durchaus möglich, das haben wir in Kapitel II.1.3.4 (Vertiefung ›Topologie des Verbalkomplexes‹) schon gesehen, dass im Unterfeld nicht nur Verben und Verbpartikeln, sondern auch anderes sprachliches Material steht – und zwar am Anfang des Unterfeldes.

Ein erneuter Blick
auf den Verbal-
komplex

ob man ihn hier wird <u>ernst</u> nehmen können
ob man ihm hier wird <u>Glauben</u> schenken können

Bech schreibt zu diesem Phänomen: »Wenn aber ein oberfeld vorhanden ist, so kommt es bisweilen vor, daß ein nicht-verbales glied, das
irgendwie eine nahe verbindung mit dem maximal untergeordneten
verbum des schlußfeldes hat, unmittelbar vor diesem verbum steht. Die
charakteristische anfangsbetonung des unterfeldes fällt dann auf dieses
nicht verbale element, das somit als zum unterfeld gehörend aufzufas-
sen ist« (Bech ²1983, §63). Hier ein paar weitere authentische Beispiele
für diese Konstruktion (aus Meurers 2000, 88 und Askedal 1986, 202):

ohne dass der Staatsanwalt hätte <u>darum</u> bitten müssen
wenn ich nur ein einziges Mal habe <u>glücklich</u> sein dürfen
Es war ein Wackelkontakt, den er mit ein paar Handgriffen hätte <u>in</u>
<u>Ordnung</u> bringen können.
dass er es habe <u>genau</u> erkennen lassen
als dass der Händedruck bei uns hätte <u>üblich</u> sein sollen
dass ich an seiner Stelle ... Anzeichen davon würde <u>an den Tag</u> legen
müssen
dass der Tod ihr werde <u>in unabsolviertem Zustand</u> auflauern dürfen

Das nicht-verbale Material bildet zusammen mit dem unmittelbar folgenden Verb eine Einheit, und zwar eine Phrase, wie der Vorfeldtest zeigt:

<u>Darum bitten</u> hätte er den Staatsanwalt schon müssen.
<u>In Ordnung bringen</u> hätte er ihn schon können.

Dass im Verbalkomplex also unter bestimmten Bedingungen nicht nur
eine Verbpartikel, sondern auch anderes nicht-verbales Material stehen
kann, ist mit der Bestimmung des Verbalkomplexes im (erweiterten)
Basismodell des deutschen Satzes (Kap. II.1.2, Kap. II.2.5) allerdings
nicht kompatibel, da dort der Verbalkomplex nur aus Verben und Verbpartikeln bestehen kann. Wenn man zulassen will, dass die Komplexe
aus Ober- und Unterfeld auch in diesen Konstruktionen topologisch
als Verbalkomplexe zu bezeichnen sind, dann muss man den Verbalkomplex anders bestimmen. Wenn man ihn nun definiert als VP, die
aus V und einer weiteren Einheit bestehen kann (die meist eine Phrase,
z.B. eine VP, ist), dann sind automatisch auch die besagten Komplexe
erfasst. *In Ordnung bringen* und *darum bitten* sind VPs, die aus einer PP
und einem V bestehen:

VP			
V	VP		
	VP		V
	PP	V	
hätte	*in Ordnung*	*bringen*	*können*
hätte	*darum*	*bitten*	*müssen*

Diese Bestimmung des Verbalkomplexes ist eine Verallgemeinerung unserer bisherigen Analyse des Verbalkomplexes als einer VP, die aus einem V und einer VP besteht. Sie hat nun allerdings die einschneidende Konsequenz, dass in den folgenden Sätze das unterstrichene Material als Verbalkomplex bezeichnet werden kann: Wenn *darum bitten* in den besagten Oberfeldkonstruktionen im Verbalkomplex steht, dann sollte auch hier diese Wortkette im Verbalkomplex stehen (wir werden darauf in Kap. II.6.2.1 zurückkommen):

dass er mich <u>darum bittet</u>
da ich nicht <u>glücklich bin</u>
da sie ihn nicht <u>ernst nimmt</u>
da er seinen üblichen Arbeitseifer <u>an den Tag legt</u>

5.2 | Kohärenz und Inkohärenz

In der Nachfolge von Bech ([2]1983) unterscheidet man, was das Verhältnis von Verben zueinander angeht, zwischen Kohärenz und Inkohärenz (unsere Erläuterung dieser Verhältnisse weicht allerdings in manchem von Bech ab).

→ **Kohärenz** besteht zwischen zwei Verben in einem Satz genau dann, wenn eines der beiden das andere statusregiert oder es ein weiteres Verb gibt, das kohärent zu dem einen wie dem anderen Verb ist.
→ **Inkohärenz** besteht zwischen zwei Verben in einem Satz genau dann, wenn das eine einen infiniten Satz selegiert und das andere das unabhängige Verb des infiniten Satzes ist. (Unabhängig ist ein Verb, das von keinem anderen Verb selegiert wird.)

In einem Satz wie *Er wird ihr nicht geholfen haben* besteht zwischen allen drei Verben Kohärenz. *Wird* statusregiert *haben*, das seinerseits *geholfen* statusregiert. Da *haben* kohärent zu den beiden anderen Verb ist, besteht auch zwischen *geholfen* und *wird* das Verhältnis der Kohärenz.

In dem Satz *Er hat ihr nicht versprochen, den Kindern ein Märchen vorzulesen* besteht zwischen *hat* und *versprochen* Kohärenz, aber zwischen *versprochen* (oder *hat*) und *vorzulesen* Inkohärenz. In diesem Satz selegiert *versprochen* einen infiniten Satz (*den Kindern ein Märchen vorzulesen*), der ein infinites Verb enthält, dessen Status nicht von *versprochen* bestimmt wird (Statusrektion setzt Selektion voraus und *versprochen* selegiert einen infiniten Satz und nicht ein Verb). Zwischen diesen Verben besteht somit Inkohärenz.

Man kann Verben danach klassifizieren, ob sie kohärent oder inkohärent verwendet werden können. Ein Verb wird **kohärent verwendet**, wenn es ein Verb statusregiert; ein Verb wird **inkohärent verwendet**, wenn es einen infiniten Satz selegiert.

Zwei wichtige **Tests auf Kohärenz** sind Extraposition und Mittelfeldmischung. Hilfsverben und Modalverben können kohärent, aber nicht inkohärent verwendet werden. Dies sieht man daran, dass man bei Hilfsverben und Modalverben die infiniten Verben zusammen mit deren Objekten nicht ins Nachfeld stellen, d.h. nicht extraponieren kann (was möglich sein sollte, wenn es sich um einen infiniten Satz handeln würde):

da er es erledigt hat	versus	**da er hat es erledigt*
da er es erledigen musste	versus	**da er musste es erledigen*

Bei einem inkohärent verwendbaren Verb wie *versprechen* ist Extraposition möglich:

da er es zu reparieren verspricht   *da er verspricht, es zu reparieren*

Der zweite Test auf Kohärenz ist die Mittelfeldmischung der Ergänzungen zweier Verben, also beispielsweise der Umstand, dass das Subjekt und die Objekte der beteiligten Verben im Mittelfeld in unterschiedlicher Reihenfolge vorkommen können. So kann in den folgenden Sätzen das Objekt auf das Subjekt folgen, ihm aber auch vorangehen, was zeigt, dass das Objekt *es* mit dem infiniten Verb *angeordnet* keine syntaktische Einheit bilden muss (zu weiteren Tests auf Kohärenz vgl. Müller [2]2008, 253 ff.).

da die Regierung es angeordnet hat (/anordnen musste)
da es die Regierung angeordnet hat (/anordnen musste)

Vollverben, die infinite Sätze selegieren können, d.h. inkohärent verwendet werden können, haben meist nicht auch noch eine kohärente Verwendung. Es gibt aber Vollverben, die sowohl inkohärent wie kohärent verwendet werden können – *versuchen* und *versprechen* sind Beispiele hierfür. Bei *versprechen* haben wir schon gesehen, dass es inkohärent verwendet werden kann (*da er verspricht, es zu reparieren*). Wie man an der Abfolge ›Objekt vor Subjekt‹ in dem folgenden Satz sieht, kann *versprechen* auch kohärent verwendet werden:

da es die Oma vorzulesen verspricht

Das bedeutet für einen Satz wie *da er es zu reparieren verspricht*, dass im Prinzip beides vorliegen kann, Kohärenz sowohl als auch Inkohärenz. Den beiden Möglichkeiten entsprechen dabei zwei verschiedene lineare Strukturen. Bei Kohärenz stehen das finite und das infinite Verb zusammen im Verbalkomplex und es liegt keine Satzeinbettung vor; bei Inkohärenz haben wir ein Satzgefüge mit einem infiniten Satz im Mittelfeld.

- kohärente Verwendung von *versprechen*:

VE	COMP	MF	VK
	da	*er es*	*zu reparieren verspricht*

- inkohärente Verwendung von *versprechen*:

VE	COMP	MF	VK
S_1	*da*	*er* S_2	*verspricht*
S_2	∅	*es*	*zu reparieren*

Diesen beiden verschiedenen syntaktischen Strukturen entsprechen unterschiedliche Möglichkeiten, den Satz beim Sprechen durch Pausen zu gliedern: Bei der kohärenten Verwendung ist es ganz natürlich, *da er es* als eine Einheit zu artikulieren, eine kleine Pause zu machen und dann *zu reparieren verspricht* als zweite Einheit zu artikulieren; bei der inkohärenten Verwendung ist es ganz natürlich *es zu reparieren* als Einheit zu artikulieren, vor und hinter der eine kleine Pause kommt.

Dritte Konstruktion

Bei der Dritten Konstruktion ist ein infinites Verb extraponiert, ohne dass alle seine Ergänzungen bei ihm stehen würden. Diese Konstruktion heißt so, weil sie auf den ersten Blick wie eine dritte Möglichkeit im Verhältnis zweier Verben neben Kohärenz und Inkohärenz aussieht. Betrachten wir die folgenden Beispiele:

weil er die Märchen versprochen hat den Kindern vorzulesen
weil er die Märchen den Kindern versprochen hat vorzulesen

Welches Verhältnis besteht hier zwischen *versprochen* und *vorzulesen*? Kohärenz scheint es nicht zu sein, da *vorzulesen* extraponiert ist, was auf einen infiniten Satz im Nachfeld und damit Inkohärenz hinzudeuten scheint. Doch Inkohärenz scheint es auch nicht zu sein, da eines oder gar beide Objekte von *vorzulesen* (nämlich *die Märchen* und *den Kindern*) nicht direkt beim Verb stehen und so nicht Teil eines infiniten Satz zu sein scheinen. In der Forschungsliteratur wird trotzdem versucht, die Dritte Konstruktion entweder als eine inkohärente oder eine kohärente Konstruktion zu analysieren (zu dieser Debatte vgl. Wöllstein-Leisten 2001).

5.3 | Der Umfang von Verbalgruppen

Wie groß Verbalgruppen letztlich sein können, ist sehr theorieabhängig. Es spricht, wie gesehen, einiges dafür spricht, dass der Verbalkomplex eine VP bildet. Dies schließt nicht aus, dass weiteres Material in einem Satz mit dem Verbalkomplex zusammen eine größere VP bildet. Sehr häufig findet man die Annahme, dass ein Vollverb und sein Objekt zusammen eine VP bilden:

dass Marie [$_{VP}$ *ein neues Fahrrad kauft*]

In Theorien, die mit Konstituenten- und Phrasenstrukturen arbeiten (s. Kap. IV.1.1), war dies lange Zeit die unangefochtene Lehrmeinung, denn man war der Ansicht, dass sich ein Satz aus dem Subjekt einerseits, einer VP, die das Verb und die Objekte umfasst, andererseits und eventuell weiterem Material zusammensetzt. Später wurde dann erwogen, auch das Subjekt noch mit in die VP hineinzunehmen (zu diesen Überlegungen vgl. Carnie 2008, Kap. 11.3.3):

dass [$_{VP}$ *Marie ein neues Fahrrad kauft*]

Eher selten ist die Ansicht, dass Sätze eigentlich nichts anderes als große Verbalphrasen seien. Da in der Frage der Größe von Verbalgruppen viele spezielle theoretische Annahmen eine Rolle spielen, ist hier nicht der Ort, auf diese Frage genauer einzugehen – wir werden in Kapitel IV.2 jedoch auf eine bestimmte Sichtweise der VP eingehen.

6. Satzstruktur und Bewegung

6.1 Bewegung und Spuren
6.2 Deutsche Satzstruktur mit Spuren
6.3 Zur Struktur englischer und französischer Sätze
6.4 Übungen

Es ist eine sehr alte Idee, dass Wörter in einem Satz an einer Stelle stehen können, die nicht ihre eigentliche, ihre ursprüngliche Position ist. Bereits in dem topologischen Schema des deutschen Satzes von Steinbach aus dem Jahre 1724 wird das finite Verb in der Finitheitsposition als das ›bewegliche Verb‹ bezeichnet und das Verb im Verbalkomplex als das ›unbewegliche Verb‹ (vgl. Glinz 1947, 25). Ganz ähnlich hundert Jahre später bei Herling (1830, §44), wo in Bezug auf das finite Verb in einem Satz wie *Wir nahmen ihm alle Sorgen und Mühen ab* gesagt wird, dass seine ›eigentliche Stelle‹ am Ende des Satzes sei. Herling hat eine sehr ausgefeilte Lehre von den ›Inversionen‹ entwickelt, d. h. der Umstellung von Wörtern aus semantischen oder pragmatischen Gründen (wie wir heute sagen würden). So war er der Ansicht, dass die eigentliche Stelle des Subjekts die des Vorfelds ist, und dass es einer Inversion bedarf, wenn das Subjekt im Mittelfeld steht. Die Idee der Transformation von Sätzen durch die Bewegung von Wörtern bzw. Wortgruppen ist dann aber vor allem in der zweiten Hälfte des 20. Jahrhunderts durch die Generativen Grammatik (durch Noam Chomsky und seine Mitstreiter) in den Mittelpunkt der Aufmerksamkeit gerückt.

6.1 | Bewegung und Spuren

6.1.1 | Argumente für Bewegung

Die Idee der Bewegung kommt vor allem dann ins Spiel, wenn man sich die Frage nach der Grundstruktur von Sätzen stellt. Die drei topologischen Satzschemata des Deutschen – das V2-, V1- und VE-Schema (s. Kap. I.2) – weisen große Ähnlichkeiten auf, so dass die Frage nach einer Grundstruktur des deutschen Satzes sinnvoll erscheint. Anschlussposition und Topikfeld sind Erweiterungen eines Satzes, die wir bei der Frage nach der Grundstruktur getrost ignorieren können. Durch sie kann ein Satz im Diskurs positioniert werden, sie sorgen für die **Ausstrahlung** des Satzes. Was den Bereich zwischen Topikfeld und Mittelfeld angeht, so sind hier die entscheidenden Unterschiede zwischen den topologischen Satztypen angesiedelt – auch dieser Bereich, der den **Charakter** eines Satzes bestimmt, fällt also aus der Betrachtung heraus, wenn es um die gemeinsame Grundstruktur geht. Bleibt der Bereich aus Mittelfeld, Verbalkomplex und Nachfeld. Diesen Bereich, der allen drei Satztypen gemeinsam ist, kann man als das **Herz** des deutschen Satzes bezeichnen (möglicherweise sollte man das Nachfeld noch herausnehmen und nur Mittelfeld und Verbalkomplex als das Herz betrachten). Diesen Bereich kann man nicht nur als Herz bezeichnen, weil er allen drei Satztypen gemeinsam ist, sondern weil er alle Teile eines Satzes enthält, die für seinen Inhalt (seinen propositionalen Gehalt, wie man sagt) einschlägig sind.

	Ausstrahlung		Charakter		Herz		
V2	AN	TF	VF	FINIT	MF	VK	NF
V1	AN	TF		FINIT	MF	VK	NF
VE	AN	TF		COMP	MF	VK	NF

VF = Vorfeld; MF = Mittelfeld; VK = Verbalkomplex;
FINIT = Finitheitsposition; COMP = COMP-Position;
AN = Anschlussposition; TF = Topikfeld

Es sind vor allem zwei generelle Beobachtungen, die zusammengenommen die Annahme plausibel machen, dass das Herz alle für den Inhalt des Satzes wesentlichen Teile enthält:

- **Beobachtung 1**: Nahezu alles, was im Charakter eines Satzes steht, kann auch im Herz stehen.
- **Beobachtung 2**: Wenn Ausdrücke im Charakter und Ausdrücke im Herz trotz ihrer Distanzstellung sehr eng zusammengehören, dann sind es die Ausdrücke im Charakter, die nicht dort stehen, wo sie eigentlich hingehören.

Beispiele zu Beobachtung 1: Ein finites Verb kann nicht nur in FINIT, sondern auch im Verbalkomplex stehen (*Wir nehmen es ihm ab* vs. *dass wir es ihm abnehmen*). Phrasen im Vorfeld können auch im Mittelfeld oder an anderer Stelle im Herz stehen (*Die Mauer stand vor 25 Jahren noch* vs. *Vor 25 Jahren stand die Mauer noch*). Dies gilt selbst für Phrasen, von denen man dies auf den ersten Blick nicht erwarten würde, nämlich für Interrogativphrasen im Vorfeld und in COMP. Das Fragepronomen in *Wen hat er verraten?* kann in sogenannten multiplen Fragesätzen auch im Mittelfeld stehen:

Wer hat wen verraten?
(Ich würde gerne wissen,) wer eigentlich wen verraten hat.

Das Vorfeld-*es* (*Es ging plötzlich die Tür auf*) und die Subjunktionen in COMP gehören zu den ganz wenigen Elementen, die in Beobachtung 1 die Einschränkung *nahezu* erfordern. Denn sie können nur im Charakter stehen.

Beispiele zu Beobachtung 2: Verbpartikel und zugehöriges Verb (z.B. *an* + *rufen*, *zu* + *sagen*, *weg* + *hören*) bilden eine lexikalische Einheit, auch wenn es sich bei ihnen nicht um ein Wort handelt (s. Kap. II.1.3.1) – Partikel und Verb bilden zusammen eine Verbalphrase. Doch stehen die beiden Elemente dieser lexikalischen Einheit an ganz unterschiedlichen Stellen im Satz, wenn das Verb in FINIT steht (*Wir rufen euch an*). Der Umstand, dass das Verb prinzipiell auch neben der Partikel im Verbalkomplex stehen kann, nicht aber die Partikel neben dem Verb in FINIT, deutet darauf hin, dass die **Basisposition** des finiten Verbs im Verbalkomplex neben der Partikel ist (wie schon Herling 1830 angenommen hat, siehe oben).

Auch zu Phrasen im Vorfeld und in COMP können Elemente im Herz gehören, die mit ihnen syntaktisch-semantische Einheiten bilden, so dass die Vermutung naheliegt, dass diese Phrasen ihre Basisposition im Herz haben. Die Phänomene der *was für*-Spaltung und der NP-Spaltung sind hier besonders eindeutig. *Was für Leute* in (1a) und (2a) ist eine im Vorfeld bzw. in COMP stehende zusammengehörende *was für*-Phrase. Bei der **was für-Spaltung** wird sie auseinandergerissen, es kommt zu einer Distanzstellung: Dann steht nur noch *was* im Vorfeld (1b) bzw. in COMP (2b). Dass hier eine zusammengehörende Phrase auseinandergerissen wurde, lässt sich so darstellen, dass die Basisposition von *was* unmittelbar vor *für* ist. Vermittelt durch die Basisposition bilden *was* und *für Leute* eine Einheit. Die Basisposition wird in (1c) und (2c) durch *t* markiert, wobei *t* und das bewegte Element, *was*, den selben Index tragen (hier: 1), um auszudrücken, dass *t* die Basisposition des Elements ist, das den selben Index trägt. *t* wird die **Spur** des bewegten Elements genannt.

(1) a. *Was für Leute* haben damals protestiert?
    b. *Was* haben damals *für Leute* protestiert? (*was für*-Spaltung)
    c. *Was$_1$* haben damals [t$_1$ *für Leute*] protestiert
(2) a. *Ich möchte schon gerne wissen, was für Leute damals eigentlich protestiert haben.*
    b. *Ich möchte schon gerne wissen, was damals eigentlich für Leute protestiert haben.* (*was für*-Spaltung)
    c. *..., was$_1$ damals eigentlich* [t$_1$ *für Leute*] *protestiert haben*

Ganz ähnlich bei der sogenannten **NP-Spaltung** (auch: gespaltene Topikalisierung, engl. *split topicalization*). In (3a) bilden *viele* und *Studenten* eine syntaktische Einheit. In (3b) jedoch stehen sie in Distanzstellung. Den Zusammenhang zwischen den beiden kann man herstellen, wenn man die Basisposition von *Studenten* nach *viele* ansetzt.

(3) a. *Damals haben viele Studenten protestiert.*
    b. *Studenten* haben damals *viele* protestiert. (NP-Spaltung)
    c. *Studenten$_1$* haben damals [*viele* t$_1$] protestiert

Hier zwei Beispiele aus Prosawerken für die NP-Spaltung:

(4) a. *Mantel hatte ich keinen an.* (Robert Walser: *Heimkehr im Schnee*)
    b. *... und Witz fällt mir auch keiner ein.* (Helmut Krausser: *Fette Welt*)

Bei der *was für*-Spaltung ist es in der Forschung unstrittig, dass es sich um Bewegung handelt, bei der NP-Spaltung jedoch nicht (vgl. zu diesen und ähnlichen Spaltungsphänomenen Pafel 1995; 1996; de Kuthy 2002; Nolda

2007). Die zwei Belege in (4) jedoch kann man nicht als Unachtsamkeit (›Performanzfehler‹) abtun. Sie zeigen deutlich, dass das Wort im Vorfeld zum Determinativ im Mittelfeld gehört – denn ein solches Substantiv (ein Individuativum) im Singular kann normalerweise alleine keine vollständige Nominalgruppe bilden (*Ha, da fällt mir Witz ein!* vs. *Ha, da fällt mir ein Witz ein!*; *Doch Mantel hatte er nicht an* vs. *Doch einen Mantel hatte er nicht an*).

Aber warum kann es nicht umgekehrt sein, dass in den Fällen, die wir betrachtet haben, die Basisposition im Vorfeld ist und ein Teil der Phrase im Vorfeld nach rechts ins Mittelfeld geschoben wird? Also etwa wie in (5):

(5) a. *Was haben damals für Leute protestiert?*
   b. [*Was* t₁] *haben damals (für Leute)₁ protestiert*

Aus der Perspektive der alten Inversionslehre, die das Vorfeld für die eigentliche Position des Subjekts hielt (s. den Anfang dieses Kapitels), würde man dies wohl so sehen können. Doch können nicht nur Subjekte gespalten werden, sondern auch Objekte, wie man an (4) sieht oder an *Was hast du da für einen Mantel an?* (Subjekte sind eigentlich ein eher untypischer Fall bei Spaltungskonstruktionen). Ein weiteres Argument dagegen, dass die Spaltung im Vorfeld erfolgt, ergibt sich daraus, dass im Gerüst eines Trägersatzes (zu diesen Termini s. Kap. II.2.1) Einheiten stehen können, die offensichtlich zu einem untergeordneten Teilsatz gehören.

(6) a. *Dort will sie nicht, dass ich zu arbeiten anfange.*
   b. *Dort₁ will sie nicht, dass ich* t₁ *zu arbeiten anfange*
(7) a. *Da glaube ich nicht, dass sie mit gerechnet hat.*
   b. *Da₁ glaube ich nicht, dass sie* t₁ *mit gerechnet hat*
(8) a. *Damit glaube ich nicht, dass sie gerechnet hat.*
   b. *Damit₁ glaube ich nicht, dass sie* t₁ *gerechnet hat*

Dort, *da* und *damit* gehören zum propositionalen Gehalt des Nebensatzes, sie können unmöglich eine inhaltliche Verbindung mit den Elementen im Gerüst des Trägersatzes eingehen. In (7) ist das Wort im Vorfeld sogar nötig, damit der Nebensatz überhaupt als grammatisch eingestuft werden kann (vgl. *Sie hat mit gerechnet*, *Ich glaube, dass sie mit gerechnet hat*). Damit ist klar: Die bewegten Einheiten kommen von rechts, aus dem Herz des Gesamtsatzes.

Dass Sätze wie (6), (7) und (8) – Fälle von sogenannter **langer Bewegung** (s. Kap. II.6.1.3) – eher im gesprochenen als im geschriebenen Deutsch vorkommen, eher in der Umgangs- als in der Standardsprache, hat keine besondere Bedeutung für die Syntax. Der Junggrammatiker Hermann Paul, dem solche Fälle auch schon bekannt waren, hat Belege aus dem Werk von Gotthold Ephraim Lessing und anderen Schriftstellern aus dem 18. und 19. Jahrhundert sowie aus dem Mittelhochdeutschen vorgelegt (vgl. Paul [10]1995, § 213; 1920, § 497; schon zu der Zeit von Paul wurden in der Schriftsprache die »behandelten Konstruktionsarten lieber gemieden« 1920, 323).

a. *wie wollt ihr, dass das geschehe?*
woher befehlt ihr denn dass er das Geld nehmen soll?
womit wollt ihr dass ich mich beschäftige?
die Mischung, mit welcher ich glaube, dass die Moral in heftigen Situa-
tionen gesprochen sein will
eine Sammlung, an deren Existenz ich nicht sehe warum Nik. Antonio
zweifeln wollen
b. *tiefe mantel wît sach man daz si truogen*
›Lange, weite Mäntel sah man, dass sie trugen.‹

Es gibt also gute Gründe für die Annahme, dass fast alle Ausdrücke, die
im Charakter eines Satzes stehen, ihre Basisposition im Herz des Satzes
haben. In diesem Sinne enthält das Herz alle für den Inhalt eines Satzes
wesentlichen Teile.

Ein Koordinationsargument für Bewegung und Spuren
Es gibt spezielle Konstruktionen, insb. Koordinationskonstruktionen,
deren Struktur erst dann richtig verständlich wird, wenn man annimmt,
dass Ausdrücke im Charakter ihre Basisposition in Form einer Spur im
Herz haben (vgl. Höhle 1991, 153 f.). Bei dem Satz

(1) *In Deutschland beherrschte lange Zeit die Regierung den Bundestag*
und die Opposition den Bundesrat.

sieht es auf den ersten Blick so aus, als ob Wortketten aus Subjekt und
Objekt eine Konstituente, eine Wortgruppe bilden würden:

In Deutschland beherrschte lange Zeit {[*die Regierung den Bundes-*
tag] *und* [*die Opposition den Bundesrat*]}

Doch hier führt uns der Koordinationstest anscheinend in die Irre, Vor-
feld- und Fragetest ergeben ein ganz anderes Bild. Eine Wortkette wie
die Regierung den Bundestag kann man weder erfragen noch ins Vorfeld
stellen (**Die Regierung den Bundestag beherrschte in Deutschland lange*
Zeit). Doch wenn man davon ausgeht, dass in (1) das finite Verb in
FINIT seine Basisposition im Verbalkomplex hat, dann kann man ganz
zwanglos Wortketten als Konjunkte ausweisen, denen der Status einer
Wortgruppe zugeschrieben werden kann. Denn dann kann man davon
sprechen, dass eine Koordination zweier Verbalphrasen vorliegt:

(2) In Deutschland beherrschte$_1$ lange Zeit
[$_{VP}$ die Regierung den Bundestag t$_1$]
und [$_{VP}$ die Opposition den Bundesrat t$_1$]

Jetzt kann man den Koordinationstest so reinterpretieren, dass er ein
sinnvolles Ergebnis erbringt. Dieses Argument im Detail.
Erster Schritt: In (3a) bildet die Kette *die Regierung den Bundestag*
beherrschte eine zusammengehörige Wortgruppe, was sich durch die
Anwendung des Koordinationstests in (3b) zeigen lässt.

(3) a. *dass die Regierung den Bundestag beherrschte*
     b. *dass [die Regierung den Bundestag beherrschte] und [die Oppo-*
         sition über den Bundesrat mitregierte]

Zweiter Schritt: Wenn ein finites Verb nicht in seiner Basisposition im
Verbalkomplex, sondern in FINIT steht, dann fehlt es nicht einfach im
Verbalkomplex, sondern es steht dort eine Spur des Verb, die mit ihm
koindiziert ist. Spuren sind eine Art von ›stummen Elementen‹, hier ist
die Spur ein stummes Verb (zu stummen Elementen s. die Vertiefung in
Kap. II.3.3.1.1).

(4) a. *Beherrschte die Regierung den Bundestag?*
     b. *beherrschte$_1$ die Regierung den Bundestag t$_1$*

Dritter Schritt: Wir können jetzt sagen, dass in (4b) die Kette *die Regie-*
rung den Bundestag eine ganz reguläre Wortgruppe bildet aus Subjekt,
Objekt und (!) einem Verb (wie in (3)).

Vierter Schritt: Schritte 1 bis 3 lassen sich auch auf (5) anwenden.

(5) a. *die Opposition den Bundesrat beherrschte*
     b. *Beherrschte die Opposition den Bundesrat?*

Fünfter Schritt: Wenn man von einer Koordination wie in (6a) ausgeht,
wo ein und das selbe Verb in zwei Konjunkten vorkommt, dann führt
die Bewegung des Verbs in die Finitheitsposition zu der Struktur (6b).
(Hier liegt eine sogenannte **ATB-Bewegung** vor: Ein Element wird unter
Zurücklassung von Spuren gleichzeitig aus allen Konjunkten herausbewegt – ATB steht für *across the board* ›flächendeckend‹ bzw. ›global‹.)

(6) a. *[die Regierung den Bundestag beherrschte] und [die Opposition*
         den Bundesrat beherrschte]
     b. *beherrschte$_1$ [die Regierung den Bundestag t$_1$] und [die Opposi-*
         tion den Bundesrat t$_1$]

Sechster Schritt: Also bilden in (7a) die Ketten *die Regierung den Bun-*
destag und *die Opposition den Bundesrat* ganz reguläre Wortgruppen,
nämlich Wortgruppen mit einer Verbspur (s. 7b).

(7) a. *In Deutschland beherrschte lange Zeit [die Regierung den Bun-*
         destag] und [die Opposition den Bundesrat].
     b. *In Deutschland beherrschte$_1$ lange Zeit [die Regierung den Bun-*
         destag t$_1$] und [die Opposition den Bundesrat t$_1$]

Siebter Schritt: Eine solche Analyse ist nur möglich, wenn man davon
ausgeht, dass Ausdrücke im Charakter ihre Basisposition im Herz haben
und dort eine Spur zurücklassen, wenn sie aus dem Herz herausbewegt
werden.

Satzstruktur
und Bewegung

6.1.2 | Deutsch als SOV-Sprache

Wir haben im vorangegangenen Abschnitt dargestellt, dass viel dafür spricht, den Bereich aus Mittelfeld und Verbalkomplex (evt. mit Nachfeld) als die Grundstruktur des deutschen Satzes anzusetzen. Wenn man von dieser Grundstruktur ausgeht und sich die Stellung von Subjekten, Objekten und Verben in ihr anschaut, dann ist sofort klar, dass diese sehr häufig in der Abfolge ›Subjekt (S) vor Objekt (O) vor Verb (V)‹ vorkommen. Da SOV eine typische Abfolge im Herz des deutschen Satzes ist (wenn S und O Nominalgruppen sind, s. Kap. II.1.3.3), kann man sagen, dass das Deutsche eine SOV-Sprache und nicht eine SVO-Sprache ist. Die Orientierung an der Grundstruktur bringt also ein ganz anderes Ergebnis, als wenn man sich an typischen V2-Aussagesätzen orientiert, wenn es um die Frage geht, was für ein Sprachtyp das Deutsche ist.

Häufig liest man, dass das Deutsche eine SOV-Sprache sei, da der Verbend-Satz (VE-Satz) die Grundstruktur des deutschen Satzes wiedergebe und somit die Nebensatzwortstellung die zugrundeliegende Wortstellung sei. Keines der Argumente, die wir in Kapitel II.6.1.1 für Bewegung gegeben haben, spricht jedoch für eine solche Annahme, und auch ohne eine solche Annahme kann man das Deutsche als SOV-Sprache bezeichnen (s.o.). Geht man von den drei topologischen Satzschemata aus, dann macht es keinen Sinn, eines der drei Schemata als die Grundstruktur auszuzeichnen. Wenn man den VE-Satz als die Grundstruktur annehmen möchte, dann muss man eigentlich davon ausgehen, dass V1- und V2-Sätze letztlich die selbe lineare Struktur haben, was eine sehr problematische Sichtweise ist (s. auch Kap. IV.2.4.3). Es ist auch weder von der Sprachgeschichte noch vom Spracherwerb her sinnvoll, VE-Sätze als grundlegend anzusehen. In beiden Fällen sind VE-Sätze späte Entwicklungen.

Zur Vertiefung

Grundstruktur des Satzes in Spracherwerb und Sprachgeschichte
Was die Syntax angeht, so ist es beim Erstspracherwerb des Deutschen ein robustes Faktum, dass Kinder nach der Einwortphase bevorzugt Äußerungen mit Endstellung des Verbs, das zuerst nur die Stamm- oder die Infinitivform aufweist, produzieren (vgl. Meibauer et al. [2]2007, 281 ff.):

auto umkipp	*ich jetzt hab*	*julia schere nich darf*
ich schaufel haben	*mama ball suchen!*	

Erst langsam kommen Äußerungen mit Erst- und Zweitstellung von Verben hinzu. Aber schon im Alter von zwei bis drei Jahren passieren kaum mehr Verbstellungsfehlern, d. h. die Verteilung der Verben auf die Finitheitsposition und den Verbalkomplex wird schon weitgehend korrekt beherrscht. Erst danach werden VE-Sätze erworben. Es sieht damit ganz danach aus, dass die Kinder bei der Produktion mit einer Struktur aus Mittelfeld und Verbalkomplex beginnen und diese dann erweitern. Sie gehen also von der Grundstruktur (MF VK) aus.

Bei sehr frühen Sprachstufen in der Sprachgeschichte kann man sich nicht auf schriftliche Belege stützen und ist auf die Rekonstruktion auf der Basis späterer Sprachstufen angewiesen. Dieses Verfahren ist natürlich mit großen Unsicherheiten behaftet. Das Althochdeutsche ist aus dem Germanischen und dieses aus dem Indogermanischen hervorgegangen.

Es scheint viel dafür zu sprechen (aber die Meinungen gehen hier auseinander), dass beim Proto-Indogermanischen (dem rekonstruierten Indogermanischen) die Endstellung des finiten Verbs die normale Wortstellung war (vgl. zum Folgenden Kiparsky 1995). Nur in Imperativ- und Interrogativsätzen sowie in ›emphatischen Aussagesätzen‹ lag V1-Stellung vor. Es gab weder V2-Sätze noch durch Subjunktionen eingeleitete Sätze. Für Sätze mit Verbend-Stellung kann man mit gebotener Vorsicht etwa von folgender Struktur ausgehen:

(Topik) (Fokus) MF VK NF

Am Anfang der Sätze gibt es eine fakultative Topikposition (dem Topikfeld, s. Kap. II.1.3.7, vergleichbar) sowie eine ebenso fakultative Fokusposition, in der insbesondere Interrogativ- und Relativphrasen stehen. Dann folgt etwas, was der Grundstruktur recht nahekommt.

Im Proto-Germanischen kommen im Wesentlichen die Subjunktionen hinzu und zwar vor dem Mittelfeld. Interessanterweise kann vor der Subjunktion noch eine Interrogativ- und Relativphrase erscheinen. Erst in den altgermanischen Sprachen wie dem Althochdeutschen treten V2-Strukturen auf.

Es spricht somit einiges dafür, dass die Grundstruktur aus Mittelfeld und Verbalkomplex (evt. mit Nachfeld) sowohl sprachhistorisch wie für den Spracherwerb die Keimzelle darstellt, aus der heraus sich komplexere Satzformen entwickeln.

6.1.3 | Formen der Bewegung

Was die Bewegung von Ausdrücken angeht, so werden verschiedene Formen unterschieden. Und zwar einerseits danach, von welcher Art die Ausdrücke sind, die bewegt werden, und andererseits danach, was die Landeposition der bewegten Ausdrücke ist. **Kurz** wird ein Ausdruck bewegt, wenn keine Satzgrenze überschritten wird, **lang**, wenn dies der Fall ist. **Topikalisierung:** Eine Phrase, die weder interrogativ noch relativ ist, wird kurz oder lang bewegt, wobei die Landeposition das Vorfeld ist.

Damit habe ich nicht gerechnet. (Kurze Topikalisierung)
Damit$_1$ habe ich t$_1$ nicht gerechnet (Vgl. *Doch habe ich damit nicht gerechnet.*)
Dort will sie nicht, dass ich zu arbeiten anfange. (Lange Topikalisierung)
Dort$_1$ will sie nicht, dass ich t$_1$ zu arbeiten anfange

W-Bewegung: Eine interrogative oder relative Phrase wird kurz oder lang bewegt, wobei die Landeposition das Vorfeld oder die COMP-Position ist.

Wer hat damit nicht gerechnet? (Kurze w-Bewegung)
Wer$_1$ hat t$_1$ damit nicht gerechnet
Wann willst du, dass ich komme? (Lange w-Bewegung)
Wann$_1$ willst du, dass ich t$_1$ komme
[Ich weiß,] wer damit nicht gerechnet hat (Kurze w-Bewegung)
wer$_1$ t$_1$ damit nicht gerechnet hat
[Ich muss wissen,] wann du willst, dass ich komme (Lange w-Bewegung)
wann$_1$ du willst, dass ich t$_1$ komme
[die Leute,] die damit nicht rechnen (Kurze w-Bewegung)
die$_1$ t$_1$ damit nicht rechnen
[Sag mir die Zeit,] zu der du willst, dass ich komme (Lange w-Bewegung)
(zu der)$_1$ du willst, dass ich t$_1$ komme

Scrambling: Eine Phrase wird kurz oder lang bewegt, wobei die Landeposition eine Position im Mittelfeld ist.

Ich habe da nicht mit gerechnet. (Kurzes Scrambling)
Ich habe da$_1$ nicht (t$_1$ mit) gerechnet (Vgl. *Ich habe nicht damit gerechnet.*)
Doch hat sie dort nicht gewollt, dass ich zu arbeiten anfange. (Langes Scrambling)
Doch hat sie dort$_1$ nicht gewollt, dass ich t$_1$ zu arbeiten anfange

Langes Scrambling ist kurzem Scrambling gegenüber deutlich markiert. Manchmal wird seine Existenz im Deutschen bestritten – so wird nicht jeder den Beispielsatz für langes Scrambling als wirklich akzeptablen Satz einstufen.

Man beachte, dass es auch eine andere Verwendung des Terminus ›Scrambling‹ gibt, die nicht automatisch mit der von Scrambling als Bewegungsform ineins fällt. In einem Satz wie *Damals hat ihn der Trainer noch geschätzt* haben wir nicht die in der Grundstruktur typische Abfolge ›Subjekt vor Objekt‹, sondern die umgekehrte Abfolge ›Objekt vor Subjekt‹. Wenn im Mittelfeld ein Abfolge vorliegt, die von der typischen Abfolge abweicht, so spricht man auch oft von Scrambling. Ob eine untypische Abfolge durch Bewegung zustande kommt oder nicht, ist je nach Theorie verschieden.

Verbbewegung (allg. Kopfbewegung): Ein Verb wird kurz bewegt, wobei die Landeposition die Finitheitsposition ist (die Basisposition ist im Verbalkomplex).

Damit habe ich nicht gerechnet.
Damit habe$_1$ ich nicht gerechnet t$_1$

Extraposition: Eine Phrase wird kurz nach rechts bewegt, wobei die Landeposition das Nachfeld ist.

Wir haben die Leute kennengelernt, die dafür verantwortlich sind.
(Wir haben die Leute, die dafür verantwortlich sind, kennengelernt.)
Wir haben (die Leute t$_1$) kennengelernt, (die dafür verantwortlich sind)$_1$

Extraposition ist wie Verbbewegung eine Bewegungsform, die nur kurz erfolgen kann, bei der also keine Satzgrenze überschritten wird.

Man beachte, dass mit ›Extraposition‹ heute meist einfach die Stellung im Nachfeld gemeint ist, ohne dass man damit sagen will, dass eine Bewegung nach rechts erfolgt ist. In diesem Sinne haben wir diesen Terminus schon hin und wieder verwendet und werden dies noch einige Male tun. Dass Extraposition eine Form von Bewegung ist, wird immer wieder in Frage gestellt.

Einführende Literatur auf Deutsch zu dem Phänomen der Bewegung ist leider selten. Einen Einblick in das Gebiet gibt Lutz (1995). Wer sich ernsthaft für das Gebiet interessiert, ist gut beraten, frühzeitig die wegweisende Dissertation von John Ross aus dem Jahr 1967 zu lesen, veröffentlicht als Ross (1986), und darin insbesondere das Kapitel 4.

Dass man, wenn man von Bewegung redet, ›Bewegung‹ wörtlich meint, in dem Sinne, dass die bewegte Einheit im Verlauf der Bildung eines Satzes an der Position ihrer Spur gestanden hat, ist keineswegs zwingend. Es gab und gibt sehr verschiedene Auffassungen darüber, wie man das Verhältnis einer bewegten Einheit zu ihrer Spur genau deuten soll. Wenn man das Phänomen möglichst neutral benennen will, kann man von **Distanzstellung** reden.

6.2 | Deutsche Satzstruktur mit Spuren

In das erweiterte Basismodell des deutschen Satzes aus Kapitel II.2.5 kann leicht die Sichtweise integriert werden, dass in aller Regel Wörter bzw. Wortgruppen im Charakter des Satzes ihre Basisposition im Herz haben. Dazu bedarf es insbesondere der Neufassung der Restriktionen für die Positionen und Felder im Charakter des Satzes.

6.2.1 | Positionen und Felder mit Spuren

Wir führen hier nur die Positionen und Felder auf, deren Restriktionen neu gefasst werden müssen, wenn man Spuren annimmt (es kommt aber eine Position neu hinzu).

Finitheitsposition (FINIT): In FINIT steht ein finites Verb, das mit einer Spur ›assoziiert‹ ist (Beispiel: *Hast$_1$ du damit gerechnet* t$_1$).

Vorfeld (VF): Im VF steht eine Wortgruppe, die mit einer Spur assoziiert ist (Beispiel: *Damit$_1$ habe ich* t$_1$ *nicht gerechnet*). Wobei die Einschränkung anzubringen ist, dass im VF auch eine kleine Anzahl von Elementen stehen können, die (anscheinend) *nicht* mit einer Spur assoziiert sind, da sie nichts zum propositionalen Gehalt des Satzes beisteuern. Dazu gehören zum einen das Vorfeld-*es*, zum anderen manche parenthetischen Nischenelemente (zu diesen s. Kap. II.2.4):

Es wurde trotzdem nichts verraten.
Wenn ich nicht irre, ist morgen ein Feiertag.
Klar habe ich meinen Hut dabei.
Kein Wunder spricht Moritz so gut Französisch.

Das Vorfeld-*es* hat eine eigentümliche Beziehung zum Subjekt des Satzes. Nur bei manchen Arten von Subjekten ist es möglich: »Unbetonte Personalpronomen und *man* sind strikt unmöglich; unbetonte definite Nominalphrasen und besonders Eigennamen sind i.a. schlecht, aber nicht strikt unmöglich« (Höhle 1997, 115).

*Es hat es gestern zum ersten Mal wieder gelacht.
(Trotzdem hat es gestern zum ersten Mal wieder gelacht.)
*Es kommt man so einfach nicht weiter.
(Doch kommt man so einfach nicht weiter.)
??Es kam die Marie gestern vorbei.
(Trotzdem kam die Marie gestern vorbei.)*

COMP-Position (COMP): Wenn in COMP eine Wortgruppe steht, dann ist diese mit einer Spur assoziiert (Beispiel: [*die Zeit,*] (*zu der*)$_1$ ich t_1 *kommen soll*). Eine solche Assoziation liegt nicht vor, wenn in COMP nur eine Subjunktion steht.

(Die Existenz von Spuren im Mittelfeld macht eine Neufassung dieses Feldes nicht nötig. Denn Spuren sind stumme Wörter, s. die Überlegungen zu stummen Einheiten am Ende von Kap. II.3.3.1.1.)

Verbalkomplex (VK): Die deutlichsten Veränderungen betreffen den Verbalkomplex (wobei zusätzlich auch die Ergebnisse zur Struktur von Verbalgruppen aus Kapitel II.5.1 berücksichtigt werden). Dass das finite Verb in FINIT mit einer Spur und zwar mit einer Spur im Verbalkomplex assoziiert ist, hat zur Konsequenz, dass der Verbalkomplex überhaupt nie leer ist – zumindest eine Spur befindet sich darin (Beispiel: *Rechnest*$_1$ *du damit* t_1). In Kapitel II.5.1 haben wir den Verbalkomplex als Verbalgruppe bestimmt, die aus einem Verb und fakultativ weiteren Einheiten besteht. Der Verbalkomplex wird damit zu einem obligatorisch gefüllten Platz, an dem eine Verbalgruppe bestimmter Art steht.

Zur Vertiefung

Was alles im Verbalkomplex stehen kann
Wenn im Verbalkomplex eine Verbalgruppe stehen kann, die auch nicht-verbales Material unterschiedlicher Art enthält, wird es oft schwierig, zu entscheiden, wo der Verbalkomplex anfängt. Denn wir hatten gesehen, dass diese Sicht zur Konsequenz hat, dass in Sätzen wie den folgenden das unterstrichene Material mit zum Verbalkomplex gehört (s. das Ende von Kap. II.5.1):

dass er mich <u>darum</u> bittet
da ich nicht <u>glücklich</u> bin
da sie ihn nicht <u>ernst</u> nimmt
da er seinen üblichen Arbeitseifer <u>an den Tag</u> legt

Folgende Wörter bzw. Wortgruppen können mit einem Verb zusammen einen Verbalkomplex bilden: (nur die zum Verb hinzutretenden Ausdrücke sind im Folgenden unterstrichen)

- Verbalgruppen

  (*da sie noch*) *lachen kann*; (*da sie noch*) *lachen können wird*

- prädikative Wortgruppen jeder Art

  (*da wir nicht*) *blöd sind*
  (*da du*) *ein Schwabe bist*
  (*wenn wir*) *in Lissabon sind*
  (*wenn wir*) *Kanadier werden*
  (*wenn wir ihn*) *Dr. No nennen*
  (*wenn er sich*) *tot arbeitet*

- Einheiten, die mit dem Verb zusammen eine lexikalische Einheit bilden (Verbpartikeln, Präpositionalgruppen und akkusativische Nominalgruppen von sogenannten Funktionsverbgefügen bzw. idiomatischen Verbalgruppen sowie andere phraseologische Elemente):

  (*wenn sie*) *anruft*
  (*da sie das Stück*) *zur Aufführung bringen*
  (*da sie mir*) *die Erlaubnis gaben*
  (*wenn niemand*) *ins Gras beißt*
  (*wenn wir*) *Rad fahren*

- Adverbiale der Art und Weise, direktionale Präpositionalgruppen sowie unter bestimmten Umständen Objekte und Subjekte:

  (*da wir dies nicht*) *genau erkennen*
  (*wenn er ihm*) *über die Straße hilft*
  (*da er mich*) *darum bittet*
  (*wenn dann*) *Leute anrufen*
  [vgl. die Oberfeldkonstruktion *weil damals durchaus hätten Leute anrufen können*]

Negationposition (NEG): Bei der Festlegung, wo der Verbalkomplex beginnt, hilft der Umstand, dass es eine spezielle topologische Position für die **Satznegation** im deutschen Satz zu geben scheint, die unmittelbar vor dem Verbalkomplex und nach dem Mittelfeld anzusiedeln ist. So ist es ganz natürlich, direkt vor dem Verbalkomplex die Satznegation *nicht* zu platzieren:

da er *nicht* *lacht*
da er *nicht* *lachen kann*
da man ihn hier *nicht* *liegen bleiben lassen können wird*
da man ihn hier *nicht* *wird liegen lassen*
da man ihn hier *nicht* *wird können liegen bleiben lassen*

Satzstruktur
und Bewegung

Zur Vertiefung

Negationsprobe

Mit Hilfe der Satznegation *nicht* kann man überprüfen, wo die linke Grenze des Verbalkomplex ist, indem man *nicht* hinzufügt, wenn die Negationspartikel nicht schon vorhanden ist. In vielen Fällen ist das Ergebnis eindeutig:

wenn sie <u>nicht</u> anruft
da sie das Stück <u>nicht</u> zur Aufführung bringen
wenn wir <u>nicht</u> Rad fahren
da wir <u>nicht</u> blöd sind
da wir <u>nicht</u> in Lissabon sind

In manchen Fällen jedoch müssen wir berücksichtigen, dass die Satznegation innerhalb des Verbalkomplexes als negativer indefiniter Artikel (*kein*) vorkommen kann (**Kohäsion** nennt man dieses Phänomen):

da du <u>kein</u> Schwabe bist
wenn wir <u>keine</u> Kanadier werden
wenn dann <u>keine</u> Leute anrufen

Manchmal muss man einen Satz etwas umbauen (wie bei *wenn niemand ins Gras beißt*), um einen natürlichen Satz mit *nicht* zu bekommen: *wenn wir nicht ins Gras beißen*. Schließlich aber gibt es durchaus Sätze (z. B. *da er mich darum bittet*), bei denen zwei Stellungsmöglichkeiten von *nicht* relativ natürlich sind: *da er mich nicht darum bittet*; *da er mich darum nicht bittet*. Das Präpositionalobjekt steht entweder innerhalb des Verbalkomplexes oder außerhalb des Verbalkomplexes (und zwar im Mittelfeld).

Damit die Negationsprobe als Test für die linke Grenze des Verbalkomplexes klappt, muss man die Verwendung von *nicht* als Satznegation von anderen Verwendungen unterscheiden, bei denen *nicht* deutlich andere Stellungseigenschaften hat:

- **Quantorennegation** innerhalb der Nominalgruppe:

  Doch haben [<u>nicht</u> alle Zuhörer] darüber lachen können.
  [<u>Nicht</u> viele] haben darüber lachen können.

Hier gehört *nicht* mit zu einer Nominalgruppe, die als Determinativ ein Quantitativum aufweist – *nicht* steht im Linksfeld der Nominalgruppe (s. Kap. II.3.3.4). (Innerhalb einer Nominalgruppe kann *nicht* auch innerhalb von Adjektivgruppen auftreten wie etwa in *das nicht gegebene Tor.*)

- **Kontrastive Negation:**

  Doch hat <u>nicht</u> er darüber gelacht, sondern sie.

- *Nicht* als Modalpartikel in Fragesätzen:

  Hat er <u>nicht</u> gestern wieder das ganze Restaurant zum Lachen gebracht?

6.2.2 | Das modifizierte Basismodell des deutschen Satzes

Wenn man das erweiterte Basismodell des deuschen Satzes mit Spuren anreichert, ergibt sich das folgende Modell:

Das modifizierte Basismodell des deutschen Satzes (HEH⁺-System)

Jeder deutsche Satz (Hauptsatz wie Teilsatz) ist entweder nach einem der drei Schemata in (1), die nach der Regel in (2) erweitert sein können, und den Restriktionen in (3) oder nach dem allgemeinen Koordinationsschema und dessen Restriktionen (s. Kap. II.2.3.1) aufgebaut.

1. Topologische Satzschemata

V2-Schema:	AN TF	VF FINIT	MF NEG VK NF

V1-Schema:	AN TF	FINIT	MF NEG VK NF

VE-Schema:	AN TF	COMP	MF NEG VK NF

AN = Anschlussposition; TF = Topikfeld; VF = Vorfeld; FINIT = Finitheitsposition;
COMP = COMP-Position; MF = Mittelfeld; NEG = Negationsposition;
VK = Verbalkomplex; NF = Nachfeld

2. Erweiterungsregel für die Schemata in (1)
Vor bzw. nach jedem topologischen Platz der Schemata in (1) kann eine Nische (NI) eingefügt werden.

3. Restriktionen für die Plätze der Schemata in (1)

AN   (fakultativ) eine Diskurspartikel
TF   (fakultativ) eine Wortgruppe, die als Topik fungiert
VF   eine Wortgruppe, die mit einer Spur assoziiert ist oder zu einer kleinen Menge von Ausdrücken ohne Spur gehört (Vorfeld-*es*, bestimmte Nischenelemente etc.)
FINIT   ein finites Verb, das mit einer Spur assoziiert ist
COMP   eine Subjunktion oder eine Wortgruppe (Relativ-, Interrogativ-, Exklamativ-, *je*+Komparativ- oder *so*+Positivphrase), die mit einer Spur assoziiert ist
MF   (fakultativ) beliebig viele Wörter und Wortgruppen, deren lineare Abfolge untereinander von einer Reihe von Eigenschaften der Wörter und Wortgruppen abhängt
NEG   (fakultativ) ein Wort, das den Satz als negativ markiert
VK   eine Verbalgruppe, die aus einem Verb und fakultativ weiteren Einheiten besteht, wobei das Verb den weiteren Einheiten linear folgt, es sei denn, es liegen bei den Hilfsverben *werden* und *haben* bestimmte Bedingungen vor, dann ist dieses Verb das linear erste Element der Verbalgruppe

---

NF	(fakultativ) beliebig viele Wortgruppen, deren lineare Abfolge untereinander von einer Reihe von Eigenschaften der Wortgruppen abhängt
NI	ein Nischenelement

Topologische Analyse: Zur Illustration die vollständige topologische Analyse einiger uns schon vertrauter Beispielsätze nach dem HEH⁺-System. Zur Vorbereitung auf die topologische Analyse tragen wir bei der indizierten Klammerung der Sätze nun auch die Spuren ein.

In *Herr Feigl ist nicht sehr freundlich gewesen* haben wir es mit einer (kurzen) Topikalisierung und einer Verbbewegung zu tun. Das Subjekt im Vorfeld ist mit einer Spur im Mittelfeld assoziiert (t_1) und das finite Verb in FINIT mit einer Spur im Verbalkomplex (t_2). Die Satznegation *nicht* zeigt die linke Grenze des Verbalkomplexes an, der neben der Spur des finiten Hilfsverbs aus einem Kopulaverb im 3. Status (*gewesen*) und einer prädikativen Adjektivphrase (*sehr freundlich*) besteht.

Herr Feigl ist nicht sehr freundlich gewesen.
$\{_{S_0}$ *Herr Feigl*$_1$ *ist*$_2$ t_1 *nicht sehr freundlich gewesen* $t_2\}$

V2	AN	TF	VF	FINIT	MF	NEG	VK	NF
S_0			*Herr Feigl*$_1$	*ist*$_2$	t_1	*nicht*	*sehr freundlich gewesen* t_2	

Der Satz *Dort will sie nicht, dass ich zu arbeiten anfange* war eines unserer Beispiele für eine lange Topikalisierung. Die topikalisierte Phrase hat ihre Basisposition im eingebetteten Satz (t_2), daneben gibt es die Verbspur (t_3) im Gerüst des Trägersatzes. (Damit es nicht zu Überschneidungen mit den Indizes von S kommt, haben wir bei der Bewegung den Index 1 nicht vergeben.)

Dort will sie nicht, dass ich zu arbeiten anfange.
$\{_{S_0}$ *Dort*$_2$ *will*$_3$ *sie nicht* t_3, $[_{S_1}$ *dass ich* t_2 *zu arbeiten anfange*$]\}$

V2	AN	TF	VF	FINIT	MF	NEG	VK	NF
S_0			*Dort*$_2$	*will*$_3$	*sie*	*nicht*	t_3	S_1

VE	AN	TF	COMP	MF	NEG	VK	NF
S_1			*dass*	*ich* t_2		*zu arbeiten anfange*	

Der Relativsatz in *die Leute, die damit nicht rechnen, sind selbst schuld* ist ein Beispiel für kurze w-Bewegung. Die Spur der Relativphrase befindet sich im Mittelfeld des Relativsatzes.

die damit nicht rechnen
$\{_{S_1}$ *die*$_2$ t_2 *damit nicht rechnen*$\}$

VE	AN	TF	COMP	MF	NEG	VK	NF
S_1			die_2	t_2 damit	nicht	rechnen	

Der *wann*-Satz in *Ich muss wissen, wann du willst, dass ich komme* war eines unserer Beispiele für lange w-Bewegung. Die Spur von *wann* befindet sich im *dass*-Satz.

wann du willst, dass ich komme
{$_{S1}$ *wann$_3$ du willst*, [$_{S2}$ *dass ich t$_3$ komme*]}

VE	AN	TF	COMP	MF	NEG	VK	NF
S_1			$wann_3$	du		willst	S_2
S_2			dass	ich t_3		komme	

Zum Schluss noch die Analyse eines Scrambling-Beispiels, wo neben der Topikalisierungs- und der Verbspur noch eine Scrambling-Spur (t_3) vorkommt.

Ich habe da nicht mit gerechnet.
{$_{S0}$ *Ich$_1$ habe$_2$ t$_1$ da$_3$ nicht t$_3$ mit gerechnet t$_2$*}

V2	AN	TF	VF	FINIT	MF	NEG	VK	NF
S_0			Ich_1	$habe_2$	t_1 da_3	nicht	t_3 mit gerechnet t_2	

6.2.3 | Die Frage der Basisabfolge

Wir haben noch nicht thematisiert, wo die Spuren der bewegten Einheiten genau zu lokalisieren sind, wo m.a.W. die Basispositionen genau anzusetzen sind. Dies ist eine theoretisch sehr belastete Frage, da in der Fachliteratur oft davon ausgegangen wird, dass es für die einzelnen syntaktischen Einheiten (Subjekt, Objekt etc.) feste Basispositionen und damit eine **kanonische Basisabfolge** gibt. In der Rede vom Deutschen als einer SOV-Sprache kann dies mitschwingen. Geht man von einer kanonischen Basisabfolge aus, dann muss man sich in Bezug auf die folgenden beiden Sätze entscheiden, was die Basisabfolge ist.

(1) a. *Doch hat den Georg niemand bemerkt.*
   b. *Doch hat niemand den Georg bemerkt.*

Es ist nicht weiter verwunderlich, dass in einem solchen Fall davon ausgegangen wird, dass (1b) die Basisabfolge darstellt (›Subjekt vor Objekt‹). Dies hat dann allerdings die Konsequenz, dass man für (1a) Scrambling annehmen muss (alle anderen Bewegungen haben wir in 1a' ausgeblendet):

(1) a'   *doch hat den Georg$_1$ niemand t$_1$ bemerkt*

Die Frage nach der Basisposition der Phrasen im Vorfeld von (2) ist vor diesem Hintergrund schnell beantwortet:

(2) a. *Den Georg hat niemand bemerkt.*
         den Georg$_1$ hat niemand t$_1$ bemerkt
     b. *Niemand hat den Georg bemerkt.*
         niemand$_1$ hat t$_1$ den Georg bemerkt

Warum die kanonische Basisabfolge ›Subjekt vor Objekt‹ ist, wird mit theoretischen Annahmen begründet, die weit über das hinausgehen, was wir hier erörtern können (vgl. Haftka 1994).

In der linearen Syntax gibt es keinen Gund, von einer kanonischen Basisabfolge auszugehen, weswegen wir bisher von einer solchen Annahme keinen Gebrauch gemacht haben und dies auch im Folgenden nicht tun werden. Das heißt aber nicht, dass man nicht innerhalb der linearen Syntax im Prinzip entscheiden könnte, wo Spuren genau zu lokalisieren sind. Dazu muss man sich aber über Spuren und deren Eigenschaften genauer Klarheit verschaffen, als wir dies hier tun können. Doch sei die Richtung angedeutet. Die entscheidende Annahme ist die, dass eine Spur genau die gleichen (syntaktischen, semantischen etc.) Eigenschaften hat wie die Einheit, mit der sie assoziiert ist (die beiden sind gewissermaßen Kopien voneinander). Wenn man also wissen will, wo eine Spur genau zu platzieren ist, muss man schauen, wo ein Ausdruck mit den entsprechenden Eigenschaften im Herz des jeweiligen Satzes den Restriktionen der einzelnen topologischen Plätze gemäß platziert sein kann. Die richtige Methode, die Position der Spur zu finden, wäre dann eine, die systematisch die Möglichkeiten durchgeht, wo die Spur den Restriktionen gemäß platziert werden kann. Dies setzt allerdings voraus, dass die Restriktionen in Detail genau bekannt sind, wovon man allerdings noch nicht vollständig ausgehen kann.

Zur Vertiefung

Heuristiken der Spurensuche
Bei der Spurensuche kann man sich von der folgenden Heuristik leiten lassen: Man versucht herauszufinden, wo die bewegte Einheit (oder eine möglichst ähnliche) im Herz des Satzes stehen würde, wenn man die Bewegung aufzuheben versucht; dort setzt man die Spur der bewegten Einheit an.

Beispiel: Unser Ausgangssatz sei *Herr Feigl ist nicht sehr freundlich gewesen*. Wir ersetzen die Phrase im Vorfeld durch *klar* und platzieren *Herr Feigl* im Herz des Satzes. Dies ergibt: *Klar ist Herr Feigl nicht sehr freundlich gewesen*. Also setzen wir die Spur von *Herr Feigl* im Ausgangssatz zwischen *ist* und *nicht* an.

Herr Feigl$_1$ ist t$_1$ nicht sehr freundlich gewesen

Es kann durchaus vorkommen, dass es mehr als eine Möglichkeit gibt, die Spur zu platzieren. In *Das Entscheidende habe ich damals nicht gesehen* sind zwei Positionen möglich:

a. *Klar habe ich damals das Entscheidende nicht gesehen.*
das Entscheidende$_1$ habe ich damals t$_1$ nicht gesehen
b. *Klar habe ich das Entscheidende damals nicht gesehen.*
das Entscheidende$_1$ habe ich t$_1$ damals nicht gesehen

Wenn beide Möglichkeiten gleich gut erscheinen, ist es egal, für welche man sich entscheidet. Wenn eine zu einem etwas besseren, natürlicheren Satz führt, dann entscheidet man sich für diese.

Bei w-Bewegung muss man die bewegte Einheit in eine ähnliche umformen und überprüfen, wo diese stehen würde. In *Wer hat damit nicht gerechnet?* etwa können wir *wer* durch *klar* ersetzen und schauen, wo sich das zu *wer* ähnliche *der* platzieren lässt:

Wer hat damit nicht gerechnet?
Klar hat der damit nicht gerechnet.
wer$_1$ hat t$_1$ damit nicht gerechnet

Ähnlich bei VE-Sätzen mit w-Bewegung:

wer gestern Geburtstag gehabt hat
dass der gestern Geburtstag gehabt hat
wer$_1$ t$_1$ gestern Geburtstag gehabt hat
der gestern Geburtstag gehabt hat
dass der gestern Geburtstag gehabt hat
der$_1$ t$_1$ gestern Geburtstag gehabt hat

Bei Verbbewegung wissen wir, dass die Basisposition im Verbalkomplex ist.

Hast du das damals nicht gesehen?
hast$_1$ du das damals nicht gesehen t$_1$
Was hast du damals nicht gesehen?
was hast$_1$ du damals nicht gesehen t$_1$

Mit dieser Heuristik kommt man recht weit, wenn man Spuren lokalisieren will (und nicht von einer kanonischen Basisabfolge ausgeht).

6.3 | Zur Struktur englischer und französischer Sätze

Die topologische Betrachtungsweise hat in der Forschung zum Englischen und Französischen keine Tradition. Doch kann sie auch in diesem Fall auf relativ theorieneutrale Weise einen Einblick in die Struktur der Sätze dieser Sprachen geben. Im Unterschied zum Deutschen (s. Kap. II.6.1.2) wird das Englische wie das Französische als SVO-Sprache bezeichnet. Bei der topologischen Analyse beider Sprachen ist das Ansetzen eines speziellen topologischen Platzes für das Subjekt (SUB) angebracht. Typische Aussagesätze beider Sprachen lassen sich mit dem folgenden topologischen

Schema erfassen (wir werden allerdings gleich sehen, dass die Restriktionen für einige Plätze in den beiden Sprachen unterschiedlich sind):

Basis-Schema:

SUB FINIT	Y VK NF

SUB = Subjektstelle, FINIT = Finitheitsposition, Y = Feld für gewisse Adverbiale,
VK = Verbalkomplex, NF = Nachfeld

	SUB	**FINIT**	**Y**	**VK**	**NF**
1a	Mary	has	often	taken this train	this year
1b	Marie	a	souvent	pris ce train	cette année
2a	Mary		often	takes this train	
2b	Marie	prend	souvent	ce train	
3a	John John	has hasn't	not	read this novel read this novel	
3b	Pierre	n'a	pas	lu ce roman	pendant les vacances
4a	John	does	not	read this novel	
4b	Pierre	ne lit	pas	ce roman	
5a	John	has		read it	
5b	Pierre	l'a		lu	

In der **Finitheitsposition** können im Englischen nur (finite) Hilfs-, Kopula- und Modalverben stehen, aber keine Vollverben (deshalb wurde diese Position auch oft AUX genannt, von *auxiliary* ›Hilfsverb‹). Man sieht dies an der Stellung der finiten Vollverben zu Elementen in Y. Sie folgen auf diese (2a) und können ihnen nicht vorangehen (*Mary takes often this train*). Im Französischen jedoch kann die Finitheitsposition von allen finiten Verben besetzt werden, auch von Vollverben (2b und 4b). Im Französischen können in FINIT neben dem finiten Verb auch noch das Negationselement *ne/n'* (3b, 4b) sowie sogenannte klitische Pronomina (5b) vorkommen.

Im **Verbalkomplex** kann im Englischen ein Verb und sein Objekt stehen (1a), ein Verb und die zugehörige Verbpartikel (z.B. *John should shut up*), mehrere Verben (z.B. *He might have been elected*) oder auch nur ein Verb allein (z.B. *John will come*). Im Französischen verhält es sich ähnlich. In Bezug auf (2b) und (4b) wird man genötigt, anzunehmen, dass das finite Vollverb seine Basisposition im Verbalkomplex hat – wenn es sich wirklich um einen Verbalkomplex am Ende des Satzes handelt (*Marie prend₁ souvent t₁ ce train; Pierre ne lit₁ pas t₁ ce roman*).

Auch das Englische und Französische weisen Sätze auf, die man – in Analogie zum Deutschen – **V1-Sätze** nennen kann. Sie unterscheiden sich in der linearen Struktur anscheinend nur durch die umgekehrte Abfolge von SUB und FINIT im Vergleich zum Basis-Schema (man spricht oft von *Subject-Aux-Inversion* bzw. Subjekt-Verb-Inversion):

Zur Struktur
englischer und
französischer Sätze

V1-Schema:

FINIT	SUB		Y	VK	NF

	FINIT	SUB	Y	VK	NF
6a	Has	he	often	taken this train	this year
6b	A (-t-)	il	souvent	pris ce train	cette année
7a	Does	Mary	often	take this train	
7b	Prend (-)	elle	souvent	ce train	

Im Französischen kann jedoch in V1-Sätzen das Subjekt in der Subjekt-stelle nur ein Pronomen sein – eine Eigenname oder eine andere nicht-pronominale Nominalgruppe ist nicht möglich (*Prend Marie souvent ce train?).

Auch von **V2-Sätzen** kann man in diesen beiden Sprachen reden (wie-der in Analogie zum Deutschen), wobei es auch hier zur *Subject-Aux-Inver-sion* bzw. Subjekt-Verb-Inversion kommt. Die Stelle vor der Finitheitsposi-tion sei wie im Deutschen Vorfeld (VF) genannt, auch wenn für sie andere Restriktionen gelten, wie wir sehen werden:

V2-Schema:

VF	FINIT	SUB		Y	VK	NF

	VF	FINIT	SUB	Y	VK	NF
8a	When	will	John		take the train	
8b	A quelle heure	prendra (-t-)	elle		ce train	
9a	Which guy	did	Mary		love	
9b	Quel garçon	aimait (-)	elle			

In allen diesen Fällen liegt w-Bewegung vor, wobei die Spur der Interroga-tivphrase entweder im Nachfeld (8a, 8b) oder im Verbalkomplex (9a, 9b) platziert ist. (Dass die Interrogativphrase durch w-Bewegung ins Vorfeld kommt, zeigt sich klar an langen Bewegungen, die im Englischen – im Unterschied zum Deutschen – in der Standardvarietät möglich sind: *When do you think that she will come?*)

Im Englischen sind im Vorfeld nur Interrogativphrasen und bestimmte Arten von negierten Phrasen möglich (<u>Never</u> *will John do it again*), aber keine normalen Objekte oder Adverbiale (*This train* will John take, *Later will John take the train*). Im Französischen können neben Interrogativ-phrasen auch Adverbiale wie *peut-être, sans doute, à peine* u.a. im Vorfeld stehen (*Peut-être viendra-t-il*).

Schließlich braucht man noch für typische Nebensätze ein spezielles Schema, das eine Erweiterung des Basis-Schemas durch eine COMP-Po-sition darstellt, die ganz ähnlich wie im Deutschen durch Subjunktionen sowie Interrogativ- und Relativphrasen gefüllt werden kann:

167

Comp-Schema:

COMP	SUB	FINIT		Y	VK	NF

	COMP	SUB	FINIT	Y	VK	NF
10a	that	John	will		take the train	
10b	que	Pierre	prendra		ce train	
11a	which guy	Mary		often	met	there
11b	quel garçon	Marie	y rencontrait	souvent		
12a	that	Mary		often	met that guy	there
12b	que	Marie	y rencontrait	souvent	ce garçon	

(11a) gibt die Struktur eines Nebensatzes an wie in *I wonder which guy Mary often met there*; ebenso so (11b): *Il me demande quel garçon Marie y rencontrait souvent* (bei *y* handelt es sich um das (klitische) Pronomen ›dort‹).

Diese vier verschiedenen topologischen Satzschemata bieten eine erste Orientierung zur Syntax des englischen und französischen Satzes. Sie sind noch nicht so weit entwickelt und mit genauen Restriktionen versehen, dass sie ähnlich leistungsfähig wären wie die entsprechenden deutschen Satzschemata. Fürs Englische ist das Basis-Schema vor der Subjektstelle noch zu erweitern um (a) eine Anschlussposition (AN), in der Diskurspartikeln stehen, (b) ein Topikfeld (TF) mit einer Topikphrase und (c) eine Position X, in der insbesondere bestimmte Adverbiale stehen können (zum Beispiel auch adverbiale Nebensätze wie in *But, if elections were held today, the polls suggest a defeat*).

But obviously, Europe strongly backed them last year.
Our chancellor, she is going to New York next week.

AN	TF	X	SUB	FINIT	Y	VK	NF
But		obviously	Europe		strongly	backed them	last year
	Our chancellor		she	is		going to New York	next week

Ähnliches gilt für das Französische. In (a) etwa steht vor dem Subjekt der Diskursmarker *mais* in der Anschlussposition und die Adverbgruppe *très doucement* in X, in (b) steht die linksversetzte Nominalgruppe *Marie* im Topikfeld (und wird von dem Pronomen *elle* wieder aufgegriffen):

a. *Mais, très doucement, le cambrioleur a monté l'escalier.*
b. *Marie, elle parle anglais.*

Offen bleibt für das Französische u. a. die Analyse folgender Phänomene: In Sätzen wie *Pierre est-il arrivé?* und *Quand ton père est-t-il arrivé?* kommt gleichzeitig ein nicht-pronominales Subjekt (*Pierre, ton père*) und ein pronominales Subjekt (*il*) vor mit Inversion von pronominalem Subjekt und finitem Verb; in Sätzen wie *Quand est arrivé ton père?* steht das Subjekt nicht vor dem finiten Verb, sondern nach diesem und dem infiniten Verb (zu diesen Phänomenen vgl. Jones 1996, Kap. 10). Außerdem wäre es sehr wichtig, die verschiedenen Varietäten des Französischen auseinanderzuhalten, die sich auch in ihrer Syntax unterscheiden.

6.4 | Übungen

1. Analysieren Sie die Sätze aus Übung 1 in Kapitel II.1.4 dem modifizierten Basismodell des deutschen Satzes (HEH$^+$-System) gemäß und zwar nach dem Vorbild der topologischen Analysen in Kapitel II.6.2.2.

2. Analysieren Sie die Sätze aus Aufgabe 6 in Kapitel II.2.2.3 nach dem HEH$^+$-System.

3. Analysieren Sie die Sätze aus Aufgabe 8 in Kapitel II.2.6 nach dem HEH$^+$-System.

Lösungshinweise zu den Übungen finden Sie auf www.metzlerverlag.de/webcode. Ihren persönlichen Webcode finden Sie am Anfang des Bandes.

III. Syntaktische Konstruktionen

1. Passivkonstruktionen

1.1 | Aktiv und Passiv

Besiegen ist ein Verb, das ein Agensargument hat, das durch eine Nominativergänzung realisiert wird: *Alexander der Große besiegte den Perserkönig Dareios.* (Ein prototypisches Agensargument bezeichnet den willentlichen Verursacher eines Ereignisses.). Nun kann *besiegen* aber auch so verwendet werden, dass sein Agensargument nicht durch eine Nominativergänzung, sondern durch eine Präpositionalgruppe oder überhaupt nicht realisiert wird, wobei *besiegen* von dem Hilfsverb *werden* statusregiert wird (das Hilfsverb fordert den 3. Status; zum Begriff der Statusrektion s. Kap. I.2.4.2):

Der Perserkönig Dareios wurde <u>von Alexander dem Großen</u> besiegt.
Der Perserkönig Dareios wurde besiegt.

Hier wird *besiegen* im Passiv verwendet, es liegt eine Passivkonstruktion vor bestehend aus *wurde* (einer Form des Hilfsverbs *werden*) und *besiegt* (dem 3. Status von *besiegen*).

Zum Begriff	→ **Aktiv** ist die Verwendung eines Verbs, in der dessen Agensargument durch eine Nominativergänzung realisiert wird, und → **Passiv** ist die Verwendung eines Verbs, in der dessen Agensargument nur durch eine Präpositionalgruppe realisiert werden kann. Eine → **Passivkonstruktion** besteht aus einem Verb im Passiv und einem Verb, von dem das Verb im Passiv statusregiert wird.

Schematisch kann man das Verhältnis zwischen den Argumenten und deren Realisierungen im Aktiv und im Passiv bei einem Verb wie *besiegen* wie folgt angeben: (die Klammern um PP bedeuten Fakultativität)

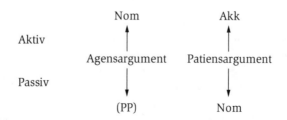

Aktiv und Passiv
bei einem Verb
wie *besiegen*

Traditionell redet man in Bezug auf Aktiv und Passiv von ›Genus verbi‹ (dem Genus des Verbs). Dahinter steht die Vorstellung, dass so, wie ein Substantiv ein Genus aufweist (Maskulinum, Neutrum, Femininum), auch ein Verb ein ›Genus‹ aufweisen kann (Aktiv, Passiv). Seit einiger Zeit redet man bei Aktiv und Passiv auch als einem Fall von ›Diathese‹, was bedeutet, dass ein Verb in einem von mehreren ›Zuständen‹ sein kann und Aktiv und Passiv solche Zustände sind. Doch bei diesen Benennungen wird nicht deutlich, dass beim Passiv eine syntaktische Konstruktion aus zwei Verben vorliegt, und nicht einfach nur eine spezielle Verbform – bei Aktiv und Passiv handelt es sich *nicht* um Flexionsmerkmale eines Verbs (man vergleiche die Diskussion in Kapitel I.2.2.2 zu Tempus und periphrastischen Konstruktionen).

Man kann **reine** von **unreinen** und **personale** von **impersonalen** Passivkonstruktionen unterscheiden. Unreine weisen gegenüber reinen Passivkonstruktionen einen zusätzlichen Bedeutungsaspekt auf. Personale Passivkonstruktionen weisen im Unterschied zu impersonalen eine Nominativergänzung, also ein Subjekt, auf. Wie der folgende Überblick zeigt, gibt es recht viele Passivkonstruktionen im Deutschen – in Kapitel III.1.2 und III.1.3 werden einige von ihnen genauer betrachtet werden:

Reine Passivkonstruktionen

Passiv-
konstruktionen
im Deutschen

- *werden*-Passiv
  personal: *Ich wurde gerufen.*
  impersonal: *Nie wurde dort gelacht.*
- *bekommen/erhalten/kriegen*-Passiv: *Ich bekam geholfen.*

Unreine Passivkonstruktionen
- Zustandspassiv
  personal: *Das ist geschafft.*
  impersonal: *Den Kollegen ist damit nicht geholfen.*
- Modales Passiv
  sein + V[2. sta]: *Die Aufgabe ist zu lösen.*
  bleiben + V[2. sta]: *Jetzt bleibt nur noch ein Punkt zu erledigen.*
  gehören + V[3. sta]: *SWR1 gehört gehört.*
  lassen + Reflexivpronomen + V[1. sta]: *Das lässt sich nicht beheben.*
  sein + Adjektiv + V[2. sta]: *Der Stein ist nur schwer zu heben.*
- *lassen*-Passiv: *Er lässt den Wagen von einem Fachmann schätzen.*
- Fernpassiv: *weil der Wagen oft zu reparieren versucht wurde*

1.2 | Das *werden*-Passiv

Das *werden*-Passiv (auch: Vorgangspassiv) ist, wie der Name schon sagt, eine Passivkonstruktion mit dem Hilfsverb *werden*. Es lässt sich eine personale und eine impersonale Variante unterscheiden.

Personales *werden*-Passiv: Hierbei handelt es sich um eine reine personale Passivkonstruktion (wie in *Dareios wurde (von Alexander) besiegt*) mit folgenden Eigenschaften:

a. Es ist eine syntaktische Konstruktion aus *werden* und einem von *werden* selegierten Verb im 3. Status.

b. Das selegierte Verb hat im Aktiv eine Akkusativ- und eine Nominativergänzung (jeweils mit Argumentstatus).

c. Hat das selegierte Verb im Aktiv neben der Nominativ- und der Akkusativergänzung noch weitere Ergänzungen, so hat es diese auch im Passiv.

d. Die Nominativergänzung im Passiv realisiert das selbe Argument wie die Akkusativergänzung im Aktiv.

e. Die Präpositionalgruppe, die im Passiv das Agensargument realisiert, ist (bis auf wenige Ausnahmen) fakultativ; es muss sich bei ihr nicht immer um eine *von*-Phrase handeln.

Betrachten wir diese Eigenschaften im Einzelnen: Das *werden*-Passiv in *Dareios wurde (von Alexander) besiegt* besteht aus dem Hilfsverb *wurde* und *besiegt*, einem Verb im 3. Status (vgl. Eigenschaft a). *Besiegen* hat im Aktiv eine Akkusativergänzung und eine Nominativergänzung – jeweils mit Argumentstatus (vgl. Eigenschaft b). Anders als *besiegen* hat *klauen* im Aktiv auch eine Dativergänzung (*Sie klauten ihm den Trabi*). Diese ist auch im *werden*-Passiv noch vorhanden: *Der Trabi wurde ihm geklaut* (vgl. Eigenschaft c). In *Dareios wurde (von Alexander) besiegt* hat die Nominativergänzung *Dareios* die semantische Rolle Patiens (die von einem Geschehen betroffene Partei), also die selbe semantische Rolle wie die Akkusativergänzung von *besiegen* im Aktiv (vgl. Eigenschaft d). Bei *besiegen*, *klauen* und vielen, vielen weiteren Verben im Passiv ist die Präpositionalgruppe, die im Passiv das Argument realisiert, das im Aktiv die Nominativergänzung realisiert, fakultativ (vgl. – wie auch zum Weiteren – Eigenschaft e). Das Verb *bilden* (in der Verwendung wie in *Der Auftritt eines Magiers bildete den Höhepunkt des Fests*) ist ein Beispiel für die eher seltenen Verben, die im Passiv eine Präpositionalgruppe obligatorisch fordern: *Der Höhepunkt des Fests wurde vom Auftritt eines Magiers gebildet* versus **Der Höhepunkt des Fests wurde gebildet*. Dass die Präpositionalgruppe nicht immer eine *von*-Phrase sein muss, zeigen die Sätze *Der Verletzte wurde zwischen 2 Sanitätern zum Krankenwagen geleitet* und *Das Haus wurde durch die Flammen völlig zerstört*.

In den Fällen, in denen die Präpositionalgruppe, die der Nominativergänzung im Aktiv entspricht, fakultativ ist, hat diese nicht den Status einer Ergänzung, sondern den einer Angabe, da weder die Präposition (es können ja unterschiedliche sein – *von*, *durch* etc.) noch die semantische Rolle der von der Präposition selegierten Nominalgruppe durch das Verb festgelegt wird (die semantische Rolle ergibt sich aus der Bedeutung der Präposition).

Impersonales *werden*-Passiv: Beispiele für diese Passivkonstruktion sind:

Es wurde getanzt.
Damals wurde nicht gearbeitet.
Dir kann geholfen werden.
Der Toten wurde (von uns) gedacht.

Charakteristisch für das impersonale *werden*-Passiv ist das Fehlen des Subjekts. Das *es* in *Es wurde getanzt* ist das Vorfeld-*es*, nicht das impersonale *es* mit Subjektstatus (wie bei Witterungsverben), was man daran sieht, dass es nicht im Mittelfeld vorkommen kann: **Dort wurde es getanzt*.

Das impersonale *werden*-Passiv ist eine reine impersonale Passivkonstruktion mit folgenden Eigenschaften:

a. Es ist eine syntaktische Konstruktion aus *werden* und einem von *werden* selegierten Verb im 3. Status.
b. Das selegierte Verb hat im Aktiv keine Akkusativergänzung, aber eine Nominativergänzung mit Argumentstatus.
c. Hat das selegierte Verb im Aktiv neben der Nominativergänzung weitere Ergänzungen, so hat es diese auch im Passiv.
d. Ein impersonales *es* kann nicht vorkommen.
e. Die Präpositionalgruppe, die im Passiv das Agensargument realisiert, ist fakultativ; es muss sich bei ihr nicht immer um eine *von*-Phrase handeln.

1.3 | Weitere Passivkonstruktionen

Bekommen/erhalten/kriegen-Passiv: Diese Passivkonstruktion ist die zweite reine Passivkonstruktion neben dem *werden*-Passiv. Sie wird auch Rezipientenpassiv, Benefikatorpassiv oder Dativpassiv genannt. Beispiele:

Sie bekam das Buch geschenkt. Wer heute hilft, bekommt morgen geholfen.
Sie erhielten das Bundesverdienstkreuz erster Klasse verliehen.
Du kriegst gleich eine gescheuert.

Die drei Passivhilfsverben *bekommen*, *erhalten* und *kriegen* unterscheiden sich, was Varietät und Register angeht: Tendenziell wird *bekommen* sowohl in der Standard- wie in der Umgangssprache, *erhalten* nur in der Standardsprache und *kriegen* nur in der Umgangssprache verwendet.

Das *bekommen/erhalten/kriegen*-Passiv ist eine reine personale Passivkonstruktion mit folgenden Eigenschaften:

a. Es ist eine syntaktische Konstruktion aus *bekommen*, *erhalten* oder *kriegen* und einem selegierten Verb im 3. Status.
b. Das selegierte Verb hat im Aktiv eine Dativergänzung (und meist auch eine Akkusativergänzung).
c. Die Nominativergänzung im Passiv realisiert das selbe Argument wie die Dativergänzung im Aktiv.
d. Hat das selegierte Verb im Aktiv neben der Nominativ- und der Dativergänzung noch weitere Ergänzungen, so hat es diese auch im Passiv.

e. Die Präpositionalgruppe, die im Passiv das Agensargument realisiert, ist fakultativ; es muss sich bei ihr nicht immer um eine *von*-Phrase handeln.

Zustandspassiv: Hierbei handelt es sich um eine unreine Passivkonstruktion, d.h. um eine Konstruktion mit einem zusätzlichen Bedeutungsaspekt. Beispiele:

(1) *Der Brief ist an uns alle gerichtet.*
(2) *Alle Bürger sind zur Mithilfe aufgerufen.*
(3) *Die Berge sind von Schnee bedeckt.*

Der Satz (3) beispielsweise drückt aus, dass die Berge in dem Zustand sind, der das Resultat des Vorgangs ist, dass die Berge von Schnee bedeckt werden. *Die Berge werden (/wurden) von Schnee bedeckt* drückt im Unterschied dazu lediglich aus, dass sich der Vorgang, dass die Berge von Schnee bedeckt werden, ereignet (bzw. ereignete). Einen Resultatszustand auszudrücken, das ist der zusätzliche Bedeutungsaspekt des Zustandspassivs.

Es ist allerdings anzumerken, dass es in der Forschung eine kontrovers diskutierte Frage ist, ob das Zustandspassiv überhaupt eine Passivkonstruktion in unserem Sinne ist, also eine Konstruktion aus zwei Verben. Die Alternative, die zur Debatte steht, ist, das Zustandspassiv als eine Kopula+Adjektiv-Konstruktion zu betrachten, bei der demnach aus dem Partizip, dem Verb im 3. Status, ein Adjektiv geworden ist (Partizip-Adjektiv-Konversion). Ein Indiz für diese Sichtweise ist die Möglichkeit, dem Zustandspassiv vergleichbare attributive Adjektivphrasen zu bilden: *der an uns alle gerichtete Brief, alle zur Mithilfe aufgerufenen Bürger, die von Schnee bedeckten Berge.* Es gibt also auf alle Fälle einen Wortbildungsprozess, bei dem aus Passivverben im 3. Status Adjektive gebildet werden. Dieser Prozess könnte nun auch schon beim Zustandpassiv stattgefunden haben.

Das **personale Zustandspassiv** ist eine syntaktische Konstruktion aus *sein* und einem von *sein* selegierten Verb im 3. Status (oder: eine Konstruktion aus *sein* und einem Adjektiv auf der Basis eines Verbs im 3. Status) und teilt viele Eigenschaften mit dem personalen *werden*-Passiv – nämlich alle bis auf die erste. Beispiele sind die Sätze (1) bis (3) oben.

Das **impersonale Zustandspassiv** ist wie beim *werden*-Passiv die impersonale Variante dazu.

Vor eineinhalb Stunden ist den Kollegen noch nicht geholfen gewesen.
sobald (von allen) über den Fluss gesetzt ist, ...
sobald (von allen) angetreten ist, ...

Es handelte sich um eine syntaktische Konstruktion aus *sein* und einem von *sein* selegierten Verb im 3. Status (oder: eine Konstruktion aus *sein* plus einem Adjektiv auf der Basis eines Verbs im 3. Status) und teilt alle Eigenschaften mit dem impersonalen *werden*-Passiv bis auf die erste.

Modale Passivkonstruktionen sind Passivkonstruktionen, die einen modalen Bedeutungsaspekt (ein Müssen, Können, Sollen etc.) ausdrücken. Es gibt eine ganze Reihe solcher Konstruktionen:

Modales Passiv aus *sein* + V[2. sta]
Die Aufgabe ist zu lösen.
　　Lesart 1: Die Aufgabe kann gelöst werden.
　　Lesart 2: Die Aufgabe muss gelöst werden.

Modales Passiv aus *bleiben* + V[2. sta]
Jetzt bleibt nur noch ein Punkt zu erledigen.
　　Lesart: Jetzt muss nur noch ein Punkt erledigt werden.

Modales Passiv aus *gehören* + V[3. sta]
SWR1 gehört gehört.
　　Lesart: SWR1 sollte gehört werden.

Modales Passiv aus *lassen* + Reflexivpronomen + V[1. sta]
Das lässt sich nicht beheben.
　　Lesart: Das kann nicht behoben werden.

Modales Passiv aus *sein* + Adjektiv + V[2. sta]
Der Stein ist nur schwer zu heben.
　　Lesart: Der Stein kann nur schwer gehoben werden.

Das **Lassen-Passiv** ist eine weitere unreine Passivkonstruktion, sie ist vom modalen Passiv mit *lassen* zu unterscheiden.

Die Belagerer lassen den Eingeschlossenen (vom Roten Kreuz) helfen.
　　Lesart 1: Die Belagerer erlauben, dass den Eingeschlossenen geholfen
　　　　　　wird (=permissive Lesart)
　　Lesart 2: Die Belagerer leiten es in die Wege, dass den Eingegeschlosse-
　　　　　　nen geholfen wird (=kausative Lesart)

Weitere Beispiele: *Er lässt den Wagen (von einem Fachmann) reparieren*; *Die Regierung lässt der Toten gedenken.*
　　Sätze wie *Die Belagerer lassen das Rote Kreuz den Eingeschlossenen hel-fen* oder *Er lässt den Fachmann den Wagen reparieren* sind keine Passiv-konstruktionen, sondern AcI-Konstruktionen (s. Kapitel III.2.4).
　　Medialkonstruktionen (auch: Mittelkonstruktion, Medium) haben Ähnlichkeiten zu Passivkonstruktionen. Sie bestehen aus einem Verb, ei-nem Reflexivpronomen und einem Adjektiv:

Das Buch liest sich leicht.
　　Lesart: Das Buch kann man leicht lesen.

Das Verb hat wie ein Verb im Passiv das Argument als Subjekt, das im Aktiv durch das Akkusativobjekt realisiert wird. Aber eine Präpositio-nalgruppe, die das Agensargument realisiert, ist nicht möglich. Da die Konstruktion zwischen Aktiv und Passiv anzusiedeln ist, wird sie *Medial-* oder *Mittel*konstruktion genannt, man redet auch von ›Medium‹ als einem Zustand zwischen Aktiv und Passiv. Weitere Beispiele für diese Konstruk-tion sind:

Leinenhemden bügeln sich schwer.
Es sitzt sich hier bequem.
Morgens lernt es sich am besten.

Reflexive Antikausativkonstruktion: Auch wenn das Agensargument bei Medialkonstruktionen nicht durch eine Phrase sichtbar realisiert werden kann, so ist es semantisch doch vorhanden – wie man an der Paraphrase von *Das Buch liest sich leicht* sieht: »Das Buch kann <u>man</u> gut lesen«. Dies ist anders bei reflexiven Antikausativkonstruktionen, die mitunter auch zu den Medialkonstruktionen gerechnet werden:

Das Fenster öffnet sich.
    Lesart: Das Fenster geht auf.

Hier ist nicht mehr die Rede von einem Agens, das das Fenster öffnet. Es kann sein, dass jemand das Fenster öffnet, es kann aber auch von alleine aufgehen. Weitere Beispiele für diese Konstruktion: *Die Tapete löst sich*; *Kein Problem löst sich von selbst.*

Antikausativ heißt diese Konstruktion, da sie bei Verben, die eigentlich kausativ sind (etwas wird verursacht wie bei *Ich öffne das Fenster*), die Verursachungskomponente eliminiert. Reflexiv heißt die Konstruktion, da ein Reflexivpronomen (im Akkusativ) obligatorisch ist.

Zu Passivkonstruktionen einführend vgl. Pittner/Berman (2004, §5) und Müller (²2008, §17.1) sowie ausführlich Höhle (1978, insb. §2 und §7). Zur Diskussion um den Status des Zustandspassivs vgl. u. a. Maienborn (2007) und Thieroff (2007). Zum Fernpassiv vgl. Höhle (1978, §8.1.3) sowie Müller (²2008, §17.1.4). Zu Medialkonstruktionen vgl. Steinbach (2002).

1.4 | Formen der Passivanalyse

Die größte Herausforderung für die Syntaxtheorie beim Passiv ist die Analyse des Umstands, dass die syntaktische Valenz eines Verbs in einem Passivsatz nicht erfüllt zu sein scheint. *Besiegen* und *defeat* etwa sind beide syntaktisch zweistellig, sie fordern ein Subjekt und ein Objekt. Im Passiv ist diese Forderung anscheinend nicht erfüllt, da kein entsprechendes Objekt vorhanden zu sein scheint.

Die entscheidende Annahme der transformationellen Analyse des Passivs ist, dass ein Verb die syntaktische Valenz, die es im Aktiv hat, entgegen dem ersten Anschein auch im Passiv hat. Nicht-transformationelle Passivanalysen hingegen gehen davon aus, dass die syntaktische Valenz, die ein Verb im Aktiv hat, in der einen oder anderen Weise im Passivsatz nicht mehr direkt einschlägig ist.

1.4.1 | Transformationelle Passivanalysen

Das Passiv wurde in den 1960er Jahren zu einem Paradebeispiel dafür, dass man in der Syntax ›Transformationen‹ benötigt. Denn mit Hilfe von Transformationen konnte auf systematische Weise das Verhältnis von Aktiv- und Passivsätzen zueinander angegeben werden. Es sind viele verschiedene Versionen einer transformationellen Analyse des Passivs entwickelt worden. Ganz zu Anfang hat man eine komplexe Passivtransformation angenommen, die ausgehend von einem Aktivsatz bestimmte Veränderungen vornimmt (diese Sichtweise wurde anhand des Englischen entwickelt): Das Subjekt wird aus der Subjektstelle heraus- und das Objekt in diese hineinbewegt; das Verb wird zu einem Partizip gemacht und eine Form des Hilfsverbs *be* eingeführt.

Alexander defeated Dareios.

$\downarrow$ Passivtransformation

Dareios was defeated by Alexander

Mit der Zeit hat man versucht, die verschiedenen Bestandteile der Passivtransformation voneinander zu trennen, sie so weit wie möglich zu reduzieren und unabhängig zu begründen, so dass man keine spezielle Passivtransformation mehr annehmen musste (s. die Vertiefung ›Passiv in der Rektions-Bindungs-Theorie‹).

Geblieben ist aber die Annahme, dass das Subjekt des Passivsatzes (in den meisten Fällen) durch Bewegung an die Subjektstelle kommt (zu Bewegung im Allgemeinen s. Kap. II.6). Man sagt, dass das Subjekt des Passivsatzes in der **Tiefenstruktur** oder **D-Struktur** (D für engl. *deep*) an der Objektstelle steht, dass es also zugrundeliegend ein Objekt ist. Durch Bewegung kommt es in der **Oberflächenstruktur** oder **S-Struktur** (S für engl. *surface*) an die Subjektstelle und hinterlässt an der Objektstelle eine Spur – in dem Beispiel unten ist t_1 die Spur von *Dareios$_1$*. Wenn in der Transformationsgrammatik ganz allgemein von Bewegung die Rede ist, so redet man von **Move α** (zum Begriff der Spur s. Kap. II.6.1.1).

D-Struktur: ___ *was defeated Dareios* (*by Alexander*)

$\downarrow$ Move α

S-Struktur: *Dareios$_1$ was defeated* t_1 *by Alexander*

Da hier in der D-Struktur die Subjektstelle leer ist, kann sich das Objekt dort hineinbewegen. (Die *by*-Phrase ist in der D-Struktur geklammert, da es unterschiedliche Vorstellungen gibt, wann eine solche Phrase in den Passivsatz eingefügt wird.) Die Valenzforderung, dass *defeat* ein Objekt verlangt, ist sowohl in der D-Struktur wie in der S-Struktur erfüllt (in letzterer ist die Spur t_1 das Objekt des Verbs).

Passiv in der Rektions-Bindungs-Theorie

Die Rektions-Bindungs-Theorie ist der Stand der Transformationsgrammatik, den Noam Chomsky in *Lectures on Government and Binding* (1981) entwickelt hat (man spricht auch von GB-Theorie). An der Behandlung des Passivs in diesem Modell kann man gut sehen, wie sich die einzelnen Teile der Passivtransformation in voneinander unabhängige Aspekte zerlegen lassen. Chomsky macht dort zwei spezifische Annahme hinsichtlich der Analyse des Passivs (1981, 124):

a. Ein Partizip kann seinem Objekt zwar eine semantische Rolle (Patiens etwa), aber keinen Kasus zuweisen.

b. In einem Passivsatz wird dem Subjekt keine semantische Rolle zugewiesen wird (anders als in Aktivsätzen).

Zusammen mit der allgemeinen Annahme, dass Nominalphrasen ein Kasus zugewiesen werden muss (=Kasusfilter), ergibt sich, dass in der D-Struktur eines Passivsatzes die Nominalphrase an Objektstelle kein Kasus zugewiesen werden kann und dass sich diese Nominalphrase deshalb an eine Stelle begeben muss, in der sie Kasus bekommen kann. Die einzige Möglichkeit, die es gibt, ist die freie Subjektstelle. Bei der Bewegung an die Subjektstelle nimmt die Nominalphrase die semantische Rolle, die es vom Verb erhalten hat, mit.

Wenn das Objekt in einem Passivsatz keine Nominalphrase ist, dann muss es auch nicht bewegt werden, dann steht ein impersonales *it* an der Subjektstelle: *It was believed that the conclusion was false* (vgl. Chomsky 1981, 124). Bewegung ist damit für einen Passivsatz kein notwendiges Merkmal mehr.

Das Phänomen ›Passiv‹ ist in der Rektions-Bindungs-Theorie in mehrere voneinander unabhängige Aspekte zerlegt worden (Kasuszuweisung, semantische-Rollen-Zuweisung, Kasusfilter, Bewegung). Von einer Passivtransformation kann bzw. braucht man bei dieser Analyse des Passivs nicht mehr reden.

1.4.2 | Nicht-transformationelle Passivanalysen

Nicht-transformationelle Passivanalysen gehen davon aus, dass die syntaktische Valenz, die ein Verb im Aktiv hat, in der einen oder anderen Weise im Passivsatz nicht mehr direkt einschlägig ist. Drei Varianten eines solchen Vorgehens sind vorgeschlagen worden: eine lexikalische Passivregel, eine spezielle Valenz der Passivhilfsverben und die Argumentblockierung beim Partizip.

Lexikalische Passivregel: Durch eine lexikalische Regel wird ermöglicht, dass ein Verb eine andere Valenz aufweist als die, die es ursprünglich hat. Die lexikalische Passivregel ermöglicht, dass ein Verb, das ein Subjekt und ein Objekt (genauer: ein direktes bzw. ein Akkusativobjekt) selegiert, anstelle des Objekts ein Subjekt und anstelle des Subjekts eine fakultative Präpositionalgruppe selegiert (die grammatische Funktion der Präpositionalgruppe wird als »Obliquus« angegeben).

Lexikalische Passivregel:

Subjekt	$\longrightarrow$	Obliquus (fakultativ)
Objekt	$\longrightarrow$	Subjekt

Ein solches Verfahren wird vor allem in der Lexikalisch-funktionalen Grammatik (LFG) angewendet (zu LFG s. Kap. IV.1.3). Ohne in die Details dieser Theorie zu gehen, kann man sich die Wirkungsweise dieser Regel in unserem Format der syntaktischen und semantischen Valenz (s. Kap. I.2.4) so darstellen, dass die lexikalische Passivregel ausgehend von der Valenz von *besiegen* eine bestimmte Valenz für (*wird*) *besiegt* macht:

besiegen:	syntaktische Valenz:	Nom_1 Akk_2
	semantische Valenz:	$Term_1^{Agens}$, $Term_2^{Patiens}$
(*wird*) *besiegt*:	syntaktische Valenz:	Nom_2
		Nom_2 PP_1
	semantische Valenz:	$Term_1^{Agens}$, $Term_2^{Patiens}$

Das Agensargument wird nun von einer PP oder überhaupt nicht realisiert, das Patiensargument durch die Nominativergänzung.

Eine lexikalische Passivregel als Alternative zu einer transformationellen Behandlung des Passivs wurde von Bresnan (1982) als eine der ersten vorgeschlagen (zu einer neueren Version vgl. Bresnan 2001, 25 ff.).

Spezielle Valenz der Passivhilfsverben: Diese Analyse geht von dem Umstand aus, dass wir es beim *werden*-Passiv (und den anderen Passivkonstruktionen) mit einer periphrastischen Konstruktion aus zwei Verben zu tun haben, die jeweils ihre eigene Valenz besitzen. Beim *werden*-Passiv haben wir das Passivhilfsverb *werden* und das von ihm selegierte Vollverb. Die entscheidende Idee ist, dass die syntaktische Valenz des Hilfsverbs Bezug nimmt auf die syntaktische Valenz des Vollverbs. Die syntaktische Valenz von *werden* kann man dabei wie folgt beschreiben (wir ignorieren hier die Möglichkeit des impersonalen *werden*-Passivs). Das Passivhilfsverb *werden* fordert:

a. eine Nominativergänzung,
b. ein Verb im 3. Status, das eine Nominativ- und eine Akkusativergänzung selegiert, und
c. das, was das Verb in (b) zusätzlich zu der Nominativ- und der Akkusativergänzung selegiert.

In *Dareios wurde besiegt* ist die Valenz von *werden* erfüllt: Wir haben eine Nominativergänzung und ein Verb im 3. Status, dessen syntaktische Valenz eine Nominativ- und eine Akkusativergänzung verlangt. Da *besiegen* nur zweistellig ist, ist keine weitere Ergänzung erforderlich. (Eine *von*-PP hat den Status einer Angabe, nicht den einer Ergänzung, s. Kap. III.1.2.) *Klauen* kann dreistellig mit einer Dativergänzung verwendet werden (wie in *Sie klauten ihm den Trabi*). Beim *werden*-Passiv mit *klauen* wird die Dativergänzung von der Valenz von *werden* übernommen (nach c oben) wie in *Der Trabi wurde ihm geklaut.*

Ein solches Vorgehen kann man leicht auf andere Passivkonstruktionen übertragen, z. B. auf das *bekommen/erhalten/kriegen*-Passiv. Hier verlangt das Hilfsverb:

a. eine Nominativergänzung,

b. ein Verb im 3. Status, das eine Nominativ- und eine Dativergänzung selegiert, und

c. das, was das Verb in (b) zusätzlich zu der Nominativ- und der Dativergänzung selegiert.

Eine solche **lexikalistische Analyse** des Passivs ist für das Deutsche zuerst von Höhle (1978) vorgeschlagen worden.

Argumentblockierung durch das Partizip: Die dritte Form einer nicht-transformationellen Passivanalyse geht von der Idee aus, dass bei der Partizipbildung (der Bildung des 3. Status eines Verbs) eine der Ergänzungen des Verbs ›blockiert‹ wird, d. h. für die Syntax nicht mehr zur Verfügung steht, ohne aber vollständig eliminiert zu sein (vgl. Haider 1993). Dadurch kann beim *werden*-Passiv die andere, nicht-blockierte Ergänzung zum Subjekt werden. Bei *besiegen* wird die Ergänzung, die das Agensargument realisiert, blockiert, so dass die Ergänzung, die das Patiensargument realisiert, zum Subjekt werden kann.

Bei Haider (1993) wird die syntaktische Valenz in einem anderen Format angegeben als in dieser Einführung. Und zwar wird zum einen von dem Umstand Gebrauch gemacht, dass man Nominativ und Akkusativ als strukturelle Kasus im Deutschen bezeichnen kann (s. Kap. I.2.4.2). Die Nominativ- wie die Akkusativergänzung ist dabei nur als NP[str] angegeben, d. h. als Nominalphrase, die einen strukturellen Kasus aufweist, ohne anzugeben, welcher Kasus dies genau ist. Eine der beiden Ergänzungen (Ergänzungen werden als (syntaktische) Argumente bezeichnet) wird in vielen Fällen als ›designiertes Argument‹ (vereinfacht: als Subjekt) ausgezeichnet und zwar durch Unterstreichung. Die Valenz von *besiegen* sieht in diesem Format wie folgt aus:

syntaktische Valenz: <u>NP</u>[str], NP[str]

Die Partizipbildung (*besiegt*) führt nun dazu, dass das designierte Argument blockiert ist, was durch Durchstreichen markiert wird:

syntaktische Valenz: ~~NP[str]~~, NP[str]

Die Regeln für die Realisierung von strukturellen Kasus sind nun so formuliert, dass, wenn nur ein Argument mit strukturellem Kasus in der Valenz vorhanden ist, dieser Kasus als Nominativ interpretiert wird. Damit wird beim *werden*-Passiv mit *besiegt* das Patiensargument zum Subjekt.

Bei der Blockierung wird ein Argument so markiert, dass es nicht mehr für die Syntax zur Verfügung steht, doch es wird nicht eliminiert. Das Perfekthilfsverb *haben* kann die Blockierung lösen (›deblockieren‹). Damit ist sichergestellt, dass bei *hat besiegt* wieder das Agensargument als Subjekt realisiert wird.

1.5 | Exkurs: Unakkusativität

Unter Unakkusativität wird das Phänomen verstanden, dass sich eine Teilmenge der intransitiven Verben durch besondere Eigenschaften auszuzeichnen scheint. Bei dieser Teilmenge spricht man von **unakkusativen Verben** (manchmal redet man auch von ergativen Verben). Es sind vor allem zwei Eigenschaften, die im Deutschen als typisch für unakkusative Verben gelten: die Perfektkonstruktion mit *sein* und die Möglichkeit der Partizip-Adjektiv-Konversion (d.h. der Konversion einer Verbform im 3. Status in ein Adjektiv). Danach sind *ankommen*, (intransitives) *zerbrechen* und *sterben* unakkusative Verben:

Wir sind angekommen.   (*Wir haben angekommen.*)
Die Vase ist zerbrochen.   (*Die Vase hat zerbrochen.*)
Sie sind gestorben.   (*Sie haben gestorben.*)

die angekommenen Gäste
die zerbrochene Vase
die gestorbenen Fluggäste

Die intransitiven Verben, die nicht unakkusativ sind, **unergative Verben** genannt, treten in der Perfektkonstruktion typischerweise mit *haben* auf und erlauben keine Partizip-Adjektiv-Konversion. Danach sind *arbeiten*, *glänzen* und *tanzen* unergative Verben:

Wir haben gearbeitet.   (*Wir sind gearbeitet.*)
Die Vase hat geglänzt.   (*Die Vase ist geglänzt.*)
Wir haben getanzt.   (*Wir sind getanzt.*)

die gearbeiteten Gäste
die geglänzte Vase
die getanzten Gäste

	intransitive Verben	
	unakkusative Verben	**unergative Verben**
Perfektkonstruktion mit *sein*	+	−
Partizip-Adjektiv-Konversion	+	−

Zusammenfassung

Von unakkusativen Verben sagt man, dass deren Subjekte Eigenschaften aufweisen, die typisch für Objekte sind. Dies kann man an der Partizip-Adjektiv-Konversion illustrieren. Wenn man aus dem Partizip eines transitiven Verbs (d.h. eines Verb mit zwei Ergänzungen, einer im Nominativ und einer im Akkusativ) ein Adjektiv macht (z.B. aus dem Partizip von *besiegen* das Adjektiv *besiegt*), dann ist das Adjektiv semantisch ein Prädikat, das auf das zutrifft, das der Akkusativergänzung enspricht. So trifft *besiegt* auf das Patiensargument von *besiegen* zu: In *Die besiegten Truppen ziehen sich zurück* wird auf Truppen bezug genommen, die besiegt wurden, nicht auf siegreiche Truppen. Da die Partizip-Adjektiv-Konversion bei unakkusativen, nicht aber bei unergativen Verben möglich scheint, hat das Subjekt der unakkusativen Verben eine Eigenschaft, die auf Objekte, nicht aber auf Subjekte von transitiven Verben zutrifft.

Man sagt, die Subjekte von unakkusativen Verben sind zugrundeliegend Objekte, während die Subjekte von unergativen Verben auch zugrundeliegend Subjekte sind. Es hat sich auch die Redeweise eingebürgert, dass die Subjekte von unergativen Verben **externe Argumente** sind (außerhalb der Verbalphrase stehen), die Subjekte von unakkusativen Verben jedoch **interne Argumente** sind (wie Objekte innerhalb der Verbalphrase stehen).

- unergative Verben: Subjekt = externes Argument
- unakkusative Verben: Subjekt = internes Argument

Ein externes Argument wird manchmal auch designiertes Argument genannt (s. Kap. III.1.4 unter Argumentblockierung).

Ob die hier einführte Unterscheidung von unakkusativen und unergativen Verben sinnvoll ist und, wenn ja, was ihr zugrunde liegt, dies wird sehr kontrovers diskutiert. Zur Diskussion um Unakkusativität im Deutschen vgl. u. a. Wunderlich (1985), Grewendorf (1989) und Strobel (2007).

2. Anhebungskonstruktionen

Anhebungskonstruktionen sind in den 1970er Jahren von der Transformationsgrammatik als ein Phänomen erkannt worden, das für die Syntax eine ernsthafte Herausforderung darstellt. In Anhebungskonstruktionen hat ein Verb eine Ergänzung, die eigentlich die Ergänzung eines anderen Verbs ist, das in dem selben Satz vorkommt. In dem Satz *It seems to rain* beispielsweise ist *it* das Subjekt zu *seems*, aber eigentlich ist es ja das Subjekt zu *rain*. Von Anhebung (engl. *raising*) redete man, da man lange Zeit der Ansicht war, dass in diesen Konstruktionen die Ergänzung eines Verbs aus einem Nebensatz in den Trägersatz angehoben wird und dort die Ergänzung eines anderen Verbs bildet. Heute wird der Begriff der Anhebung oft auch einfach für den Sachverhalt verwendet, dass die syntaktische Valenz eines Wortes abhängig ist von der syntaktischen Valenz eines von ihm selegierten Wortes. Handelt es sich um ein Verb, so spricht man von einem Anhebungsverb, was dann nichts mehr mit Anhebung als Bewegung zu tun haben muss.

2.1 | Arten von Anhebungskonstruktionen

In der Transformationsgrammatik sind drei Arten von Anhebungen unterschieden worden: Subjekt-zu-Subjekt-Anhebung, Subjekt-zu-Objekt-Anhebung und Objekt-zu-Subjekt-Anhebung.

Subjekt-zu-Subjekt-Anhebung: Die beiden Sätze (1) und (2) machen die selbe Aussage:

(1)   *It seems that Mary denies the claim.*
      ›Es scheint, dass Marie die Behauptung bestreitet.‹
(2)   *Mary seems to deny the claim.*
      ›Marie scheint die Behauptung zu bestreiten.‹

In (1) ist *Mary* Subjekt und Agensargument von *denies*, und das impersonales *it* ist Subjekt von *seems*. In (2) ist *Mary* Subjekt von *seems*, gehört aber semantisch und syntaktisch auch zu *deny* – es ist wie in (1) das Agensargument und die Nominativergänzung von *deny*. Letzteres wird besonders deutlich in Sätzen mit Witterungsverben, die im Englischen wie im Deutschen ein impersonales Pronomen als Subjekt aufweisen müssen.

(3) *It seems to rain.*

Die syntaktische Forderung von *rain* nach einem impersonalen Pronomen als Subjekt ist in (3) durch das Subjekt von *seem* erfüllt.

In (2) und (3) liegt eine Subjekt-zu-Subjekt-Anhebung vor: Das Subjekt von *seem* ist syntaktisch (und semantisch) eigentlich das Subjekt des Verbs im Infinitiv. Der Transformationsgrammatik zufolge liegt in Anhebungskonstruktionen mit *seem* genauso wie in (1) ein Satzgefüge vor, wobei das Subjekt des Teilsatzes zum Subjekt des Trägersatzes wird, indem es aus dem Teilsatz herausbewegt wird an die Subjektstelle des Satzes mit *seem* (t_1 ist die Spur des Subjekts):

(2') D-Struktur: $\{_{S0}$ __ *seems* $[_{S1}$ *Mary to deny the claim*$]\}$
     S-Struktur: $\{_{S0}$ *Mary$_1$ seems* $[_{S1}$ t_1 *to deny the claim*$]\}$
(3') D-Struktur: $\{_{S0}$ __ *seems* $[_{S1}$ *it to rain*$]\}$
     S-Struktur: $\{_{S0}$ *it$_1$ seems* $[_{S1}$ t_1 *to rain*$]\}$

In der Transformationsgrammatik ist diese Analyse der Subjekt-zu-Subjekt-Anhebung (Subjekt des Teilsatzes wird zum Subjekt des Trägersatzes) zur Standardanalyse geworden.

Subjekt-zu-Objekt-Anhebung: In einer zweiten Anhebungskonstruktion wird das Subjekt des Teilsatzes im Trägersatz ein Objekt. Zwei Beispiele:

(4) *We expected him to deny the claim.*
    ›Wir nahmen an, dass er die Behauptung bestreiten würde.‹
(5) *We expected it to rain.*
    ›Wir nahmen an, dass es regnen würde.‹

Him, das Objekt von *expected*, ist in (4) eigentlich das Subjekt zu *deny*, so wie in (5) *it*, das Objekt von *expected*, eigentlich das Subjekt von *rain* ist. Lässt man sich von der Analyse der Subjekt-zu-Subjekt-Anhebung leiten, so scheint hier das Subjekt des Teilsatzes in den Trägersatz als Objekt angehoben worden zu sein:

(4') $\{_{S0}$ *we expected him$_1$* $[_{S1}$ t_1 *to deny the claim*$]\}$
(5') $\{_{S0}$ *we expected it$_1$* $[_{S1}$ t_1 *to rain*$]\}$

Diese Anhebungsanalyse hat sich in der Transformationsgrammatik aber nicht durchgesetzt, vielmehr ist eine Analyse Standard geworden, nach der das Subjekt des Teilsatzes immer noch Subjekt des Teilsatzes ist, allerdings ungewöhnlicherweise nicht im Nominativ, sondern im Akkusativ steht (man spricht von **ECM-Konstruktionen**, ECM steht für *exceptional case marking* ›außergewöhnliche Kasusmarkierung‹):

(4") $\{_{S0}$ *we expected* $[_{S1}$ *him to deny the claim*$]\}$
(5") $\{_{S0}$ *we expected* $[_{S1}$ *it to rain*$]\}$

Konstruktionen wie (4) und (5) kennt man aus der lateinischen Grammatik als AcI-Konstruktionen – mehr dazu in Kapitel III.2.4 (zur Diskussion um diese Konstruktionen innerhalb der Transformationsgrammatik vgl. Culicover/Jackendoff 2005, 65 f.).

Objekt-zu-Subjekt-Anhebung: Die Bewegung aus einer Objekt- an eine Subjektstelle kennen wir von der transformationellen Passivanalyse her, allerdings bislang nur innerhalb eines Satz (s. Kap. III.1.4). Das Paradebeispiel für eine Objekt-zu-Subjekt-Anhebung ist eine (unreine) Passivkonstruktion:

(6) *This claim is tough to deny.*   (Vgl. *It is tough to deny this claim.*)
›Diese Behauptung ist schwer zu bestreiten.‹
(6') $\{_{S0}$ *this claim*$_1$ *is tough* $[_{S1}$ *to deny* t$_1]\}$

Bei dieser Konstruktion spricht man meist von *tough* **movement** (zur Diskussion um diese Konstruktion vgl. Culicover/Jackendoff 2005, 342 ff., zu entsprechenden Konstruktionen im Deutschen vgl. Demske 1994).

Konstruktionen mit *seem* bzw. *scheinen* sowie AcI-Konstruktionen sind die klassischen Fälle von Anhebung. Mit den Eigenschaften dieser beiden Anhebungskonstruktionen werden wir uns im Folgenden näher befassen und die Frage diskutieren, welche Alternativen es zu einer transformationellen Analyse von Anhebungskonstruktionen gibt.

2.2 | Anhebung bei *scheinen*+Infinitiv

Es gibt im Deutschen (wie auch entsprechend im Englischen) drei Arten von *scheinen*-Konstruktionen:

scheinen + finiter Nebensatz: *Mir scheint, dass die Wahl eine Farce ist.*
scheinen + Infinitiv: *Mir scheint die Wahl eine Farce zu sein.*
scheinen + Prädikativ: *Mir scheint die Wahl eine Farce.*

Die Anhebungskonstruktion ›*scheinen*+Infinitiv‹ zeichnet sich insbesondere durch zwei Eigenschaften aus:
- Zwischen *scheinen* und dem Infinitiv besteht Kohärenz, wobei *scheinen* den Infinitiv (genauer: das Verb im 2. Status) selegiert.
- Die syntaktische Valenz von *scheinen* ist abhängig von der syntaktischen Valenz des Infinitivs.

Syntaktische Valenz: Die Akzeptabilität bzw. Unakzeptabilität der folgenden Sätzen mit *scheinen* erklärt sich aus der syntaktischen Valenz des Infinitivs. *Laufen* fordert eine Nominativergänzung, deshalb ist (7a) akzeptabel, (7b) nicht:

(7) a. *Heute scheint die Maschine wie geschmiert zu laufen.*
b. **Heute scheint wie geschmiert zu laufen.*

Regnen fordert ein impersonales Pronomen im Nominativ, deshalb ist nur (8a) akzeptabel, aber nicht (8b) oder (8c):

(8) a. *Heute scheint es zu regnen.*
b. **Heute scheint zu regnen.*
c. **Heute scheint das Wetter zu regnen.*

Beim impersonalen *werden*-Passiv hingegen (*Ihm wird geholfen*; *Heute wird gearbeitet*) ist keine Nominativergänzung möglich, auch kein impersonales *es* (**Ihm wird es geholfen*; **Heute wird sie gearbeitet*). Deshalb sind nur (9a) und (9b) akzeptabel.

(9) a. *Ihm scheint geholfen zu werden.*
    b. *Heute scheint gearbeitet zu werden.*
    c. **Ihm scheint sie geholfen zu werden.*
    d. **Heute scheint es gearbeitet zu werden.*

Die Möglichkeit und die Form einer Nominativergänzung bei *scheinen* ist offensichtlich abhängig von der syntaktischen Valenz des Infinitivs.

Kohärenz: *Scheinen* und der Infinitiv haben beide im Verbalkomplex ihre Basisposition, was man in Verbend-Sätzen am deutlichsten sieht (Analyse nach dem HEH$^+$-System aus Kap. II.6.2.2):

da mich dort die meisten nicht zu kennen scheinen
da die meisten mich dort nicht zu kennen scheinen

VE	AN	TF	COMP	MF	NEG	VK	NF
			da	mich dort die meisten	nicht	zu kennen scheinen	
			da	die meisten mich dort	nicht	zu kennen scheinen	

Innerhalb eines Verbalkomplexes besteht zwischen den Verben Statusrektion (s. Kap. II.1.3.4). In einem Fall wie hier mit einem finiten und einem infiniten Verb statusregiert das finite das infinite Verb, d. h. *scheinen* selegiert das Verb im 2. Status (d. h. den Infinitiv mit *zu*). Damit besteht zwischen *scheinen* und dem Infinitiv Kohärenz (s. Kap. II.5.2). Dass Kohärenz vorliegt, zeigt die Möglichkeit, bei den beiden Sätzen oben das Subjekt des Satzes (*die meisten*) und das Objekt von *kennen* (*mich*) zusammen im Mittelfeld zu platzieren und zwar in unterschiedlicher Abfolge.

Es scheint damit erstmal nichts dafür zu sprechen, dass in diesen Sätzen ein eingebetteter infiniter Satz vorliegen würde – etwa der folgenden Art:

{$_{S0}$ *da die meisten* [$_{S1}$ *mich dort nicht zu kennen*] *scheinen*}

Dass dies keine sinnvolle Analyse ist, sieht man auch daran, dass man den vermeintlichen Satz S$_1$ nicht ins Nachfeld rücken, d. h. nicht extraponieren kann – was bei Objektsätzen generell eigentlich gut möglich ist:

*da die meisten scheinen, mich dort nicht zu kennen

Damit spricht zunächst nichts dafür, die *scheinen*+Infinitiv-Konstruktion auf die Konstruktion ›*scheinen*+Nebensatz‹ zurückzuführen, wie dies unter einer transformationellen Perspektive naheliegen würde. Es gibt keine Anzeichen einer Bewegung, einer Anhebung, in deutschen *scheinen*-Sätzen.

Dem Faktum, dass die syntaktische Valenz von *scheinen* abhängig ist von der syntaktischen Valenz des Infinitivs, kann man auch ohne Transformationen gerecht werden, und zwar ähnlich wie beim Passiv (s. Kap.

III.1.4) durch eine spezielle syntaktische Valenz, die die Valenz von *scheinen* abhängig macht von der Valenz des Infinitivs. *Scheinen* (+Infinitiv) fordert:

a. ein Verb im 2. Status, das eine beliebige syntaktische Valenz aufweisen kann,
b. das, was das Verb in (a) als syntaktische Valenz fordert, und
c. fakultativ eine Dativergänzung.

(Zu *scheinen-* und verwandten Konstruktionen im Deutschen vgl. insb. Höhle 1978, 80ff.; Olsen 1981; McKay 1985; Pafel 1989 und Rosengren 1992, §3.)

2.3 | Anhebungsverben

Recht ähnlich wie *scheinen* (+ Infinitiv) verhalten sich bestimmte Verwendungen von *versprechen*, *pflegen*, *haben*, *drohen*, *anfangen* und *aufhören*, die alle in dieser Verwendung einen Infinitiv mit *zu* selegieren:

Das Essen verspricht eine Gaumenfreude zu werden.
Dort pflegt man gut zu speisen.
Man hat noch etwas zu warten.
Das Essen droht kalt zu werden.
Die Warterei fängt zu nerven an.
Der Magen hört einfach nicht zu knurren auf.

Bei manchen dieser Verben kann aber anders als bei *scheinen* der Infinitiv extraponiert vorkommen:

da das Essen <u>kalt zu werden</u> scheint	*da das Essen scheint <u>kalt zu werden</u>
da das Essen <u>kalt zu werden</u> droht	da das Essen droht <u>kalt zu werden</u>
da die Warterei <u>zu nerven</u> anfängt	da die Warterei anfängt <u>zu nerven</u>

Insbesondere der Umstand, dass die Valenz dieser Verben von der Valenz des Infinitivs abhängt, eint sie mit *scheinen*. Hier zur Illustration ein Beispiel mit impersonalem *es* bei Witterungsverben und ein Beispiel mit impersonalem *werden*-Passiv ohne Subjekt:

Es pflegt zu dieser Jahreszeit zu regnen.
Ihm droht gekündigt zu werden.

Doch diese Abhängigkeit eines Verbs von der Valenz des selegierten Verbs ist etwas, was auch bei Hilfsverben und Modalverben anzutreffen ist. Wir haben ja schon bei den Passivhilfsverben gesehen (s. Kap. III.1.4), dass deren Valenz von der Valenz des selegierten Verbs abhängt. Bei Temporalhilfsverben ist dies nicht anders, und zumindest bei manchen Modalverben ist dies auch der Fall:

Es hat geregnet.
Ihm wird gekündigt werden.

Heute dürfte die Maschine wie geschmiert laufen.
Es soll regnen.
Ihm könnte geholfen werden.
Heute mag gearbeitet worden sein.

Der Begriff der **Anhebung** wird heute oft dann verwendet, wenn die syntaktische Valenz eines Wortes abhängig ist von der syntaktischen Valenz eines von ihm selegierten Wortes. Handelt es sich um ein Verb, so spricht man von einem **Anhebungsverb**, was dann nichts mehr mit Anhebung als Bewegung zu tun haben muss.

2.4 | AcI-Konstruktionen

Ein Beispiel für eine AcI-Konstruktion ist *Sie sah ihn rennen*. Das, was man als das Subjekt zu *rennen* bezeichnen könnte, steht in dieser Konstruktion im Akkusativ (*ihn*) und scheint das Objekt von *sah* zu sein. Darin zeigt sich ein wesentliches Merkmal von AcI-Konstruktionen.

Zum Begriff

> Eine → **AcI-Konstruktion** ist ein Satz, der zumindest (a) aus einer Nominalgruppe im Akkusativ, (b) aus einem Verb im Infinitiv (genauer: im 1. Status) und (c) aus einem Verb besteht, das den Infinitiv selegiert, wobei die Nominalgruppe im Akkusativ in einem gewissen Sinne das Subjekt des Infinitivs darstellt (AcI steht für *Accusativus cum Infinitivo* ›Akkusativ mit Infinitiv‹).
> Mit **AcI** ist die Nominalgruppe im Akkusativ zusammen mit dem Verb im Infinitiv gemeint, mit **AcI-Verb** das Verb, das den Infinitiv in einer AcI-Konstruktion selegiert.
> Beispiel:

Wir	sahen	die Fluten	kommen
	AcI-Verb	Nominalgruppe im Akkusativ	Verb im 1. Status
	◄──────── AcI ────────►		
◄──────── AcI-Konstruktion ────────►			

In den folgenden Beispielsätzen sind die meisten Verben vertreten, die im Deutschen als **AcI-Verb** verwendet werden können:

- die Wahrnehmungsverben (*verba sentiendi*) *sehen*, *hören*, *spüren* und *fühlen*,
- kausatives *lassen* und *machen*,
- kontinuatives *lassen* sowie
- *haben*, *finden* und *heißen*.

Wir sahen es blitzen.
Ich hörte sie schnarchen.
Ich spürte sein Herz klopfen.
Er fühlte den Schmerz kommen.
Wir ließen den Ball hochspringen. (kausatives *lassen*)
Sie machten uns lachen.
Er ließ das Blut trocknen. (kontinuatives *lassen*)
Sie hatte die Tür offenstehen.
Wir fanden ihn ohnmächtig auf dem Boden liegen.
Er hieß uns aufstehen.

Das Besondere an AcI-Konstruktionen ist, dass die Nominalgruppe im Akkusativ vom Gesichtspunkt der syntaktischen Valenz das Subjekt des Infinitivs darstellt. Denn die Restriktionen, die für das Subjekt des Infinitivs gelten, sind genau die selben, die für den Akkusativ gelten. Dies wird bei den Verben mit einem impersonalen Pronomen als Subjekt am deutlichsten. So wie *Es regnete* grammatisch ist, aber **Das Wetter regnete* und **Gestern regnete* merkwürdig bzw. ungrammatisch sind, so ist *Wir hörten es regnen* grammatisch, aber nicht **Wir hörten das Wetter regnen* und **Wir hörten gestern regnen*. Das einzige, was stört, ist, dass wir von einem regulären Subjekt erwarten, dass es im Nominativ und nicht im Akkusativ steht.

Eine wichtige Frage für die Syntax der AcI-Konstruktion ist, ob der AcI eine (satzwertige) Konstituente bildet. Manche AcI-Konstruktionen kann man so umformen, dass aus dem AcI ein finiter Verbend-Satz wird, und der gesamte Satz mehr oder weniger das selbe aussagt wie die AcI-Konstruktion.

Wir sahen die Fluten kommen	→	*Wir sahen, dass die Fluten kamen.*
		Wir sahen, wie die Fluten kamen.
Ich spürte sein Herz klopfen	→	*Ich spürte, dass sein Herz klopfte.*
		Ich spürte, wie sein Herz klopfte.

Vor diesem Hintergrund und angesichts der Fakten zur syntaktischen Valenz kann man auf die Idee kommen, dass der AcI eine Konstituente bildet.

Wir sahen [die Fluten kommen]

Andererseits spricht viel dafür, dass der Infinitiv zusammen mit dem AcI-Verb (bzw. dessen Spur) eine Konstituente bildet, da beide im Verbalkomplex stehen, s. die Vertiefung ›Zur Syntax der AcI-Konstruktion‹ (zu AcI-Konstruktionen im Deutschen vgl. u.a. Bech ²1983, Kap. 11; Reis 1973; 1976; Höhle 1978, §3.1, 8.1.1; McKay 1985; Suchsland 1987; Bausewein 1990; 1991).

Zur Vertiefung

Zur Syntax der AcI-Konstruktion

Eine wichtige Frage bei AcI-Konstruktionen ist, ob der AcI eine
(satzwertige) Konstituente bildet. Auf der Basis der Konstituententest
(s. Kap. I.2.3.2) lässt sich diese Frage verneinen. Der Vorfeldtest ist
negativ, d. h. der AcI kann nicht ins Vorfeld verschoben werden:

Wir haben <u>die Fluten kommen</u> sehen.
*<u>Die Fluten kommen</u> haben wir sehen.

Auch der Fragetest ist bei dieser AcI-Konstruktion negativ:

Wir haben <u>die Fluten kommen</u> sehen.
*Wir haben <u>was</u> sehen?
*<u>Was</u> haben wir sehen?

(Hier mag man einwenden, dass bei anderen AcI-Konstruktionen der
Fragetest erfolgreich ist: *Wir sahen <u>die Fluten kommen</u>. Wir sahen <u>was</u>?*
<u>Was</u> sahen wir? Doch können wir hier nicht sicher sein, dass der AcI
durch das Fragepronomen ersetzt wurde, denn *sehen* kann ja auch nur
mit einem Akkusativobjekt kombiniert werden: *Wir sahen das Schiff*
und sie sahen es auch.)

Nur der Koordinationstest scheint auf den ersten Blick ein positives
Ergebnis zu erbringen, doch ein zweiter Blick zeigt, dass wir es wohl
mit einer Linkstilgung (s. Kap. II.2.3.2) zu tun haben, bei der die beiden
AcIs nicht alleine die Konjunkte der Koordination bilden, wie dies der
Koordinationstest fordert:

Wir haben [die Fluten kommen] und [das Wasser steigen] sehen
Wir haben [die Fluten kommen ~~sehen~~] und [das Wasser steigen sehen]

Der AcI scheint also keine Konstituente zu bilden. Dafür aber bilden der
Infinitiv und das AcI-Verb eine Konstituente, wie der Vorfeldtest und
die Oberfeldkonstruktion (mit *haben* im Ober- und *kommen sehen* im
Unterfeld) zeigen:

Wir haben die Fluten nicht <u>kommen sehen</u>.
<u>Kommen sehen</u> haben wir die Fluten nicht.
da wir die Fluten nicht haben <u>kommen sehen</u>

(Zur Analyse der Oberfeldkonstruktion s. Kap. II.5.1.) Dass der Infinitiv
und das AcI-Verb kohärent sind, zeigt auch die Unmöglichkeit der Extraposition des Infinitivs oder des ganzen AcIs:

Wir haben die Fluten kommen sehen.
*Wir haben die Fluten sehen <u>kommen</u>.
*Wir haben sehen <u>die Fluten kommen</u>.

Es scheint also alles dafür zu sprechen, dass einfache AcI-Konstruktionen Sätze ohne Satzeinbettung sind, in denen der Infinitiv und das
AcI-Verb zusammen im Verbalkomplex stehen.

Die AcI-Verben sind weitere Kandidaten für Anhebungsverben, da es so aussieht, dass sie die Nominativergänzung des selegierten Infinitivs als Akkusativergänzung übernehmen – eine erste Analyse dieser Art wurde von Höhle (1978, 83 ff.) vorgeschlagen.

3. Prädikative, freie Dative und Ellipsen

3.1 Prädikativkonstruktionen
3.2 Freie Dative
3.3 Formen von Ellipsen

3.1 | Prädikativkonstruktionen

Ausdrücke, die von einem Kopulaverb selegiert werden, wurden in Kapitel I.2.5 als ›Prädikative‹ bezeichnet. Bei diesen Ausdrücken kann es sich um Wortgruppen unterschiedlicher Art handeln kann (wobei die Gruppe auch nur aus einem Wort bestehen kann):

Sie ist	*sehr musikalisch.* *Musikerin.* *in der Oper.* *dort.*

Nun gibt es eine gängige Verwendung des Begriffs des Prädikativs, die mehr als nur die von Kopulaverben selegierten Ausdrücke umfasst und primär eine semantische Grundlage hat.

Zum Begriff

> Ein → Prädikativ (im weiteren Sinne) ist typischerweise ein einstelliges Prädikat, zu dem in einem Satz ein Argument vorhanden ist, wobei das Prädikat weder ein Verb noch eine Verbalgruppe ist.

Manchmal unterscheidet man **Subjektsprädikative** und **Objektsprädikative** je nach dem, ob das Argument des Prädikativs ein Subjekt oder ein Objekt ist. Prädikative kann man auch danach unterscheiden, ob sie von einem Kopulaverb bzw. einem kopulaähnlichen Ausdruck abhängen oder nicht. Kopulaähnlich sind *als, für* und *wie* in einer Verwendung, in der sie kaum Eigensemantik haben und das Prädikativ als Ergänzung nehmen (das Prädikativ ist unterstrichen):

Ich halte ihn für außerordentlich geeignet.
Sie gelten als verlässlich.
Moritz kann als anerkannter Computerexperte mehr verlangen.
Wir müssen Moritz als anerkanntem Computerexperten mehr zahlen.
Sie behandeln alle wie ihre Leibeigenen.

Prädikative kommen vor allem in drei Arten von Prädikativkonstruktionen vor – in Kopula-, Resultativ- und Depiktivkonstruktionen.

Kopulakonstruktionen: Hierbei handelt es sich um die uns bekannten Konstruktionen mit einem Kopulaverb, von dem das Prädikativ selegiert wird – das Subjekt des Satzes ist das Argument des Prädikativs. Beispiele für Kopulakonstruktionen sind neben Sätzen mit der Kopula *sein* Sätze mit den Kopulaverben *werden* und *bleiben*: *Hoffentlich bleibst du gesund*; *Das wird ein schweres Spiel.* Das typische Prädikativ wurde oben als einstelliges Prädikat bezeichnet – es gibt allerdings auch semantisch nullstellige Prädikative in Kopulakonstruktionen wie beispielsweise in *Jetzt ist Nacht* (zu Kopulakonstruktionen vgl. Geist/Rothstein 2007).

Resultativkonstruktionen: Bei diesen Konstruktionen bezeichnet das Prädikativ eine Eigenschaft, die Resultat des von dem Satz bezeichneten Vorgangs ist. Es gibt recht unterschiedliche Arten von Resultativkonstruktionen (vgl. u. a. Pütz 1982; Kaufmann 1995; IDS-Grammatik 1997, 1114 ff.; Müller 2002; das Prädikativ ist in den folgenden Sätzen jeweils unterstrichen):

Sie machten endlich den Vertrag <u>fertig</u>.
Sie halten die Auffahrt <u>frei</u>.
Diese Bemerkungen stimmen uns <u>nachdenklich</u>.
Er trank uns <u>unter den Tisch</u>.
Sie trampelten den Rasen <u>platt</u>.

Depiktivkonstruktionen: Durch das Prädikativ wird in diesen Konstruktionen seinem Argument eine zusätzliche Eigenschaft zugeschrieben (lat. *depingere* ›abbilden, ausmalen‹; zu diesen Konstruktionen vgl. Duden-Grammatik [8]2009, 789 f.).

Muscheln isst man am besten <u>roh</u>.
Moritz kann als <u>anerkannter Computerexperte</u> mehr verlangen.

Neben diesen Prädikativkonstruktionen gibt es noch vereinzelt Verben, bei denen ein Prädikativ den Status einer Ergänzung hat: *Sie nannten ihn <u>eingebildet</u>*; *Er hieß ihn <u>einen Idioten</u>.*

3.2 | Freie Dative

Nominalgruppen im Dativ, kurz: Dative, haben wir bisher als Dativergänzung von Verben und Adjektiven kennen gelernt (*Sie halfen <u>uns</u>*; *Er gestand <u>uns</u> alles*; *Ob er <u>ihr</u> treu ist?*) oder als Dativergänzungen von Präpositionalgruppen (*Vor <u>diesem Hintergrund</u> sieht es anders aus*; *Mit <u>dem Ergebnis</u> können wir zufrieden sein*). Nun gibt es Dative – **freie Dative** genannt –, die sich teilweise deutlich von diesen Dativergänzungen unterscheiden. So kann man die freien Dative weglassen, ohne dass der Satz ungrammatisch würde und ohne dass man den Eindruck hat, dass ein Argument mitverstanden wird, aber unrealisiert bleibt – also anders als in *Er gestand alles*, wo der Dativ fehlt, aber der Rezipient (wem er gestanden hat) mitverstanden wird (wer etwas gesteht, der gesteht dies jemandem).

Gemeinhin unterscheidet man fünf Arten von freien Dativen: Dativus ethicus, Dativus iudicantis, Dativus commodi, Dativus incommodi und Dativus possessivus.

Der **Dativus ethicus** ist zumeist ein Personalpronomen der ersten Person und kommt vor allem, aber nicht nur in Imperativsätzen vor.

Dass du <u>mir</u> nicht wieder zu spät kommst!
Komm <u>mir</u> nicht wieder mit dieser Ausrede!
Du bist <u>mir</u> ja ein schöner Freund!

Er kann nur im Mittelfeld stehen, insbesondere im Vorfeld ist er nicht möglich: *Doch komm <u>mir</u> nicht wieder mit dieser Ausrede!* vs. **<u>Mir</u> komm nicht wieder mit dieser Ausrede!*

Der Dativus ethicus hat nicht den Status einer Ergänzung, er wird nicht von der Valenz eines Verbs gefordert, und kann bei Verben mit beliebiger Valenz auftreten, so auch bei Verben, die ein Dativobjekt haben (in *Dass du <u>mir</u> dieses Mal <u>den Leuten</u> auch den richtigen Weg zeigst!* ist *mir* der Dativus ethicus und *den Leuten* das Dativobjekt zu *zeigen*).

Der **Dativus iudicantis** ist nur möglich, wenn eine Phrase bestehend aus einer Partikel (*zu, genug,* seltener: *allzu, hinreichend*) und einem Adjektiv in dem Satz vorkommt – z. B. *zu weit, laut genug, allzu schnell.*

Die Strecke war <u>uns</u> zu weit.
<u>Denen</u> war doch tatsächlich die Musik nicht laut genug.
Das ging <u>vielen Leuten</u> allzu schnell.

Fehlt die Partikel, dann sind die Sätze unakzeptabel: **Die Strecke war <u>uns</u> weit*; **<u>Denen</u> war doch tatsächlich die Musik nicht laut*; **Das ging <u>vielen Leuten</u> schnell.* Der Dativus iudicantis ist offentlichtlich keine Ergänzung zu einem Adjektiv oder zu einem Verb. Im Unterschied zum Dativus ethicus kann der Dativus iudicantis auch im Vorfeld stehen und kann verschiedene Formen annehmen, pronominale wie nicht-pronominale. Die semantische Leistung des Dativus iudicantis kann man ganz grob so angeben, dass er die Person bezeichnet, aus deren Perspektive eine Eigenschaft oder ein Zustand beurteilt wird (lat. *iudicare:* ›beurteilen‹).

Der **Dativus commodi** kann im Vorfeld stehen und eine pronominale wie nicht-pronominale Form annehmen. Er bezeichnet eine Person, die einen Nutzen hat von dem Vorgang, der durch den Satz beschrieben wird, d. h. die von ihm in irgendeiner Weise ›profitiert‹.

Er schreibt <u>mir</u> den Artikel jetzt doch um.
<u>Den Nachbarn</u> backt er immer Kuchen.
Er topft <u>ihr</u> die Pflanzen um.

In vielen Fällen mit Dativus commodi ist ein *bekommen*-Passiv möglich, bei dem der Dativus commodi zum Subjekt des Passivsatzes wird (Beispiel: *Er topfte <u>ihr</u> die Pflanzen um* => *<u>Sie</u> bekam die Pflanzen umgetopft*). Beim Dativus commodi kann man den Eindruck bekommen, dass er einer Dativergänzung sehr nahe kommt, vielleicht sogar eine ist.

Der **Dativus incommodi** ist das Spiegelbild zum Dativus commodi. Er hat nahezu die gleichen Eigenschaften wie dieser, nur dass er eine Person bezeichnet, zu deren Schaden der Vorgang gereicht, der durch den Satz beschrieben wird.

Die Blumenvase ist _mir_ umgekippt.
Den Nachbarn ist beim Umzug ihr teures Prozellan zerbrochen.
Wir haben _ihr_ aus Versehen das Beet zertrampelt.

Der **Dativus possessivus** (auch: **Pertinenzdativ**) kann im Vorfeld stehen und unterschiedliche Formen annehmen.

Sie schminkte _ihm_ das Gesicht.
Ihm rutschte das Hemd aus der Hose.
Er trat _Paula_ auf den Mantel.

Er bezeichnet eine Person, die in einem Zugehörigkeitsverhältnis steht zu einem Gegenstand, der in dem Satz auch genannt wird (Zugehörigkeit = Pertinenz). *Sie schminkte _ihm_ das Gesicht* versteht man als *Sie schminkte _ihm_ sein Gesicht*, *_Ihm_ rutschte das Hemd aus der Hose* als *_Ihm_ rutschte sein Hemd aus der Hose* und *Er trat _Paula_ auf den Mantel* als *Er trat _Paula_ auf ihren Mantel*. Die Person, die von dem Dativus possessivus bezeichnet wird, ist in den Vorgang, der von dem Satz beschrieben wird, involviert. So denkt man bei *Er trat Paula auf den Mantel* sofort an eine Situation, in der Paula den Mantel anhatte, als auf ihn getreten wurde. Eine Situation, wo Paulas Mantel auf der Erde liegt und jemand auf ihn tritt, würde man eher mit *Er trat auf Paulas Mantel* beschreiben als mit *Er trat Paula auf den Mantel*. In manchen Fällen mit Dativus possessivus ist ein *bekommen*-Passiv möglich, bei dem der Dativus possessivus zum Subjekt des Passivsatzes wird (Beispiel: *Sie schminkte _ihm_ das Gesicht* => *_Er_ bekam von ihr das Gesicht geschminkt*). Auch beim Dativus possessivus kann man den Eindruck bekommen, dass er einer Dativergänzung sehr nahekommt, vielleicht sogar eine ist.

Zu freien Dativen gibt es eine sehr reichhaltige Literatur, vgl. u. a. von Polenz (1969), Helbig (1981), Wegener (1985; 1989), Ogawa (2003), Eisenberg (2006b, 297 f.), Hole (2010).

3.3 | Formen von Ellipsen

Im Folgenden werden Formen der Ellipse dargestellt, die für die Syntax von besonderer Bedeutung sind (und in dieser Einführung bisher schon eine Rolle spielten oder noch spielen werden).

3.3.1 | Vorfeldellipse

Das Vorfeld kann in V2-Sätzen unter bestimmten Bedingungen leer bleiben, ohne dass man es nicht mehr mit V2-Sätzen zu tun hätte (Vorfeldellipse, VF-Ellipse). Nicht in der Standard-, aber in der Umgangssprache
des Deutschen sind Sequenzen wie die folgenden ganz alltäglich:

A: *Die werden dir bestimmt helfen.*   B: *Glaub ich nich.*
A: *Kanns du mir mal helfen?*   B: *Kann ich.*
A: *Hallo?*   B: *Hab Sie gar nich gesehn, als ich reinkam.*

A: *Und wie is es jetz?*   B: *Gefällt mir immer noch nich.*

Wir verstehen die B-Sätze so, dass in ihnen ein Pronomen (im Akkusativ
bzw. Nominativ) ausgelassen bzw. getilgt wurde (~~Das~~ *glaub ich nich*; ~~Das~~
kann ich; ~~Ich~~ *hab Sie gar nich gesehn, als ich rein kam*; ~~Das~~ *gefällt mir
immer noch nich*), dessen Referenz sich aus dem unmittelbaren Kontext
ergibt. Besonders die beiden letzten Beispiele machen klar, dass das Vorfeld, auch wenn man es nicht sieht, gefüllt sein muss, denn die Nominativergänzung von *sehen* und *gefallen* ist eine obligatorische Ergänzung, so
wie Nominativergänzungen generell (vgl. **Sie hab gar nich gesehn, als ich
rein kam*; **Mir gefällt immer noch nich*; s. auch: *Hält sie nichts von* = ~~Da~~
hält sie nichts von). Von daher kann man bei diesen Sätzen durchaus von
V2-Sätzen reden – von V2-Sätzen mit Vorfeldellipse (zur topologischen
Analyse von Sätzen mit Vorfeldellipse s. Kap. II.1.3.2).

Die folgenden Beispiele (aus Höhle 1997, 115) machen deutlich, dass
auch Pronomina ohne semantischen Gehalt (impersonales *es*, Vorfeld-*es*)
getilgt werden können:

Gibt schon lange keine Saurier mehr. (= ~~Es~~ *gibt schon lange keine Saurier
mehr*)
Hat noch niemand angerufen. (= ~~Es~~ *hat noch niemand angerufen*)

3.3.2 | Koordinationsellipsen

Wir haben mit Gapping und Linkstilgung schon zwei Formen der Koordinationsellipse kennengelernt (s. Kap. II.2.3.2):

Gapping:
Max soll die Katze füttern und Marie den Hund ausführen.
Max soll die Katze füttern und Marie ~~soll~~ den Hund ausführen.

Linkstilgung:
Max soll den Hund und Moritz soll die Katze füttern.
Max soll den Hund ~~füttern~~ und Moritz soll die Katze füttern.

Bei Gapping wird das finite Verb und möglicherweise weitere Teile von
nicht-ersten Konjunkten weggelassen. Bei Linkstilgung wird am rechten
Rand von nicht-letzten Konjunkten Material getilgt. Daneben gibt es aber

auch andere Formen der Ellipse, die man in Koordinationen antreffen kann: Sluicing, VP-Ellipse, Stripping:

Sluicing: Beim Sluicing wird ein Interrogativsatz, der in COMP eine Interrogativphrase aufweist, so weit reduziert, dass nur noch die Interrogativphrase übrig bleibt (im folgenden Beispiel bleibt nur *wann* übrig).

Max wird irgendwann nach München umziehen, aber niemand weiß wann.
Max wird irgendwann nach München umziehen, aber niemand weiß,
wann ~~Max nach München umziehen wird~~.

Es kann sich hierbei nicht um Gapping handeln, da das finite Verb des zweiten Konjunkts (*weiß*) nicht getilgt ist.

VP-Ellipse: Bei der VP-Ellipse wird eine Verbalgruppe getilgt.

Du musst nicht dort hingehen, aber ich muss.
Du musst nicht dort hingehen, aber ich muss ~~dort hingehen~~.

Auch hier kann es sich nicht um Gapping handeln, da das finite Verb des zweiten Konjunkts ja noch vorhanden ist. Aber bei dem folgenden, bedeutungsgleichen Satz handelt es sich (wohl) wieder um Gapping:

Du musst nicht dort hingehen, aber ich.
Du musst nicht dort hingehen, aber ich ~~muss dort hingehen~~.

Stripping (auch: *Bare Argument Ellipsis*): Ob man es bei Stripping mit einer eigenen Art von Ellipse zu tun hat oder ob ein Fall von Gapping vorliegt, ist recht umstritten. Beispiele für Stripping sind:

Max soll die Katze füttern, nicht den Hund.
Max soll die Katze füttern, nicht Marie den Hund.

3.3.3 | N-Ellipse

In Nominalgruppen kann das Kernnomen unter Umständen weggelassen werden:

Ich möchte die große Tüte, du kannst die kleine __ haben.
(= *die kleine <u>Tüte</u>*)
Dort liegen zwei belegte Brötchen. Ich möchte das __ mit Lachs.
(= *das <u>Brötchen</u> mit Lachs*)

Voraussetzung für die N-Ellipse ist, dass das fehlende Substantiv aus dem Kontext erschlossen werden kann (zur syntaktischen Analyse der N-Ellipse siehe die Vertiefung ›Stumme Elemente in der Nominalgruppe‹ in Kap. IV.2.2.2).

3.3.4 | Valenzellipse

Wir haben in Kapitel I.2.4.1 gesehen, dass *gestehen* syntaktisch einstellig (*Ede gestand*), zweistellig (*Ede gestand den Mord*) und dreistellig (*Ede gestand ihr den Mord*) verwendet werden kann. Dabei ist *gestehen* semantisch immer dreistellig. In den Fällen, wo das Verb syntaktisch nicht dreistellig verwendet wird, gibt es also Argumente ohne eine ihnen entsprechende Ergänzung. Nun hat man beobachtet, dass in Fällen der Nichtrealisierung eines Arguments dieses definit oder indefinit verstanden werden kann:

»Ohne Kontext besagt [*Karl gestand den Mord*] nicht mehr als [*Karl gestand jemand den Mord*], wenngleich in einem gegebenen Kontext die Person, der der Mord gestanden wird, bekannt sein mag, so daß [*Karl gestand jemand den Mord*] nicht adäquat gebraucht werden könnte, da indefinite Nominalphrasen nur zur Einführung unbekannter Designate gebraucht werden [...] [*Karl gestand*] dagegen kann nur unter der Annahme gebraucht werden, daß das, was gestanden wurde, bereits bekannt ist; insofern ist [*Karl gestand*] in keinem Fall gleichwertig mit [*Karl gestand jemand etwas*]. Die Ellipse des Dativobjekts ist eine ›indefinite‹, die des Akkusativobjekts eine ›definite Ellipse‹ [...] Dieser Unterschied zeigt sich deutlich bei negierten Sätzen: Während [*Karl hat den Mord nicht gestanden*] außerhalb eines Kontextes [*Karl hat den Mord niemandem gestanden*] impliziert, impliziert [*Karl hat nicht gestanden*] nicht [*Karl hat nichts gestanden*] oder [*Karl hat niemandem etwas gestanden*]. [...] Offensichtlich muß die [semantische Beschreibung] eines Prädikats auf irgendeine Weise angeben, ob eine ausgelassene Konstituente definit verstanden werden muß oder indefinit verstanden werden kann« (Höhle 1978, 15 f.).

Anstatt von indefiniter Ellipse redet man auch von definitheitsneutraler Ellipse (vgl. Jacobs 1994b, 298), da je nach Kontext eine solche Ellipse definit oder indefinit interpretiert wird, wie an dem Beispiel *heiraten* demonstriert, wenn das Verb einstellig ohne Akkusativergänzung verwendet wird:

Indefinite Interpretation der Ellipse:

Ich weiß nicht, warum heutzutage noch irgendwer heiratet.

Definite Interpretation der Ellipse:

Peter ist schon lange mit Gerda verlobt, aber heiraten will er erst, wenn Gerda Professorin ist.

Weitere Beispiele für den Unterschied dieser beiden Arten von Ellipse:

definite Ellipse	definitheitsneutrale Ellipse
Moritz hat akzeptiert.	*Moritz hat geheiratet.*
Marie hat verstanden.	*Marie hat geerbt.*
Ede hat gestanden.	*Ede hat den Mord gestanden.*

Ob wir es mit einer definitheitsneutralen Ellipse zu tun haben, kann man durch die Möglichkeit einer ›aber ich weiß nicht *w*‹-Fortsetzung überprüfen:

Moritz hat geheiratet, aber ich weiß nicht wen.
Marie hat geerbt, aber ich weiß nicht was.

Ede hat den Mord gestanden, aber ich weiß nicht wem.
??Moritz hat akzeptiert, aber ich weiß nicht was.
??Marie hat verstanden, aber ich weiß nicht was.
??Ede hat gestanden, aber ich weiß nicht was.

IV. Die hierarchische Struktur von Wortgruppen

1. Syntaxtheorien

In den sechs Abschnitten von Kapitel II dieser Einführung stand die lineare Struktur von Wortgruppen im Vordergrund, die in topologischen Schemata ihren allgemeinen Ausdruck findet. Die topologischen Schemata bestehen aus einer Reihe von Positionen und Feldern, die von Wörtern und Phrasen bestimmter Art besetzt werden können bzw. müssen. Die Schemata für die einzelnen Wortgruppen weisen nun kaum größere Ähnlichkeiten auf, so dass es den Anschein haben kann, als hätte jede Wortgruppe ihre ganz eigene Struktur, die mit der Struktur anderer Wortgruppen nicht wirklich vergleichbar wäre. Doch dem ist nicht so. Viele Wortgruppen ähneln sich darin, dass sie einen Bestandteil aufweisen, der den **Kern** der Wortgruppe darstellt, um den sich die anderen Bestandteile herum anlagern (statt Kern sagt man auch **Kopf**, Nukleus oder Zentrum). In Verbalgruppen ist das Verb der Kern, in Adjektivgruppen das Adjektiv, in Präpositionalgruppen die Präposition, und so weiter. Aus der Bezeichnung für die Wortgruppe kann man meist unmittelbar entnehmen, was ihr Kern ist. Wortgruppen, die einen Kern haben, werden **endozentrisch** genannt, Wortgruppen, die keinen Kern haben, **exozentrisch**. Verbalgruppen, Adjektivgruppen und Präpositionalgruppen sind offensichtlich endozentrisch, aber Sätze sehen auf den ersten Blick wie exozentrische Wortgruppen aus, da es nicht offensichtlich ist, was ihr Kern sein könnte.

Eine solche Sicht auf die Gemeinsamkeiten im Aufbau der verschiedenen Arten von Wortgruppen wird erst möglich, wenn man sich von der linearen Struktur ab- und der hierarchischen Struktur der Wortgruppen zuwendet. Unter der **hierarchischen Struktur einer Wortgruppe** verstehen wir die syntaktischen Beziehungen der verschiedenen Teile der Wortgruppe zueinander. Sie zeigt uns den Aufbau von Wortgruppen aus ihren kleinsten Elementen, den Wörtern. Anders als bei der Betrachtung der linearen Struktur, die relativ theorieneutral vor sich gehen kann, gerät man bei der Betrachtung der hierarchischen Struktur sofort in theoretische Grundsatzdebatten darüber, was Syntax eigentlich genau ist. In der Sprachwissenschaft sind, vor allem im 20. Jahrhundert, verschiedene Modelle dafür entwickelt worden, wie sich Wortgruppen aus ihren kleinsten Elementen zusammensetzen. Die Modelle unterscheiden sich vor allem darin, welche Beziehungen sie zwischen den Teilen einer Wortgruppe ansetzen (d. h. was für eine Struktur sie Wortgruppen geben), sie unterscheiden sich aber teilweise auch darin, in welche Teile genau eine Wortgruppe zerlegt wird:

- In der **Phrasenstruktur** wird dargestellt, wie sich eine Wortgruppe aus ihren Teilen zusammensetzt, wie die Teile aufeinanderfolgen und welche Merkmale die Wortgruppe und ihre Teile aufweisen. (Es gibt auch Modelle, in denen nur die Teil-Ganzes-Verhältnisse, aber nicht die Abfolgebeziehungen in der Phrasenstruktur dargestellt werden.)
- In der **Dependenzstruktur** wird dargestellt, in welchen Abhängigkeitsbeziehungen die einzelnen Teile einer Wortgruppe zueinander stehen. Die syntaktische Valenz ist eine solche Abhängigkeitsbeziehung. (Es gibt auch Modelle, in denen zusätzlich zu den Abhängigkeitsbeziehungen auch die Abfolgebeziehungen in der Dependenzstruktur dargestellt werden.)
- In der **relationalen oder funktionalen Struktur** wird dargestellt, in welchen syntaktischen Relationen bzw. Funktionen die Teile einer Wortgruppe zueinander stehen.
- In der **kategorialen Struktur** wird dargestellt, wie sich die Teile einer Wortgruppe auf Grund ihrer syntaktischen Kategorie zu einem Ganzen verbinden. Dabei ist die syntaktische Kategorie der Teile durch ihre syntaktische Valenz festgelegt.

Im Folgenden werden wir uns einige prominente syntaktische Theorien dahingehend anschauen, für welches Modell der hierarchischen Struktur von Wortgruppen sie sich entscheiden und wie die Strukturen im Detail aussehen, um damit einen Eindruck von den Unterschieden zu bekommen.

1.1|Phrasenstruktur- und Transformationsgrammatik

Die Phrasenstruktur des englischen Satzes *Romeo loves Juliet* kann man (in einer vereinfachten Version) wie folgt darstellen:

(1)

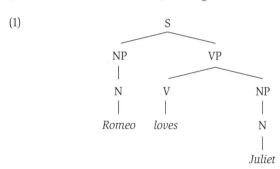

In diesem sogenannten Phrasenstrukturbaum finden sich folgende Informationen. Bei dem gesamten Ausdruck handelt es sich um einen Ausdruck der Kategorie S, der Kategorie für den Satz. S besteht aus einer NP

(Nominalphrase) und einer VP (Verbalphrase), wobei die NP der VP vorangeht. Die NP besteht nur aus einem N, dem Wort *Romeo*. Die VP besteht aus einem V (dem Wort *loves*) und einer NP, wobei V dieser NP vorangeht. Auch diese NP besteht nur aus einem N, dem Wort *Juliet*.

Phrasenstrukturgrammatik: Ein Phrasenstrukturbaum ist eine Darstellung der Teil-Ganzes-Verhältnisse, der Abfolgebeziehungen sowie der syntaktischen Merkmale der Teile einer Wortgruppe. Einem solchen Baum liegen bestimmte Regeln zugrunde, nämlich Phrasenstrukturregeln einerseits und terminale Regeln andererseits. Diese Regeln, Ersetzungsregeln genannt, haben die Form $\alpha \to \beta$, wobei links von dem Pfeil ein Symbol wie S, NP, N etc. steht und rechts vom Pfeil entweder eines oder mehrere solcher Symbole oder ein Wort steht. Die Regeln, die dem Baum (1) entsprechen, sind die folgenden:

(2) a. Phrasenstrukturregeln:
$$S \to NP\ VP$$
$$VP \to V\ NP$$
$$NP \to N$$
b. Terminale Regeln:
$$V \to loves$$
$$N \to Romeo$$
$$N \to Juliet$$

Mit diesen Regeln kann man Sätze erzeugen bzw. ›generieren‹, wie der Fachterminus dafür ist. Dazu geht man von S, dem Startsymbol, aus und wendet die Regeln in folgender Weise an: Jede Regel $\alpha \to \beta$ erlaubt es, ein Symbol α durch β zu ersetzen (deswegen heißen die Regeln Ersetzungsregeln). Die Generierung des Satzes *Romeo loves Juliet* geht folgendermaßen vor sich. Man schreibt in die erste Zeile das Startsymbol S. Dieses wird aufgrund der Regel S → NP VP in der zweiten Zeile durch NP VP ersetzt. Das Symbol NP in der zweiten Zeile wird aufgrund der Regel NP → N in der dritten Zeile durch N ersetzt (VP wird von der zweiten in die dritte Zeile übernommen, da keine Regel auf VP angewandt wurde). Und so geht es weiter, bis nur noch Wörter dastehen und wir einen Satz erhalten haben (die Regel, die zu der Ersetzung auf der jeweiligen Zeile geführt hat, ist im Folgenden rechts in eckigen Klammern angegeben).

(3) S
NP VP   [S → NP VP]
N VP   [NP → N]
N V NP   [VP → V NP]
N V N   [NP → N]
Romeo V N   [N → *Romeo*]
Romeo V *Juliet*   [N → *Juliet*]
Romeo loves Juliet   [V → *loves*]

Es gibt keine festgelegte Reihenfolge, in der die Regeln angewandt werden müssen. Wir hätten beispielsweise ausgehend von der zweiten Zeile auch erst die Regel VP → V NP anwenden können und dann die Regel NP → N. Wie man an dieser letzten Regel sieht, kann man eine Regel auch mehrfach anwenden.

Die Regeln in (2) erlauben es, noch drei weitere Sätze zu generieren, nämlich *Juliet loves Romeo*, *Juliet loves Juliet* und *Romeo loves Romeo* (zu Übungszwecken können Sie einen dieser drei Sätze in der Art von (3) generieren).

Von der IC-Analyse zur Phrasenstrukturgrammatik   Zur Vertiefung
Der amerikanische Strukturalismus, der von Leonard Bloomfield (1887–1949) begründet wurde, hat Verfahren entwickelt, um Wortgruppen in ihre ›unmittelbaren Konstituenten‹ (*immediate constituents*) zu zerlegen und diese wiederrum in ihre unmittelbaren Konstituenten, bis man bei den kleinsten Konstituenten (*ultimate constituents*) ankommt. Bloomfield (1933, Kap. 10) zerlegt den englischen Satz *Poor John ran away* in folgender Weise: Der gesamte Satz hat als unmittelbare Konstituenten *poor John* einerseits und *ran away* andererseits. *Poor John* wird seinerseits zerlegt in *poor* und *John*. *Ran away* wird zerlegt in *ran* und *away*. Und schließlich zerlegt Bloomfield *away* noch in *a* und *way* (die kleinsten Einheiten eines Satzes sind für Bloomfield die Morpheme und nicht die Wörter). Diese Zerlegung kann man durch ein Kastendiagramm darstellen:

poor John ran away				
poor John		ran away		
poor	John	ran	away	
			a	way

Jeder Kasten in diesem Kastendiagramm enthält eine Konstituente. In der Zeile direkt unter einer Konstituente stehen deren unmittelbare Konstituenten. Bei dieser **IC-Analyse**, der Zerlegung von sprachlichen Einheiten in unmittelbare Konstituenten (IC = *immediate constituents*), wird jede Konstituente **binär**, d. h. in genau zwei unmittelbare Konstituenten, geteilt, bis die kleinsten Konstituenten erreicht sind.

Dieses Verfahren wurde von anderen Strukturalisten weiterentwickelt, insbesondere von Zellig S. Harris (1946), der mit dem Verfahren der Substitution/Ersetzung bei der Zerlegung arbeitete. F.W. Harwood (1955) und Noam Chomsky (1955/56) erkannten, dass Harris' Verfahren der Substitution – nach dem Vorbild der formalen Logik (Post 1943) – als Phrasenstrukturgrammatik formalisiert werden kann, und sie erkannten damit, dass man mit einer Phrasenstrukturgrammatik relevante Teile der IC-Analyse formalisieren kann. Eine **Phrasenstrukturgrammatik** weist ganz allgemein folgende Elemente auf:
- ein Startsymbol, das die Reihe von Ersetzungsoperationen initiiert,
- nicht-terminale Symbole,
- terminale Symbole und
- Ersetzung- bzw. Produktionsregeln, mit denen man ausgehend vom Startsymbol durch eine Reihe von Ersetzungen zu einer Kette von terminalen Symbolen gelangen kann.

In Bezug auf das Regelset (2) oben ist S das Startsymbol, NP, VP, V und N sind die nicht-terminalen Symbole, *Romeo, Juliet* und *loves* sind die terminalen Symbole und die Phrasenstruktur- und terminalen Regeln sind die Ersetzung- bzw. Produktionsregeln.

Aus der Untersuchung der Leistungsfähigkeit von Phrasenstruktur-grammatiken heraus entstand die Generative Grammatik, die in den USA den amerikanischen Strukturalismus als dominante Sprachtheorie ablösen sollte.

Transformationsgrammatik: Die Grammatikrichtung, die von Noam Chomsky (geb. 1928) begründet wurde – die **Generative Grammatik** –, ist mit der Behauptung angetreten, dass eine reine Phrasenstrukturgram-matik nicht in der Lage ist, die Syntax natürlicher Sprachen adäquat zu erfassen. Sie müsse zu einer Transformationsgrammatik weiterentwickelt werden. Die Idee der Transformationsgrammatik ist, dass die Struktur, die Sätze an der Oberfläche aufweisen (Oberflächenstruktur, S-Struktur), durch Transformationen aus einer anderen Struktur, der Tiefenstruktur bzw. D-Struktur, abgeleitet werden muss. Die Idee der Transformation von Sätzen durch Bewegung von Wörtern und Wortgruppen haben wir schon in Kapitel II.6 kennengelernt, und in Kapitel III.1.4.1 haben wir eine spe-zielle Transformation, die Passivtransformation, genauer betrachtet. Dort haben wir erwähnt, dass das Passivsubjekt durch ›Move α‹ aus der Objekt-an die Subjektstelle kommt.

D-Struktur: __ *was defeated Dareios*
                        ↓ Move α
S-Struktur: *Dareios$_1$ was defeated* t$_1$

Die D-Struktur und die S-Struktur dieses Satzes sind eigentlich Phrasen-strukturen, so dass diese Transformation aus einer Phrasenstruktur eine andere Phrasenstruktur macht.

Zur Vertiefung

Universalgrammatik
Chomsky ist berühmt für die Annahme einer Universalgrammatik, d. h. für die Annahme, dass der Mensch mit einem speziesspezifischen, genetisch vorprogrammierten Spracherwerbsmechanismus ausgestattet ist, der es ihm erlaubt, aus den Äußerungen seiner Umgebung beim (kindlichen) Spracherwerb zielsicher die richtigen Regeln der dahinter stehenden Sprache herauszufinden. Hier eine Stelle aus einem neueren Aufsatz von Chomsky und Kollegen, die das Argument für eine Univer-salgrammatik kompakt zusammenfasst:

»Die astronomische Vielzahl der Sätze einer jeden natürlichen Sprache, die ein Sprecher bilden und verstehen kann, hat wichtige Konsequenzen für den Sprach-erwerb, was seit langem ein Kernthema der Entwicklungspsychologie ist. Ein Kind ist nur mit einem kleinen Teil der möglichen Sätze seiner Sprache bekannt, was seine Datengrundlage für die Konstruktion einer generelleren Version dieser Sprache in seinem Geist/Gehirn begrenzt. Dieser Punkt hat logische Implikationen für jedes System, das versucht, eine natürliche Sprache auf der Grundlage von begrenzten Daten zu erwerben. Es ist offensichtlich, dass auf der Grundlage einer endlichen Menge an Daten unendlich viele Theorien erstellt werden können, die konsistent mit den Daten sind, aber untereinander inkonsistent sind. [...] so lange der Suchraum und die Erwerbsmechanismen nicht begrenzt sind, ist eine Wahl unter ihnen nicht möglich. [...] Kein bekannter ›genereller Lernmechanismus‹ kann eine natürliche Sprache allein auf der Basis positiver oder negativer Evidenzen erwerben, und die Aussichten für das Auffinden eines solchen bereichsunabhängigen Mechanismus sind ziemlich düster. Die Schwierigkeiten dieses Problems führen zu der Hypothese, dass das für den Spracherwerb verantwortliche System auf bestimmte Weise vorstrukturiert sein muss. Solche Vorgaben sind früher ›angeborene Fähigkeiten‹ genannt worden, und werden heute, wenn es um Sprache geht, ›Universalgrammatik‹ genannt« (Hauser/Chomsky/Fitch 2002, 1577, eigene Übersetzung).

Die Universalgrammatik (UG) gibt die allen natürlichen Sprachen gemeinsamen Prinzipien und Regeln an. Dazu gehören vor allem die Prinzipien und Regeln der Bildung und Transformation von Phrasenstrukturen. In den 1980er Jahren wurde das **Prinzipien-und-Parameter-Modell** der UG entwickelt, wonach der Spracherwerb ganz entscheidend darin besteht, vor dem Hintergrund der universalen Prinzipien die Parameter richtig zu setzen. Bildlich ausgedrückt besteht der Spracherwerb damit darin, auf einem großen Schaltfeld mit einer Reihe von Schaltern, die mehrere mögliche Stellungen einnehmen können, genau die Stellungen der Schalter (d. h. der Parameter) herauszufinden, die der zu erwerbenden Sprache entsprechen. Sind die richtigen Stellungen herausgefunden worden, ist der Erwerb der Syntax im Prinzip abgeschlossen.

Letztlich ist es heute wohl nicht viel klarer, wie die UG aussieht, als zu den Zeiten, als Chomsky die Hypothese entwickelte (1950/60er Jahre). Und sie ist heute vielleicht genauso umstritten wie zu der damaligen Zeit. Viel hängt in dieser Frage davon ab, ob Chomsky die Leistungskraft menschlicher Lernmechanismen unterschätzt.

X-bar-Theorie: Die Generative Grammatik hat viele verschiedene Konzeptionen von Phrasenstrukturen hervorgebracht. Sehr einflussreich ist die sogenannte X-bar-Syntax bzw. X-bar-Theorie geworden (auch: X'-Syntax bzw. X'-Theorie). Sie geht von der Annahme aus, dass alle Wortgruppen endozentrisch sind, also einen Kern haben, der als **Kopf** (*head*) der Wortgruppe bezeichnet wird. Der Kopf (ein Wort oder ein Morphem) kann in einem ersten Schritt durch eine Phrase zu einer syntaktischen Einheit erweitert werden, die weder ein Wort noch eine vollständige Wortgruppe darstellt, sondern etwas dazwischen und deshalb ›intermediäre Projektion‹ oder ›Zwischenkategorie‹ genannt wird. Während N und V für Wörter und NP und VP für vollständige Wortgruppen stehen, stehen N' und V' für solche Zwischenkategorien. Eine Zwischenkategorie kann in einem nächsten Schritt zu einer größeren Zwischenkategorie erweitert werden oder sie kann durch eine syntaktische Einheit zu einer vollständigen

Wortgruppe ergänzt werden. Beim Übergang vom Wort zur Zwischenkategorie und beim Übergang von dieser zur Wortgruppe wird, wie man sagt, die **Projektionsstufe** (*bar-level*) erhöht.

Hier als Beispiel die Phrasenstruktur von *the book of poems with a red cover* (nach Carnie 2008, 127):

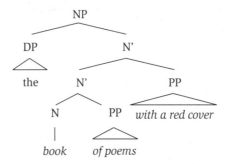

Der Kopf der Nominalphrase, *book*, bildet zusammen mit der PP *of poems* eine Zwischenkategorie N', die durch die PP *with a red cover* zu einer größeren Zwischenkategorie N' erweitert wird. Diese wird durch den definiten Artikel *the* zu einer vollständigen Nominalphrase NP gemacht. (Die Dreiecke in dem Phrasenstrukturbaum sind ›Faulheitsdreiecke‹, man spart sich, die genaue Phrasenstruktur der Konstituenten anzugeben.)

Allgemein sieht nach der X-bar-Theorie die Struktur einer Wortgruppe wie folgt aus, wobei man einzelnen Positionen im Baum spezielle Namen gegeben hat (*X*, *Y*, *W* und *Z* stehen für beliebige syntaktische Kategorie wie N, V, A etc.; das auf *Y*, *W* und *Z* folgende *P* besagt, dass es sich um vollständige Phrasen handelt):

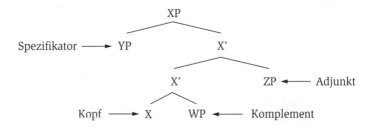

Eine Phrase, die sich mit einem Kopf zu einer Zwischenkategorie verbindet, wird → **Komplement** genannt. Eine Phrase, die mit einer Zwischenkategorie eine größere Zwischenkategorie der selben Art ergibt, wird → **Adjunkt** genannt. Eine Phrase, die mit einer Zwischenkategorie eine vollständige Phrase ergibt, wird → **Spezifikator** genannt.

> Es ist allerdings auch sehr verbreitet, Adjunkte an Köpfe (X-Adjunk-
> te) und Adjunkte an Phrasen (XP-Adjunkte) anzunehmen. Das Ge-
> meinsame der Adjunkte ist dann, dass sie die Projektionsstufe der
> Konstituenten, mit denen sie sich verbinden, nicht verändern: Eine
> Adjunktion an X ergibt wieder ein X, eine Adjunktion an X' ergibt
> wieder ein X' und eine Adjunktion an XP ergibt wieder ein XP.

In dem Baum von *the book of poems with a red cover* ist der Artikel der Spezifikator, die PP *with a red cover* ein Adjunkt und die PP *of poems* das Komplement. (Der Leser wird vielleicht darüber gestolpert sein, dass in dem
Baum von *the book of poems with a red cover* der Artikel als DP analysiert
wird; wenn man Nominalgruppen als NPs betrachtet und die vorgestellte
Version der X-bar-Theorie zugrunde legt, dann muss *the* als Spezifikator
eine Phrase sein, kann nicht nur ein Wort sein, ein D.)

Es ist aber auch möglich, dass ein Komplement, ein Adjunkt oder ein
Spezifikator nicht vorhanden ist – im Extremfall fehlen alle drei wie in der
VP eines Satzes wie *Mary smokes*:

Es gibt viele verschiedene Versionen der X-bar-Theorie, die Version von
Chomsky (1986) ist besonders einflussreich geworden. In den 1990er Jahren jedoch hat Chomsky diese Analyse wieder verworfen, nachdem Zweifel an der Existenz von Zwischenkategorien und an der Anwendbarkeit
der X-bar-Theorie auf andere Sprache als dem Englischen zunahmen (vgl.
Carnie 2008, §8.2). Chomsky (1995) entwickelte daraufhin die Theorie
der ›bloßen Phrasenstruktur‹ (*bare phrase structure*), die ohne Schichtung
in Wort, Zwischenkategorie und vollständige Phrase (d. h. ohne Projektionsstufen) und ohne Phrasenstrukturregeln auszukommen versucht.
Mit minimalsten Mitteln werden in der bloßen Phrasenstruktur die Teil-
Ganzes-Verhältnisse (=unmittelbare Konstituenz) und die lineare Abfolge
von syntaktischen Einheiten repräsentiert.

Chomskys bloße Phrasenstruktur   Zur Vertiefung
Chomsky (1995, 243 ff.) geht beim Aufbau der Phrasenstruktur eines
Satzes von einer dem (mentalen) Lexikon entnommenen Menge an
Lexikonelementen aus. Diese Menge wird ›Nummeration‹ genannt und

bildet das Material, aus dem der Satz zusammengesetzt wird. Jedes Lexikonelement ist eine Menge von Merkmalen (das Nomen *Wein* etwa kann man sich vereinfacht vorstellen als die Menge {/wain/, N} und das Adjektiv *rot* als die Menge {/rot/, A}). Dabei gibt /wain/ bzw. /rot/ die lautlichen Segmente an, aus denen das Wort besteht, und N bzw. A die syntaktische Kategorie des Wortes.

Das grundlegende Verfahren, um syntaktische Einheiten zu bilden, ist die Operation ›**Merge**‹. Merge nimmt zwei Elemente der Nummeration – sagen wir a und b – und verbindet sie zu einem neuen (komplexeren) Objekt. Dieses neue Objekt besteht zumindest aus der Menge {a, b}, die die Menge seiner Konstituenten ist. Zudem hat das neue Objekt bestimmte Eigenschaften, die sich aus einer seiner Konstituenten ergeben. Nennen wir diese Eigenschaften c, dann ist das neue Objekt darstellbar als {c, {a, b}}. C wird auch das ›Label‹ des Objekts genannt. Die Eigenschaften (das Label) des Objekts werden entweder von a oder von b festgelegt. Man sagt a oder b projiziert und ist der Kopf des Objekts. Wenn a projiziert, dann ist das neue Objekt als {a, {a, b}} darstellbar (a ist ja nichts weiter als eine Menge von Merkmalen und das neue Objekt hat damit die selben Merkmale wie a).

Ein Beispiel: Die Nominalphrase *roten Wein* entsteht aus der Verbindung von *roten* (genauer: {/roten/, A}) und *Wein* (genauer: {/wain/, N}), wobei *Wein* projiziert, was das folgende Objekt ergibt:

{*wein*, {*roten*, *wein*}}
Genauer: {{/wain/, N}, {{/roten/, A}, {/wain/, N}}}

In der Darstellung der Phrasenstruktur von *roten Wein* ist also nur vermerkt, welches die unmittelbaren Konstituenten und die Merkmale einer syntaktischen Einheit sind (die nichts anderes als die Merkmale des Kopfes der Einheit sind). In einer solchen Phrasenstruktur kommen solche Dinge wie Projektionsstufen nicht vor und können auch nicht vorkommen, da sie nicht zu den Merkmalen von Lexikonelementen gehören. Die Merkmale von noch so komplexen syntaktischen Objekten können nur die Merkmale von Lexikonelementen, von ihren Köpfen, sein.

Neben Merge gibt es ›**Move**‹ als zweite Operation zur Bildung von syntaktischen Objekten. Move nimmt ein bereits existierendes Objekt, kopiert es und verbindet die Kopie mit einem größeren Objekt. Nehmen wir die Verbbewegung in *Hat Marie gelacht?* als Beispiel. Zuerst wird durch mehrfache Anwendung der Operation Merge *Marie gelacht hat* gebildet. Dann wird durch Move *hat Marie gelacht hat* gebildet, indem *hat* kopiert und mit *Marie gelacht hat* verbunden wird. Auf einer späteren Stufe der Derivation wird das Verb in Endstellung getilgt, so dass sich die Form *Hat Marie gelacht* ergibt.

Das bislang letzte Syntaxmodell, das Chomsky entwickelt hat und in dem diese Sicht der Phrasenstruktur integriert ist, wird das minimalistische Programm bzw. **Minimalismus** genannt. Eine gute Einführung in die minimalistische Syntax ist Radford (2004).

Dass Phrasenstrukturgrammatiken inadäquat seien, dem wurde ab Mitte der 1980er Jahre vehement widersprochen – Gerald Gazdar und andere versuchten zu zeigen, dass man aus Phrasenstrukturgrammatiken mehr herausholen kann, als Chomsky gedacht hat. Daraus ist die **Generalisierte Phrasenstrukturgrammatik** (**GPSG**) und als deren Nachfolger die **Head-driven Phrase Structure Grammar** (**HPSG**) (etwa: Kopfgesteuerte Phrasenstrukturgrammatik) entstanden, die auf Transformationen in jeglicher Form verzichten. Eine entscheidende Rolle spielen dabei die syntaktischen Merkmale, die in diesen Theorien sehr viel ausgefeilter sind als bei Chomsky (zu GPSG und HPSG einführend vgl. Klenk 2003, §§ 4, 5; die Referenzwerke zu GPSG und HPSG sind Gazdar et al. 1985 bzw. Pollard/Sag 1994; zur Anwendung von HPSG aufs Deutsche vgl. u. a. Müller [2]2008).

1.2 | Dependenzgrammatik

Nach Lucien Tesnière (1893–1954), dem Begründer der Dependenzgrammatik, ist ein Satz eine strukturierte Einheit aus Wörtern, wobei jedes Wort in einer Abhängigkeitsbeziehung zu einem anderen Wort steht (entweder das eine Wort ist vom anderen abhängig oder umgekehrt). Dies ist die Grundidee der Dependenzgrammatik. Die Abhängigkeitsbeziehungen lassen sich graphisch (in einem sogenannten **Stemma**) repräsentieren: Ein Wort, das durch eine Kante mit einem höher stehenden Wort unmittelbar verbunden ist, ist von diesem abhängig (vgl. Tesnière 1959). Eine klassische Darstellung der Dependenzstruktur eines Satzes wie *Romeo loves Juliet* sieht wie folgt aus:

(4)

In (4) sind also die beiden Nomina vom Verb abhängig. Diese Abhängigkeit können wir als syntaktische Valenz deuten: Das Verb fordert zwei nominale Ergänzungen. Damit macht die Dependenzgrammatik die syntaktische Valenz zu einem entscheidenden Aspekt der syntaktischen Strukturen.

Vergleicht man das Stemma in (4) mit dem Phrasenstrukturbaum in (1) am Anfang von Kapitel IV.1.1, so fallen sofort einige Unterschiede auf. In (4) kommen erstens – anders als in (1) – keine Symbole für syntaktische Kategorien vor. Zweitens ist in den Stemmata bei Tesnière die Abfolge der Wörter nicht repräsentiert. Drittens kommt in (4) nichts vor, was dem S-Symbol in (1) entsprechen würde und es gibt keine Entsprechung zu NP (Nominalphrase) und keine zu VP (Verbalphrase). Dies wird noch deutlicher in der Darstellung eines etwas umfangreicheren Satzes wie *This is an interesting theory*:

(5)

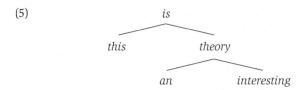

Dass *an interesting theory* eine syntaktische Einheit bildet, ist in dieser Darstellung nicht wie in einem entsprechenden Phrasenstrukturbaum unmittelbar repräsentiert. Ebensowenig, dass *is an interesting theory* eine syntaktische Einheit bildet – wenn es denn eine Einheit bildet.

Dies sind alles aber nicht unbedingt substanzielle Unterschiede – mit Ausnahme des Fehlens von Verbalphrasen. Tesnière hat neben **reelen Stemmata** wie (4) und (5) auch **virtuelle Stemmata** wie (6) verwendet, in denen die Worte durch Symbole für ihre syntaktische Kategorie ersetzt sind.

(6)

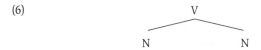

Später, nach Tesnière, sind Dependenzgraphen konzipiert worden, in denen nicht nur die Wörter, sondern auch ihre syntaktische Kategorie und ihre Abfolge repräsentiert werden.

Von David G. Hays (1964) und Haim Gaifman (1965) sind Dependenzgrammatiken zum ersten Mal formalisiert worden. Hier ein ganz einfaches Beispiel für eine solche Formalisierung: Es werden zum einen syntaktische Regeln angesetzt, in denen festgelegt ist, welche Wörter auf Grund ihrer Kategorie von anderen Wörtern abhängig sind und wie die Wörter aufeinanderfolgen. In (7a) ist V als der ›Zentralknoten‹ festgelegt, der von keinem Knoten abhängig ist. In (7b) wird festgelegt, dass von V zwei N abhängig sind, wobei V zwischen den beiden N steht (also dort, wo sich der Querstrich befindet).

(7) Syntaktische Regeln: a. *(V)
         b. V(N, –, N)
  Lexikalische Regeln: c. V = {*loves*}
         d. N = {*Romeo, Juliet*}

Mit diesen Regeln lassen sich Sätze generieren wie mit der Phrasenstrukturgrammatik (2) oben – und zwar genau die selben vier Sätze (*Romeo loves Juliet*; *Juliet loves Romeo*; *Juliet loves Juliet*; *Romeo loves Romeo*). Auf der Basis dieser Regeln lassen sich auch Dependenzgraphen erstellen, in denen die syntaktische Kategorie und die lineare Abfolge repräsentiert wird (da die Abhängigkeitsstruktur auf eine lineare Abfolge projiziert wird, spricht man auch von projektiven Dependenzgraphen).

Relationale und
lexikalisch-funktio-
nale Grammatik

(8)

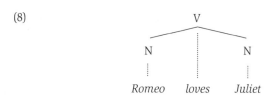

Man konnte allgemein zeigen (Gaifman 1965), dass Dependenzsysteme mit manchen Arten von Phrasenstrukturgrammatiken ›schwach äquivalent‹ sind, d. h. dass sich mit beiden Systemen die selben Sätze generieren lassen (stark äquivalent wären die beiden Systeme erst dann, wenn auch die selben Strukturen gebildet werden könnten – was aber ja nicht der Fall ist, man vergleiche 8 und 1).

Auch wenn in Dependenzgraphen keine NPs vorkommen, so kann man auf der Basis eines Dependenzgraphen sagen, dass ein N und alle von ihm abhängigen Wörter in dieser Struktur eine Nominalphrase bilden (vgl. Hudson 1993; Heringer 1996, 53). Und es gibt schließlich auch neuere Dependenzgrammatiken, in denen nicht V das oberste Element des Satzes ist, sondern wie in Phrasenstrukturen S bzw. C (vgl. Eroms 2000 und s. Kap. IV.2.4.2).

Einen gut verständlichen Einstieg in die deutsche Syntax aus dem Blickwinkel der Dependenzgrammatik gibt Heringer (1996). Einen umfassenden Überblick über die Dependenzgrammatik bieten die beiden Bände Ágel et al. (2003; 2006).

1.3 | Relationale und Lexikalisch-funktionale Grammatik

Die beiden im Folgenden vorgestellten Syntaxmodelle sind in einem gewissen Sinne moderne Versionen der traditionellen Satzgliedlehre, d. h. der Zerlegung von Sätzen in Subjekt, Prädikat, Objekt etc.

Die **Relationale Grammatik** wurde Mitte der 1970er Jahre vor allem von David Perlmutter und Paul M. Postal als Gegenentwurf zu Chomskys Version der Transformationsgrammatik entwickelt. Eine Transformationsgrammatik ist die Relationale Grammatik auch, sie geht aber von ganz anderen Voraussetzungen aus. Grammatische Relationen wie Subjekt, Prädikat, Objekt etc. stehen im Zentrum der Relationalen Grammatik. Der Grund dafür liegt vor allem darin, dass man mit grammatischen Relationen die syntaktische Struktur von Sätzen in Sprachen ganz unterschiedlicher Art auf eine einheitliche Weise beschreiben kann. Welche Gestalt ein Subjekt in den jeweiligen Sprachen hat, wo es steht etc., das ist jeweils verschieden – die Annahme, dass sich Subjekte universal durch eine bestimmte syntaktische Eigenschaft auszeichnen, wird als unhaltbar angesehen. Subjekt und die anderen grammatischen Relationen werden als undefinierte Begriffe verwendet. Aber trotzdem lassen sich die syntaktischen Konstruktionen in den Sprachen mit Hilfe von grammatischen Relationen auf einsichtsvolle Weise allgemein beschreiben.

Die Relationale Grammatik repräsentiert die syntaktische Struktur eines Satzes durch ein **relationales Netzwerk**, in dem die einzelnen Konstituenten grammatische Relationen zum Satz haben, ohne dass die lineare Abfolge mitrepräsentiert werden würde. Jede Konstituente steht am Ende eines Pfeils, der vom Satzknoten ausgeht und mit einem Symbol für die entsprechende grammatische Relation versehen ist: P für Prädikat, 1 für Subjekt, 2 für direktes Objekt, 3 für indirektes Objekt, Chô für die Chômeur-Relation (frz. *chômeur* = Arbeitsloser; diese Relation wird bei Passivsätzen relevant).

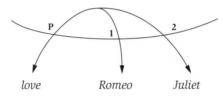

Als zweites wesentliches Element kommt hinzu, dass die Relationale Grammatik verschiedene Ebenen der syntaktischen Analyse unterscheidet, sie spricht von verschiedenen ›Strata‹, die durch ›Bögen‹ in den Netzwerken repräsentiert werden. Das Anfangsstratum entspricht in etwa der Tiefenstruktur in der Transformationsgrammatik Chomskys. Nun kann ein und die selbe Konstituente auf verschiedenen Strata unterschiedliche grammatische Relationen aufweisen. Passivsätze sind auch hier das Paradebeispiel. *Juliet is loved by Romeo* wird repräsentiert durch ein relationales Netzwerk, indem *Juliet* im ersten Stratum 2 (direktes Objekt) und im zweiten Stratum 1 (Subjekt) ist, *Romeo* 1 im ersten und Chô im zweiten Stratum und *love* in beiden Strata Prädikat.

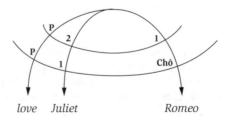

In dieser Repräsentation fehlt einiges, was Spezifisch für das Englische ist (dass es ein Passivhilfverb *be* und die Präposition *by* vor *Romeo* gibt), doch so lässt sich die universale Struktur des Passivs anhand des englischen Satzes darstellen.

Die Beschäftigung mit Unakkusativität (s. Kap. III.1.5) ist von David Perlmutter angestoßen worden. Sätze mit unakkusativen Verben als Prädikat werden so analysiert, dass im ersten Stratum das Argument des Verbs ein direktes Objekt und im zweiten Stratum das Subjekt des Satzes ist. In Sätzen mit unergativen Verben ist das Argument sowohl im ersten wie im zweiten Stratum das Subjekt des Satzes.

Einführend zur Relationalen Grammatik vgl. Oppenrieder (1993), Blake (1996) und Böttner (1999). Ein Klassiker auf diesem Felde ist Perlmutter (1978), die *Arc Pair Grammar* (Johnson/Postal 1980) ist eine Weiterentwicklung der Relationalen Grammatik.

Die **Lexikalisch-funktionalen Grammatik** (LFG), die Anfang der 1980er Jahre von der Linguistin Joan Bresnan und dem Computerlinguisten Ronald Kaplan maßgeblich entwickelt wurde, setzt eine der relationalen Strukur recht ähnliche **funktionale Struktur** an, die ebenfalls einen syntaktischen Aspekt von Sätzen mit Hilfe von grammatischen Relationen bzw. Funktionen zu beschreiben versucht. Die funktionale Struktur von *Romeo loves Juliet* sieht stark vereinfacht etwa so aus:

$$
\begin{bmatrix}
\text{SUBJEKT} & \textit{Romeo} \\
\text{TEMPUS} & \text{PRÄSENS} \\
\text{PRÄDIKAT} & \textit{loves} \ \langle(\text{SUBJEKT}) \ (\text{OBJEKT})\rangle \\
\text{OBJEKT} & \textit{Juliet}
\end{bmatrix}
$$

Dies ähnelt einer traditionellen funktionalen Analyse, wie wir sie in Kapitel I.2.5 vorgenommen haben. *Romeo* ist Subjekt, *Juliet* ist Objekt und *loves* ist Prädikat. Dazu ist noch in Klammern ($\langle\,\rangle$) die syntaktische Valenz des Prädikats angegeben (es fordert ein Subjekt und ein Objekt), und das Tempus wird auch als eine grammatische Funktion behandelt, die in diesem Satz den Wert Präsens hat.

Das Passiv wird in der Lexikalisch-funktionalen Grammatik über eine lexikalische Regel erfasst, die die Valenz von Verben verändert (s. die lexikalische Passivregel in Kap. III.1.4.2). Aus der Valenz von *love* $\langle(\text{SUBJEKT})$ $(\text{OBJEKT})\rangle$ macht die Passivregel die Valenz der Passivform *loved*, die anstelle des Objekts von *love* ein Subjekt aufweist (mit der selben semantischen Rolle wie das Objekt) und anstelle des Subjekts von *love* die Funktion OBLIQUUS$_{agens}$, die die Funktion einer Präpositionalphrase mit der semantischen Rolle Agens ist. Die funktionale Struktur des Satzes *Juliet is loved by Romeo* sieht vereinfacht wie folgt aus:

$$
\begin{bmatrix}
\text{OBLIQUUS}_{agens} & \textit{Romeo} \\
\text{TEMPUS} & \text{PRÄSENS} \\
\text{PRÄDIKAT} & \textit{loved} \ \langle(\text{OBLIQUUS}_{agens}) \ (\text{SUBJEKT})\rangle \\
\text{SUBJEKT} & \textit{Juliet}
\end{bmatrix}
$$

LFG ist eine Syntaxtheorie, die neben funktionalen Strukuren auch Phrasenstrukturen annimmt, die damit diese beiden Arten von syntaktischen Strukturen für die Beschreibung natürlicher Sprachen für notwendig hält (ganz ähnlich das Simpler-Syntax-Modell von Culicover/Jackendoff 2005).

Zur Einführung in LFG vgl. Klenk (2003, Kap. 6), die klassische Version der LFG findet sich in Bresnan (Hrsg.) (1982), eine neuere Version liefert Bresnan (2001) und zur Anwendung von LFG auf das Deutsche vgl. Berman (2003).

1.4 | Kategorialgrammatik

Die Kategorialgrammatik ist im ersten Drittel des 20. Jahrhunderts von Logikern und Philosophen – insb. von Stanisław Leśniewski (1929) und Kazimierz Ajdukiewicz (1935) – entwickelt und erst langsam von der Linguistik entdeckt worden. Die Grundidee ist, einzelnen Wörtern und größeren syntaktischen Einheiten ›Kategorien‹ zuzuordnen, durch die sich ergibt, mit welchen anderen syntaktischen Einheiten sie sich zu sinnvollen syntaktischen Einheiten, letztlich zu Sätzen, kombinieren lassen. Zwei Arten von Kategorien werden angenommen: Grundkategorien und Funktorkategorien.

Die Menge der **Grundkategorien** ist recht klein: Die Kategorie des Satzes (S) ist eine Grundkategorie, und dann gibt es mindestens noch eine weitere für ›Namen‹ (N) oder Nominalphrasen (NP).

Die **Funktorkategorien** werden nach einer allgemeinen Regel gebildet. Funktorkategorien heißen sie, weil sie andere Ausdrücke als Argument zu sich nehmen und einen Ausdruck bestimmter Art als Resultat ergeben (die Funktions-Argument-Unterscheidung aus Mathematik und Logik wird hier benutzt). $S \backslash NP$ ist ein Beispiel für eine Funktorkategorie. Die syntaktische Kategorie eines Funktors besteht aus zwei durch einen Schrägstrich voneinander getrennte syntaktische Kategorien (in unserem Beispiel aus der Kategorie S und der Kategorie NP getrennt durch \). Rechts vom Schrägstrich steht die syntaktische Kategorie des Arguments des Funktors und links vom Schrägstrich steht die syntaktische Kategorie des Resultats der Anwendung des Funktors auf das Argument (ein Ausdruck der Kategorie $S \backslash NP$ nimmt eine Nominalphrase als Argument und ergibt einen Satz). Die Ausrichtung des Schrägstrichs zeigt an, ob der Funktor das Argument rechts (/) oder links (\) zu sich nimmt.

Ein intransitives Verb wie *walk* ist von der Kategorie $S \backslash NP$, da es ein NP-Argument links zu sich nimmt und die Verbindung ein S ergibt.

Anna	*walks*
NP	$S \backslash NP$

S

Ein transitives Verb wie *loves* ist eigentlich zweistellig, kann aber als einstellig behandelt werden, wenn man seine Kategorie so angibt, dass es ein Argument rechts zu sich nimmt und eine intransitive VP ergibt, die links ein NP-Argument fordert. Seine Kategorie ist dann: $(S \backslash NP)/NP$

Romeo	loves	Juliet
NP	(S\NP)/NP	NP
	S\NP	
S		

In der Linguistik wurde die Kategorialgrammatik durch Bar-Hillel (1953) bekannt, der sie als Möglichkeit erkannte, IC-Analysen (s. Kap. IV.1.1) zu formalisieren – also noch bevor man sah, dass man IC-Analysen durch Phrasenstrukturgrammatiken formalisieren konnte. Bald wurde ein Beweis gefunden (1959 durch Haim Gaifman), dass Kategorialgrammatiken mit (kontextfreien) Phrasenstrukturgrammatiken schwach äquivalent sind (die selben Mengen von Sätzen generieren können). Da man aber zu der Zeit mit Chomsky annahm, dass reine Phrasenstrukturgrammatiken inadäquat für natürliche Sprachen seien (weil Transformationen wie etwa die Passivtransformation nötig wären), wurden Kategorialgrammatiken in der Linguistik lange Zeit nicht besonders beachtet – sie wurden aber von an Sprache interessierten Mathematikern weiterentwickelt. Dies änderte sich, als eine Reihe von an semantischen Fragen interessierten Linguisten (Emmon Bach, Barbara Partee und David Dowty vor allem) die Arbeiten des Logikers und Philosophen Richard Montague (und die anderer Logiker und Philosophen) für die Linguistik entdeckten. Denn ein hervorstechendes Kennzeichen der Kategorialgrammatik ist, dass man syntaktische und semantische Analyse quasi gleichzeitig ausführen kann.

Heute ist der prominenteste Kategorialgrammatiker wahrscheinlich Mark Steedman aus Edinburgh mit seiner ›Kombinatorischen Kategorialgrammatik‹ (vgl. Steedman 2000). Einführungen in die Kategorialgrammatik auf Deutsch finden sich in Bartsch et al. (1977, Kap. 3), Heringer et al. (1980, Kap. 5) und Vennemann/Jacobs (1982, Kap. II).

1.5 | Kurzer Überblick über aktuelle Syntaxtheorien

Alle Syntaxtheorien, die wir hier vorgestellt haben, werden aktuell noch weiterentwickelt (nur bei der Relationalen Grammatik ist dies nicht sicher). Die Grenzen zwischen den Theorien sind nicht immer so groß, wie man meinen möchte. Zum einen in dem Sinne, dass eine Theorie das adaptiert, das in ihren Augen eine andere erfolgreich vorgeführt hat (vgl. die Art, wie Eroms 2000 Aspekte der Rektions-Bindungs-Theorie in einer Dependenzgrammatik aufnimmt, s. Kap. IV.2.4.2). Zum anderen kann im Laufe der Theorieentwicklung der Status einer syntaktischen Struktur unklar werden (z. B.: »Handelt es sich immer noch um eine Phrasenstruktur oder ist es nicht schon eine Dependenzstruktur oder eine Kombination von beiden?«; vgl. Carnie 2008).

Die bislang letzte Stufe der Transformationsgrammatik ist der **Minimalismus** (auch ›minimalistisches Programm‹ genannt), der auf vieles zu verzichten scheint, was der Generativen Grammatik lange Zeit wichtig zu sein schien. So spielt die Tiefenstruktur bzw. D-Struktur keine spezielle Rolle mehr, es gibt sie strenggenommen nicht mehr (zur Einführung in die minimalistische Syntax vgl. Radford 2004). Eine neuere Variante der Generativen Grammatik ist die **Optimalitätstheorie**, die als phonologischer Ansatz begann und dann auch in der Syntax Anwendung fand. Die Grundidee ist, unter einer Menge von mehreren möglichen Strukturen die Struktur herauszufinden, die in Bezug auf eine Reihe von Bedingungen (*constraints*) die ›optimale‹ Struktur ist (vgl. Müller 2000).

Die **Head-driven Phrase Structure Grammar** ist eine Konzeption, die nicht nur auf die empirische Relevanz, sondern auch auf die formale Ausgestaltung der Theorie sehr großen Wert legt. Sie führt zwar die Phrasenstrukturen im Titel, doch ist überraschenderweise nicht wirklich eindeutig, ob die zentralen syntaktischen Strukturen immer noch Phrasenstrukturen sind und nicht Dependenzstrukturen oder eine Kombination von beiden (vgl. Carnie 2008, § 9.4.3). Mit Dependenzstrukturen wird durchaus teilweise auch in der Generativen Grammatik gearbeitet. Auch in der in der Computerlinguistik findet die **Dependenzgrammatik** verstärkt Beachtung.

Grammatischen Funktionen werden in der **Lexikalisch-funktionalen Grammatik** und der **Simpler Syntax** (Culicover/Jackendoff 2005) weiterhin ein wichtiger Platz in der Syntax eingeräumt – in beiden Modellen neben und in Ergänzung der Phrasenstruktur.

Wir haben hier die **funktionale Grammatik** nicht eigens behandelt. Diese Forschungsrichtung geht von der Überzeugung aus, dass syntaktische Strukturen (zumindest zu einem erheblichen Teil) nur verstanden werden können, wenn man ihre semantischen und pragmatischen Funktionen untersucht (vgl. u. a. Dik 1989; Van Valin 1993; Van Valin/LaPolla 1997; Welke 2002). Damit stehen die ›Funktionalisten‹ im Gegensatz zu den ›Autonomisten‹, die vor allem in der Generativen Grammatik zu finden sind und davon ausgehen, dass syntaktische Strukturen autonom sind, d. h. nicht auf semantische oder pragmatische Strukturen zurückgeführt werden können. Es geht hier um das Verhältnis der Syntax zur Semantik und zur Pragmatik, nicht so sehr darum, wie syntaktische Strukturen selbst aussehen (so ist ein funktionaler Ansatz im Prinzip mit allen hier vorgestellten Konzeptionen der hierarchischen Struktur von Wortgruppen kompatibel, wenn er die Existenz von syntaktischen Strukturen nicht von vornherein bestreitet).

Aus dem selben Grund ist in diesem Kapitel die **Konstruktionsgrammatik** nicht eigens behandelt worden, die aktuell stark diskutiert wird (vgl. Croft/Cruse 2004, § 10; Fischer/Stefanowitsch 2006; Stefanowitsch/Fischer 2008; die Beiträge in *Zeitschrift für Germanistische Linguistik*, Band 37, Nr. 3, 2009). Diese Richtung betrachtet die Grammatik als ein großes Netzwerk von Konstruktionen, wobei eine Konstruktion ein ›Form-Bedeutungs-Paar‹ ist mit phonologischen, syntaktischen und semantischen Eigenschaften (ein idiomatischer Ausdruck wie *ins Gras bei-ßen* ist in diesem Sinne eine Konstruktion mit formalen und inhaltlichen Eigenschaften).

2. Elemente der Phrasen-struktursyntax des Deutschen

2.1 | Einleitung

In diesem Kapitel werden problemorientiert einige wichtige Aspekte der Phrasenstruktursyntax des Deutschen vorgestellt. Im Vordergrund stehen dabei die Konstituenten- und die Phrasenstrukturen von Wortgruppen. Es wird sich als nützlich erweisen, Konstituenten- und Phrasenstruktur zu unterscheiden (meist werden diese beiden Begriffe jedoch als mehr oder weniger gleichbedeutend behandelt oder nur einer von ihnen verwendet).

Zum Begriff

> Die → **Konstituentenstruktur** einer Wortgruppe gibt an, wie die Wortkette, aus der die Wortgruppe besteht, in ihre unmittelbare Konstituenten zerlegt wird, diese wieder in ihre unmittelbare Konstituenten zerlegt werden und so weiter, bis die kleinsten Einheiten, die Wörter, erreicht sind (s. die IC-Analyse in Kap. IV.1.1).
> Die → **Phrasenstruktur** einer Wortgruppe gibt an, aus welchen syntaktischen Einheiten die Wortgruppe besteht, welches deren Merkmale sind sowie in welchen Teil-Ganzes-Beziehungen und in welchen Abfolgebeziehungen die syntaktischen Einheiten zueinander stehen.

Bei der Aufdeckung der Konstituentenstruktur werden wir von den drei Tests zur Identifizierung von Wortgruppen aus Kapitel I.2.3.2 regen Gebrauch machen: Vorfeldtest, Fragetest und Koordinationstest. Die Aufdeckung der Konstituentenstruktur ist eine Voraussetzung für die Erstellung der Phrasenstruktur, die u. a. die Teil-Ganzes-Beziehungen der syntaktischen Einheiten angibt.

Bei der Erstellung von Phrasenstrukturen gehen wir von möglichst einfachen Annahmen aus: Es gibt zwei Typen von syntaktischen Einheiten, nämlich Wörter und Phrasen; sie haben Merkmale, können aus einer oder mehreren unmittelbaren Konstituenten bestehen und sind endozentrisch

(d. h. sie haben einen Kern bzw. Kopf, der bestimmte Merkmale der syntaktischen Einheit festlegt, insbesondere ihre syntaktische Kategorie).

Binarität

Wenn eine syntaktische Einheit genau zwei unmittelbare Konstituenten hat, dann ist sie binär geteilt. Im Folgenden werden wir oft auf binäre Teilungen treffen, ohne dass das Prinzip der (strikten) Binarität vorausgesetzt werden würde. Unter **Binarität** versteht man das Prinzip, dass syntaktische Einheiten höchstens aus zwei unmittelbaren Konstituenten bestehen; unter **strikter Binarität** versteht man, dass eine syntaktische Einheit, die unmittelbare Konstituenten hat, genau zwei hat (zur Diskussion um Binarität vgl. Culicover/Jackendoff 2005, § 4.3).

Zur Vertiefung

Phrasenstrukturen werden in diesem Kapitel mit Hilfe von Kastendiagrammen repräsentieren, nicht mit Baumdiagrammen (Bäumen), wie es in weiten Teilen der Literatur üblich ist. Dies hat vor allem praktische Gründe. Kastendiagramme sind in herkömmlichen Textverarbeitungssystemen sehr viel leichter zu erstellen und – was ein gewichtigerer Grund ist, auch wenn es für diese Einführung nur am Rande relevant wird – wenn man Wörter und Phrasen mit allen ihren syntaktischen Merkmalen darstellt, so ist dies mit Kastendiagrammen sehr viel einfacher möglich. Da beide Arten der Darstellung äquivalent sind, geht keine Information verloren, wenn wir auf Bäume verzichten.

2.2 | Nominalgruppen

2.2.1 | Konstituentenstruktur

Besteht eine Nominalgruppe aus zwei Wörtern, so liegt ihre Konstituentenstruktur auf der Hand. Jedes der beiden Wörter ist eine unmittelbare Konstituente der Nominalgruppe. Interessanter wird die Frage nach der Konstituentenstruktur bei Nominalgruppen aus drei und mehr Wörtern. Bei der Nominalgruppe *keine wertvollen Gemälde* beispielsweise kann man sich drei Arten vorstellen, wie die Wortkette zerlegt werden kann. **Struktur A:** Die Nominalgruppe besteht unmittelbar aus drei Wörtern – d. h. jedes ist eine unmittelbare Konstituente der Nominalgruppe.

keine wertvollen Gemälde		
keine	*wertvollen*	*Gemälde*

Struktur B: Adjektiv und Substantiv bilden eine Konstituente, zu der das Determinativ hinzutritt:

keine wertvollen Gemälde		
keine	wertvollen Gemälde	
	wertvollen	Gemälde

Das Determinativ einerseits und die Konstituente aus Adjektiv und Substantiv andererseits sind unmittelbare Konstituenten der Nominalgruppe. **Struktur C:** Determinativ und Adjektiv bilden eine Konstituente, zu der das Substantiv hinzutritt.

keine wertvollen Gemälde		
keine wertvollen		Gemälde
keine	wertvollen	

Das Substantiv einerseits und die Konstituente aus Determinativ und Adjektiv andererseits sind unmittelbare Konstituenten der Nominalgruppe.

Um herauszufinden, welches die richtige Konstituentenstruktur sein könnte, wenden wir die Konstituententests an. Zuerst den **Vorfeldtest**. Bei der NP-Spaltung (s. Kap. II.6.1.1) kann man einen Teil einer Nominalgruppe abspalten und ins Vorfeld stellen wie bei dem folgenden Beispiel:

Gemälde haben wir keine wertvollen gesehen.
[Gemälde] haben wir [keine wertvollen __] gesehen

Gemälde im Vorfeld gehört zu der Nominalgruppe, die mit *keine* beginnt, ihre Basisposition ist durch einen Unterstrich angegeben. Nun können bei der NP-Spaltung nicht nur das Substantiv, sondern auch Adjektiv und Substantiv zusammen abgespalten werden:

Wertvolle Gemälde haben wir keine gesehen.
[Wertvolle Gemälde] haben wir [keine __] gesehen

Diese Abspaltungsmöglichkeit ist ein Indiz dafür, dass es sich bei Adjektiv und Substantiv um eine Konstituente handelt:

(1)

keine wertvollen Gemälde	
keine	wertvollen Gemälde

Dies ist aber nur in der Struktur B gegeben, weder in A noch in C bilden Adjektiv und Substantiv zusammen eine Konstituente.

Zusätzliche Evidenz für (1) erbringt der **Fragetest**. Auf die Bemerkung *Wir haben keine wertvollen Gemälde gesehen* kann der Zuhörer in einem Gespräch reagieren mit der Echofrage *Ihr habt keine wertvollen WAS gesehen?*, etwa wenn ihm neu ist, dass sich die Gesprächspartner für Gemälde interessieren. Der Zuhörer kann aber auch reagieren mit der Echofrage *Ihr habt keine WAS gesehen?*, womit er zu verstehen geben kann, dass es ihm neu ist, dass sich die Gesprächspartner für wertvolle Gemälde interessieren. Man kann also Adjektiv und Substantiv durch ein Fragepronomen ersetzen, ein weiteres Indiz dafür, dass es sich um eine Konstituente handelt.

Das selbe Ergebnis erbringt auch der **Koordinationstest**, denn Adjektiv und Substantiv lassen sich unter Ausschluss des Determinativs mit einem anderen Adjektiv und Substantiv koordinieren:

Wir haben keine wertvollen Gemälde oder kostbaren Bücher gesehen.
Wir haben [keine {(wertvollen Gemälde) oder (kostbaren Bücher)}] gesehen

Dass es sich bei der Koordination *wertvollen Gemälde oder kostbaren Bücher* um eine Konstituente handelt, zeigt übrigens wieder der Vorfeldtest:

{Wertvolle Gemälde oder kostbare Bücher} haben wir keine __ gesehen

Die Sache scheint sehr klar zu sein. Doch gilt es, zwei Dinge zu beachten. Wenn man sich die NP-Spaltungen mit dem Adjektiv im Vorfeld ganz genau ansieht, dann entdeckt man, dass die Form des Adjektivs nicht genau die selbe ist. In *Wertvolle Gemälde oder kostbare Bücher haben wir keine gesehen* ist *-e* die Endung der Adjektive, in *Wir haben keine wertvollen Gemälde oder kostbaren Bücher gesehen* aber *-en* (man siehe auch: *Wertvolle Gemälde haben wir keine gesehen* im Vergleich zu *Wir haben keine wertvollen Gemälde gesehen*). Bei der Abspaltung des Adjektivs flektiert das Adjektiv stark, wird es nicht abgespalten, flektiert es in unseren Beispielen schwach. Die Vorstellung, dass bei der NP-Spaltung einfach etwas nach vorne bewegt wird, ist offensichtlich zu einfach (vgl. u. a. Pafel 1995, § 6; Nolda 2007).

Auch bei der Koordination liegen die Dinge nicht so einfach. Wir können ohne Weiteres Sätze bilden wie

Wir haben keine wertvollen und keine interessanten Gemälde gesehen.

Dieser Satz scheint Evidenz dafür zu sein, dass Determinativ und Adjektiv zusammen eine Konstituente bilden – also Evidenz für die Struktur C und Evidenz gegen die Struktur B, wenn wir den Satz wie folgt analysieren:

Wir haben [{(keine wertvollen) und (keine interessanten)} Gemälde] gesehen

Doch können wir den Satz auch als einen Fall von Linkstilgung (s. Kap. II.2.3.2) analysieren. Dann haben wir es mit einer Koordination zweier vollständiger Nominalgruppen zu tun, und der Satz ist keine Evidenz mehr gegen Struktur B.

Wir haben {[keine wertvollen ~~Gemälde~~] und [keine interessanten Gemälde]} gesehen

Wir haben hier die Voraussetzung gemacht, dass es für eine Nominalgruppe wie *keine wertvollen Gemälde* eine und nur eine Konstituentenstruktur gibt. Diese Voraussetzung wird nicht immer gemacht. Insbesondere die Kategorialgrammatik (s. Kap. IV.1.4) verfügt über Regeln, die mehrere Konstituentenstrukturen erlauben.

Untersuchen wir nun die Struktur weiterer Nominalgruppen.

Determinativ + Intensitätspartikel + Adjektiv + Substantiv:
keine sehr wertvollen Gemälde

Ausgehend von dem Satz *Gemälde haben wir keine sehr wertvollen gesehen*, können wir Partikel plus Adjektiv mit ins Vorfeld nehmen; wir können aber nicht die Partikel hinten lassen und nur das Adjektiv mit ins Vorfeld nehmen:

[*Sehr wertvolle Gemälde*] *haben wir* [*keine __*] *gesehen*
*[*Wertvolle Gemälde*] *haben wir* [*keine sehr __*] *gesehen*

Dies ergibt folgende Konstituentenstruktur:

keine sehr wertvollen Gemälde			
keine	sehr wertvollen Gemälde		
	sehr wertvollen		Gemälde
	sehr	wertvollen	

Determinativ + Präpositionalgruppe + Adjektiv + Substantiv:
keine mit Kunstverstand restaurierten Gemälde

Auch hier ist schnell klar, dass bei NP-Spaltung die Präpositionalgruppe *mit Kunstverstand* dem Adjektiv mit ins Vorfeld folgen muss – bleibt sie hinten, kann sie sich nicht mehr auf das Adjektiv *restaurierte* beziehen, sondern nur noch auf *gesehen*, was eine ganz andere Lesart ergibt.

[*Mit Kunstverstand restaurierte Gemälde*] *haben wir* [*keine __*] *gesehen*
*[*Restaurierte Gemälde*] *haben wir* [*keine mit Kunstverstand __*] *gesehen*

Die Konstituentenstruktur liegt somit auf der Hand:

keine mit Kunstverstand restaurierten Gemälde			
keine	mit Kunstverstand restaurierten Gemälde		
	mit Kunstverstand restaurierten		Gemälde
	mit Kunstverstand	restaurierten	
	mit	Kunstverstand	

Determinativ + Intensitätspartikel + Adjektiv + Adjektiv + Substantiv:
keine sehr wertvollen alten Gemälde

In *diese wertvollen und alten Gemälde*, wo zwei attributive Adjektive koordiniert sind, bilden diese eine Konstituente. Aber wie ist es in *keine sehr wertvollen alten Gemälde*? Die NP-Spaltung zeigt, dass man nicht nur den ganzen Komplex *sehr wertvollen alten Gemälde* abspalten kann, sondern auch *alte Gemälde* alleine, ohne dass sich die Lesart des Satzes verändern würde.

[*Sehr wertvolle alte Gemälde*] *haben wir* [*keine* __] *gesehen*
[*Alte Gemälde*] *haben wir* [*keine sehr wertvollen* __] *gesehen*

Zwei attributive Adjektive bilden also nicht unbedingt eine Einheit (s. auch in Kap. II.3.3.3 das Beispiel 10b). Damit hat die gesamte Nominalgruppe die folgende Struktur:

	keine sehr wertvollen alten Gemälde			
keine	sehr wertvollen alten Gemälde			
	sehr wertvollen		alten Gemälde	
	sehr	wertvollen	alten	Gemälde

Determinativ + Substantiv + Präpositionalgruppe:
keine Gemälde von diesem Meister

Spontan wird man vielleicht dazu tendieren, diese Nominalgruppe in die beiden unmittelbaren Konstituenten *keine Gemälde* und *von diesem Meister* zu zerlegen. Dafür scheint zu sprechen, dass man die Präpositionalgruppe aus der Nominalgruppe herausbewegen kann:

Von diesem Meister haben wir keine Gemälde gesehen.
[*Von diesem Meister*] *haben wir* [*keine Gemälde* __] *gesehen*

Doch diese Möglichkeit der Topikalisierung der Präpositionalgruppe ist auch mit der Zerlegung der Nominalgruppe in *keine* und *Gemälde von diesem Meister* vereinbar. Und für diese letztere Zerlegung spricht die folgende NP-Spaltung:

[*Gemälde von diesem Meister*] *haben wir* [*keine* __] *gesehen*

Diese NP-Spaltung ist mit der Zerlegung in *keine Gemälde* und *von diesem Meister* unvereinbar. Damit ergibt sich folgender Aufbau:

	keine Gemälde von diesem Meister			
keine	Gemälde von diesem Meister			
	Gemälde	von diesem Meister		
		von	diesem Meister	
			diesem	Meister

Diese Zerlegung, bei der Substantiv und Präpositionalattribut eine Konstituente bilden, lässt sich auch durch den Koordinationstest erhärten:

Dort gibt es keine Bücher über Rembrandt oder Aufsätze über van Goyen.
Dort gibt es [*keine* {(*Bücher über Rembrandt*) *oder* (*Aufsätze über van Goyen*)}]

Man siehe auch die Möglichkeit der Topikalisierung dieser Koordination:
<u>*Bücher über Rembrandt oder Aufsätze über van Goyen*</u> *gibt es dort keine.*

Elemente
der Phrasen-
struktursyntax

Zur Vertiefung

Zur Syntax attributiver Präpositionalgruppen

Was die Konstituentenstruktur von Nominalgruppen aus Determinativ, Substantiv und attributiver Präpositionalgruppe (PP) angeht, so haben wir bisher für die Struktur A und gegen die Struktur B argumentiert:

A	Determinativ	Substantiv + PP
	keine	*Gemälde von diesem Meister*

B	Determinativ + Substantiv	PP
	keine Gemälde	*von diesem Meister*

Wir haben schon gesehen, dass eine Topikalisierung der PP wie in *Von diesem Meister haben wir keine Gemälde gesehen* mit beiden Strukturen kompatibel ist, die NP-Spaltung aber nur mit der Struktur A. Hier nun ein Satz, der auf den ersten Blick nur mit der Struktur B kompatibel erscheint, da eine Analyse wie in (2) naheliegt:

(1) *Viele Gemälde haben wir dort von diesem Meister gesehen.*

(2) *[Viele Gemälde] haben wir dort [__ von diesem Meister] gesehen*

Doch ist auch eine Analyse von (1) möglich, in der der Satz mit der Struktur A vereinbar ist. Neben Sätzen wie (1) sind auch Sätze wie die beiden folgenden möglich:

(3) *Von diesem Meister haben wir dort viele Gemälde gesehen.*

(4) *Wir haben von diesem Meister dort viele Gemälde gesehen.*

In (3) ist die PP aus der Nominalgruppe herausbewegt und topikalisiert worden. Auch in (4) hat eine Bewegung aus der Nominalgruppe heraus stattgefunden, nur dass dieses Mal der Landeplatz das Mittelfeld ist – wir haben es mit Scrambling (s. Kap. II.6.1.3) zu tun (t_1 ist in beiden Fällen die Spur der PP *von diesem Meister*).

(3') *[Von diesem Meister]$_1$ haben wir dort [viele Gemälde t$_1$] gesehen*

(4') *Wir haben [von diesem Meister]$_1$ dort [viele Gemälde t$_1$] gesehen*

Vor dem Hintergrund von (4') kann der Satz (1) so konstruiert werden, dass die Nominalgruppe mit der Spur topikalisiert ist:

(5) *[Viele Gemälde t$_1$]$_2$ haben wir [von diesem Meister]$_1$ dort t$_2$ gesehen*

Bei dieser Analyse ist (1) mit der Struktur A kompatibel (wirft aber mit der Spur t_1 im Vorfeld weitergehende Fragen auf, die hier nicht behandelt werden können).

Auch ein Satz wie (6) spricht in der angegebenen Lesart auf den ersten Blick für Struktur B (Koordinationstest!).

(6) *Sie hat alle Bücher und alle Aufsätze über van Goyen gelesen.*
      Lesart: »Sie hat alle Bücher über van Goyen und alle Aufsätze über van Goyen gelesen«

(7) Sie hat [{(alle Bücher) und (alle Aufsätze)} über van Goyen] gelesen

Doch ist der Satz (6) mit der Zerlegung A kompatibel, wenn man ihn als einen Fall von Linkstilgung (s. Kap. II.2.3.2) analysiert:

Sie hat {(alle Bücher ~~über van Goyen~~) und (alle Aufsätze über van Goyen)} gelesen

Diese Diskussion zeigt noch einmal, wie schwierig Fragen nach der Konstituentenstruktur zu beantworten sind.

2.2.2 | Die Nominalgruppe als Determinativphrase (DP)

Wenn man auf der Basis der Überlegungen zur Konstituentenstruktur von Nominalgruppen die Frage angehen will, wie die Phrasenstruktur von Nominalgruppen aussieht, so muss man zu allererst die Frage beantworten, was der Kern bzw. Kopf in einer Nominalgruppe wie *keine Gemälde* ist. Wie die Bezeichnung ›Nominalgruppe‹ nahelegt, scheint das Nomen der Kopf zu sein. Dies ist auch lange Zeit die vorherrschende Auffassung gewesen. Seit Ende der 1980er Jahre ist eine alternative Auffassung ausgearbeitet worden, derzufolge in einer Nominalgruppe das Determinativ der Kopf ist und Nominalgruppen damit Determinativphrasen genannt werden können, abgekürzt DP (sehr einflussreich ist Abney 1987 geworden, vor ihm hatte Brame 1982 diese Auffassung bereits vorgeschlagen). Dieser alternativen Auffassung werden wir hier folgen (auf diese Entscheidung kommen wir in diesem Abschnitt noch zurück).

Wenn wir also eine Nominalgruppe wie *keine Gemälde* als DP analysieren mit dem Determinativ *keine* als Kopf, dann sieht deren Phrasenstruktur im einfachsten Fall wie folgt aus:

(1)

Keine ist ein Determinativ (D), *Gemälde* ein Nomen (N) und beide zusammen eine Determinativphrase (DP). Die dazu passende Phrasenstrukturregel wäre DP → D N (zu Phrasenstrukturregeln und Generierung von Phrasen s. Kap. IV.1.1).

In (1) – und allen weiteren Kastendiagrammen – sind die Wörter nicht Teil eines Kastens wie in (1'). Dies hat seinen Grund darin, dass wir davon ausgehen, dass die Wörter, genauer: die Laut- bzw. Buchstabenketten, strenggenommen nicht mit zu der syntaktischen Struktur gehören (für die Zwecke dieser Einführung würde sich allerdings nichts ändern, würden wir die Wörter in die Kästen integrieren).

(1′)

DP	
D	N
keine	*Gemälde*

Wenn wir ein attributives Adjektiv hinzunehmen wie in *keine alten Gemälde*, so wissen wir aus Kapitel IV.2.2.1, dass das Adjektiv und das Substantiv zusammen eine Konstituente bilden. Was ist deren Kopf, das Adjektiv oder das Substantiv? Es spricht viel dafür, dass es das Substantiv ist (s. Vertiefung ›Zur Syntax attributiver Adjektive‹ unten am Ende von Kap. IV.2.2.2). Da es sich bei Adjektiv und Substantiv um eine Wortgruppe handelt, deren Kopf das Substantiv ist, ist das Ganze eine NP. Für die gesamte DP *keine alten Gemälde* ergibt sich damit die folgende Struktur:

(2)

DP		
D	NP	
	A	N
keine	*alten*	*Gemälde*

Für diese DP brauchen wir (u. a.) folgende Phrasenstrukturregel:

DP → D NP

Für (1) brauchten wir die Regel DP → D N, auf die wir aber verzichten können, wenn wir annehmen, dass eine Phrase auch nur aus einem Wort bestehen kann (Ein-Wort-Phrase), d. h. wenn wir eine Regel wie die folgende ansetzen:

NP → N

Dann sieht die Phrasenstruktur von *keine Gemälde* wie folgt aus:

DP	
D	NP
	N
keine	*Gemälde*

Kommen wir zur Struktur (2). Für diese bräuchten wir weiterhin die Regel NP → A N, doch werden wir sehr schnell sehen, dass wir eine Veränderung der Struktur vornehmen können, die diese Regel überflüssig macht. Zum einen lässt sich das Adjektiv mit einer Intensitätspartikel zu einer Phrase erweitern (*sehr alten*), so dass wir die Regel zu NP → AP N verändern müssen, um auch dieser Möglichkeit Rechnung zu tragen. Zum anderen können wir ein zweites attributives Adjektiv hinzunehmen (*keine schönen alten Gemälde*), was die folgenden Regeln nötig macht in den

Fällen, in denen die beiden Adjektive keine Konstituente bilden (s. Kap. IV.2.2.1):

NP → AP NP
AP → A

Damit ergeben sich für *keine alten Gemälde* und *keine schönen alten Gemälde* die folgenden Strukturen:

DP		
D	NP	
	AP	NP
	A	N
keine	*alten*	*Gemälde*

DP			
D	NP		
	AP	NP	
	A	AP	NP
		A	N
keine	*schönen*	*alten*	*Gemälde*

Kommen wir nun zu Nominalgruppen mit einer attributiven PP wie in *keine Gemälde von diesem Meister*. Dazu brauchen wir zuerst eine PP-Regel für das Attribut:

PP → P DP

Sodann brauchen wir eine zusätzliche NP-Regel, denn wir wissen ja, dass *Gemälde von diesem Meister* eine Konstituente zu bilden scheint, eine Konstituente, deren Kopf zweifellos das Substantiv ist. Zwei Regeln kommen in Frage:

NP → N PP
NP → NP PP

Wir werden im Folgenden beide Möglichkeiten zulassen.

Zusammenfassung: Wir haben die folgenden sieben Phrasenstrukturregeln angesetzt:

(3) DP → D NP   NP → AP NP   AP → A
     NP → N PP   NP → NP PP   NP → N
     PP → P DP

Wenn wir die folgenden terminalen Regeln hinzunehmen, dann können wir die Nominalgruppen, für die wir Phrasenstrukturen erstellt haben, generieren.

(4)   D → *keine*   A → *alten*   N → *Gemälde*
      D → *diesem*   A → *schönen*   N → *Meister*
      P → *von*

Als Beispiel die Generierung von *keine Gemälde von diesem Meister* (s. Kap. IV.1.1 zu diesem Vorgehen):

(5)   DP
      D NP   [DP → D NP]
      D NP PP   [NP → NP PP]
      D NP P DP   [PP → P DP]
      D NP P D NP   [DP → D NP]
      D N P D NP   [NP → N]
      D N P D N   [NP → N]
      keine N P D N   [D → *keine*]
      keine Gemälde P D N   [N → *Gemälde*]
      keine Gemälde von D N   [P → *von*]
      keine Gemälde von diesem N   [D → *diesem*]
      keine Gemälde von diesem Meister   [N → *Meister*]

Man beachte, dass man jedoch mit den Phrasenstrukturregeln in (3) und den terminalen Regeln in (4) die Nominalgruppe *viele wertvolle Gemälde* <u>nicht</u> generieren kann! Dies geht erst, wenn man die beiden terminalen Regeln D → *viele* und A → *wertvolle* hinzunimmt. Mit den Regeln in (3) und (4) kann man aber andererseits auch die Nominalgruppe *keine Meister von keine Gemälde* generieren: Man muss nur nach der achten Zeile in (5) die Regel N → *Meister* anwenden (anstelle von N → *Gemälde*) und dann noch D → *keine* und N → *Gemälde*. Mit diesen Regeln alleine ist also noch nicht sichergestellt, dass keine ungrammatischen Nominalgruppen generiert werden. Dazu bedarf es weiterer Mittel.

Es versteht sich, dass man auch noch mehr Phrasenstrukturregeln braucht, um weitere Arten von Nominalgruppen generieren zu können. Doch um Vollständigkeit geht es hier nicht.

Aufgabe 9   Man gehe von folgenden Regeln aus:

Phrasenstrukturregeln: terminale Regeln:
DP → D NP   D → *die*; D → *den*
NP → NP PP   N → *Übernahme*; N → *Regierung*
NP → N PP   N → *Hilfe*
NP → N   N → *Schulden*
PP → P DP   P → *durch*; P → *von*

1. Finden Sie mehrere (von *diesen* Regeln generierbare) Determinativphrasen, die (a) zwei Wörter sowie (b) fünf Wörter lang sind. Machen Sie sich klar, dass man mit diesen Regeln auch Determinativphrasen erzeugen kann, die im Deutschen nicht grammatisch wären. Geben Sie Beispiele.

2. Geben Sie für eine der Determinativphrasen mit fünf Wörtern eine den Regeln entsprechende Phrasenstruktur an (entweder durch ein Kasten- oder durch ein Baumdiagramm).

3. Gibt die Phrasenstruktur in (2) die einzige den Regeln entsprechende Struktur der in (2) gewählten Phrase mit fünf Wörtern wieder? Wenn nein, welche andere Möglichkeit geben uns die Regeln?

4. Was würde passieren, wenn man die vierte Phrasenstrukturregel (d. h. NP → N) weglassen würde, sonst aber alles gleich ließe?

Lösungen am Ende dieses Abschnitts.

Argumente für DP: Mit dieser DP-Analyse von Nominalgruppen kann man auf einfache Weise dem Sachverhalt gerecht werden, dass das Determinativ die Nominalgruppe einleitet und vor den attributiven Adjektiven steht (aufgrund der Regel DP → D NP steht D vor NP, und aufgrund der Regel NP → AP NP verbinden sich APs mit NPs zu größeren NPs). Andere syntaktische Einheiten als Wörter und Phrasen sind bei dieser Analyse nicht nötig (insbesondere keine Zwischenkategorien wie in der X-bar-Theorie). Bei der DP-Analyse ist das Determinativ der Kopf und verlangt eine NP als Ergänzung. Dies passt dazu, dass wir in Kapitel II.3.3.1.1 gesehen haben, dass vom Determinativ Selektionsbeziehungen ausgehen. Auch die Deklinationsart der Adjektive hängt vom Determinativ ab, dieses Merkmal wird offensichtlich vom Determinativ regiert. Es hängt schließlich vom Determinativ ab, ob eine Nominalgruppe definit oder indefinit ist, auch der semantische Charakter einer Nominalgruppe wird durch das Determinativ bestimmt. Dies alles spricht dafür, dass D der Kopf in einer Nominalgruppe ist.

Stumme Elemente in der Nominalgruppe

Auf den ersten Blick scheint es ein Nachteil der DP-Analyse zu sein, dass sie stumme Elemente, genauer: stumme Determinative, annehmen muss – insbesondere bei einigen Arten von Eigennamen, bei Kontinuativa sowie Individuativa im Plural (*Wer kennt _Beethoven_ nicht? Wir hören _Musik_. Wir hören _Klaviersonaten_*). Wir haben aber in Kapitel II.3.3.1.1 gesehen, dass man durchaus für solche stummen Determinative argumentieren kann.

Von stummen Elementen muss man in der Syntax von Nominalgruppen unabhängig von der Frage, was ihr Kopf ist, wohl auf alle Fälle Gebrauch machen. Betrachten wir die folgenden elliptischen Nominalgruppen: *das kleine*; *das mit Lachs*; *das kleine mit Lachs*; *das kleine mit Lachs belegte*. Egal, ob man das Determinativ oder das Substantiv als Kopf der Nominalgruppe ansetzt, man muss zusätzliche Regeln einführen, um diese Nominalgruppen ohne stumme Elemente generieren zu können (wir demonstrieren dies an der DP-Analyse):

Zur Vertiefung

das kleine	DP → D AP
das mit Lachs	DP → D PP
das kleine mit Lachs	DP → D AP PP
das kleine mit Lachs belegte	DP → D AP AP

Doch kann man solche elliptischen Nominalgruppen fast beliebig bilden, und es besteht damit die Gefahr, dass man unabsehbar viele neue Regeln postulieren müsste. Doch dieses Problem verschwindet sofort, wenn man von stummen Elementen Gebrauch macht. Dann haben diese Nominalgruppen plötzlich eine ganz reguläre Struktur (zwei Beispiele):

DP		
D	NP	
	AP	NP
	A	N
das	*kleine*	

DP		
D	NP	
	AP	NP
	A	NP	PP
		N	...
das	*kleine*		*mit Lachs*

Das stumme Element ist hier N, das zwar nicht hör- oder sichtbar ist, aber in der Syntax vorhanden ist. Stumme Elemente sind also mitunter ein sehr nützliches, wenn nicht unentbehrliches Mittel der syntaktischen Analyse.

Lösungen zu Aufgabe 9

Hier folgen die Lösungen zu Aufgabe 9:

Mit den angegebenen Regeln kann man DPs wie *die Übernahme, den Schulden, die Hilfe durch die Regierung, die Übernahme von den Schulden,* aber auch DPs wie *den Regierung* oder *den Hilfe von die Regierung* generieren. Für die DP *die Übernahme von den Schulden* sieht eine den Regeln entsprechende Phrasenstruktur wie folgt aus:

DP					
D	NP				
	NP		PP		
	N		P	DP	
				D	NP
					N
die	Übernahme		von	den	Schulden

Hier ist von der Regel NP → NP PP Gebrauch gemacht worden, um *Übernahme* mit *von den Schulden* zu verbinden. Man hätte aber auch aus den vorgegebenen Regeln die Regel NP → N PP wählen können. Dies hätte die folgende Phrasenstruktur ergeben:

DP					
D	NP				
	N		PP		
			P	DP	
				D	NP
					N
die	Übernahme		von	den	Schulden

Wenn man die Regel NP → N aus dem Set der Phrasenstrukturregeln streichen würde, so hätte das einschneidende Konsequenzen, denn man könnte keine einzige endlich lange DP mehr generieren. Nehmen wir als Beispiel die letzte Struktur für *die Übernahme von den Schulden*. Hier könnte man den Übergang von NP zu N bei *Schulden* nicht mehr vornehmen, wenn die Regel NP → N fehlt.

```
    DP
    D NP                              [DP → D NP]
    ...
    die Übernahme von den NP
→   die Übernahme von den N           [NP → N]
    die Übernahme von den Schulden    [N → Schulden]
```

Stattdessen muss man NP in NP und PP oder in N und PP aufspalten. In beiden Fällen kommen wir bei der Analyse der PP wieder zu dem Punkt, wo wir eine Struktur aus D und NP haben.

...	...
die Übernahme von den NP	*die Übernahme von den* NP
die Übernahme von den NP PP	*die Übernahme von den* N PP
die Übernahme von den NP P DP	*die Übernahme von den* N P DP
die Übernahme von den NP P D NP	*die Übernahme von den* N P D NP

Damit stehen wir (durch den Wegfall von NP → N) vor derselben Aus-
gangsposition: Wir müssen NP in NP und PP oder in N und PP aufspalten,
was uns beides wieder in die Situation bringt, wo wir eine NP in NP und
PP oder in N und PP aufspalten müssen. Hier drehen wir uns unendlich
im Kreis: Von NP kommen wir unausweichlich zu PP und von PP unausweichlich zu NP. Eine endlich lange DP können wir nicht mehr generieren.

Zur Vertiefung

Zur Syntax attributiver Adjektive

In der Phrase aus (attributivem) Adjektiv und Substantiv wurde das
Substantiv als Kopf der Phrase angesetzt. Im Prinzip wäre es aber auch
möglich, das Adjektiv als Kopf anzusetzen.

Substantiv als Kopf:

NP	
AP	NP
A	N
wertvolle	*Gemälde*

Adjektiv als Kopf:

AP	
A	NP
	N
wertvolle	*Gemälde*

Die folgenden vier Überlegungen sprechen gegen die Annahme, dass
Phrasen aus Adjektiv und Substantiv Adjektivphrasen sind, und für die
Annahme, dass es sich dabei um NPs handelt.

1. Wenn das Substantiv der Kopf ist, dann braucht man für Phrasen mit
und ohne attributivem Adjektiv (*ein wertvolles Gemälde* vs. *ein Gemälde*) nur eine DP-Regel: DP → D NP. Wenn hingegen das Adjektiv der
Kopf ist, dann braucht man zwei: DP → D NP und DP → D AP.

Wenn das Substantiv der Kopf ist, dann braucht man für Phrasen mit
einem und für Phrasen mit mehreren attributiven Adjektiven nur eine
Regel: NP → AP NP:

DP			
D	NP		
	AP	NP	
	A	AP	NP
		A	N
keine	*schönen*	*alten*	*Gemälde*

Mit dieser einen Regel kann man einerseits die AP *alten* mit der NP *Gemälde* verbinden, und andererseits die AP *schönen* mit der NP *alten Gemälde*.

Wenn das Adjektiv der Kopf ist, dann braucht man zwei Regeln: AP → A NP und AP → A AP. Mit der ersten verbindet man *alten* mit der NP *Gemälde*, und mit der zweiten *schönen* mit der AP *alten Gemälde*:

DP			
D	AP		
	A	AP	
		A	NP
			N

keine	*schönen*	*alten*	*Gemälde*

2. Wenn das Adjektiv der Kopf ist, dann sollte die Phrase aus Adjektiv und Substantiv auch prädikativ verwendet werden können, nämlich als prädikative AP. Dies ist aber nicht der Fall. Zwar kann man *wertvoll* alleine prädikativ verwenden (*Es ist wertvoll*), aber *wertvoll(es) Gemälde* kann man nicht prädikativ verwenden (**Es ist wertvoll Gemälde*, **Es ist wertvolles Gemälde*), obgleich *ein wertvolles Gemälde* eine völlig einwandfreie Nominalgruppe ist.

Eine zweifelsfreie attributive AP wie die geklammerte Wortgruppe in *die [auf ihre Tochter stolze] Mutter* kann man ohne Weiteres prädikativ verwenden: *Sie ist auf ihre Tochter stolz.*

3. Ergänzungen eines attributiven Adjektivs müssen diesem vorangehen, sie können ihm nicht folgen: *die auf ihre Tochter stolze Mutter* vs. **die stolze auf ihre Tochter Mutter*. Wenn das Adjektiv der Kern in einer Phrase aus Adjektiv und Substantiv wäre, dann würde diese Generalisierung nicht mehr gelten, denn dann wäre die auf das Adjektiv folgende NP eine Ergänzung von A.

4. Ein Substantiv lässt sich innerhalb einer Nominalgruppe leicht mit einer Phrase aus Adjektiv und Substantiv koordinieren:

Er hat in diesem Jahr keine Bücher oder wissenschaftlichen Aufsätze veröffentlicht.

Dies ist völlig unspektakulär, wenn das Substantiv der Kopf der Phrase ist, nicht jedoch wenn dies das Adjektiv ist, dann würde man NP mit AP koordinieren:

($_{DP}$ keine {$_{NP}$ [$_{NP}$ Bücher] oder [$_{NP}$ wissenschaftlichen Aufsätze]})
($_{DP}$ keine {$_{??}$ [$_{NP}$ Bücher] oder [$_{AP}$ wissenschaftlichen Aufsätze]})

Diese Überlegungen zusammengenommen sprechen für die Annahme, dass in den betreffenden Phrasen das Substantiv der Kopf ist.

2.3 | Verbalgruppen

In Kapitel II.5.1 wurde die Struktur von Verbalgruppen schon eingehend erörtert. Daran können wir hier unmittelbar ansetzen. In einem Verbalkomplex wie *gelacht haben soll* wird *gelacht* von *haben* und *haben* von *soll* statusregiert und *gelacht haben* bildet in diesem Verbalkomplex eine Konstituente (die topikalisiert werden kann). Die Konstituentenstruktur sieht damit wie folgt aus:

gelacht haben soll		
gelacht haben		*soll*
gelacht	*haben*	

Was die Phrasenstruktur angeht, so haben wir gesehen, dass *soll* und *haben* den Status von Verben, und dass nicht nur *gelacht haben*, sondern auch *gelacht* alleine den Status einer VP hat.

VP		
VP		V
VP	V	
V		

    gelacht   *haben*   *soll*

Um eine VP wie *gelacht haben soll* generieren zu können, brauchen wir die folgenden Phrasenstrukturregeln:

Phrasenstrukturregeln: VP → VP V   VP → V

Wenn wir nun noch die folgenden terminalen Regeln hinzunehmen

V → *soll*   V → *haben*   V → *gelacht*

können wir *gelacht haben soll* wie folgt generieren:

VP
VP V   [VP → VP V]
VP V V   [VP → VP V]
V V V   [VP → V]
gelacht V V   [V → *gelacht*]
gelacht haben V   [V → *haben*]
gelacht haben soll   [V → *soll*]

Die nötigen terminalen Regeln vorausgesetzt, können wir mit den zwei Phrasenstrukturregeln (für VP) beliebige VPs mit ein, zwei, drei etc. Verben generieren – zum Beispiel auch *gelacht hat* oder *lacht*:

VP		VP	
VP V	[VP → VP V]	V	[VP → V]
V V	[VP → V]	*lacht*	[V → *lacht*]
gelacht V	[V → *gelacht*]		
gelacht hat	[V → *hat*]		

Die Struktur weiterer Arten von Verbalgruppen und damit weiterer Phrasenstrukturregeln für Verbalgruppen werden wir in Kapitel IV.2.4.2 kennenlernen.

2.4 | Sätze

2.4.1 | Konstituentenstruktur von Verbend-Sätzen

Wir beginnen die Beschäftigung mit der Konstituentenstruktur von Sätzen mit der Frage nach der Struktur von VE-Sätzen. Was mag die richtige Konstituentenstruktur eines Satzes wie *dass die Opfer von der Regierung eine Entschädigung erhalten* sein? Drei Möglichkeiten werden wir betrachten.

In der **Struktur A** besteht der Satz aus fünf unmittelbaren Konstituenten: Subjunktion, Nominativ-DP, PP, Akkusativ-DP, finites Verb. (Die Nominal- und Präpositionalgruppen werden hier der Übersicht halber nicht weiter zerlegt.)

dass die Opfer von der Regierung eine Entschädigung erhalten				
dass	*die Opfer*	*von der Regierung*	*eine Entschädigung*	*erhalten*

In der **Struktur B** besteht der Satz aus drei unmittelbaren Konstituenten, wobei die mittlere (*die Opfer von der Regierung eine Entschädigung*) ihrerseits in drei unmittelbare Konstituenten zerlegt wird:

dass die Opfer von der Regierung eine Entschädigung erhalten			
dass	*die Opfer von der Regierung eine Entschädigung*		*erhalten*
dass	*die Opfer*	*von der Regierung*	*eine Entschädigung*	*erhalten*

In der **Struktur C** besteht der Satz aus nur zwei unmittelbaren Konstituenten, wobei die zweite (*die Opfer von der Regierung eine Entschädigung erhalten*) wieder binär (in zwei Teile) geteilt wird, deren zweiter Teil (*von der Regierung eine Entschädigung erhalten*) wieder binär geteilt wird und der zweite Teile davon (*eine Entschädigung erhalten*) auch wieder:

dass die Opfer von der Regierung eine Entschädigung erhalten				
dass	die Opfer von der Regierung eine Entschädigung erhalten			
dass	*die Opfer*	von der Regierung eine Entschädigung erhalten		
dass	*die Opfer*	*von der Regierung*	eine Entschädigung erhalten	
dass	*die Opfer*	*von der Regierung*	*eine Entschädigung*	erhalten

Auf die Frage nach der richtigen Struktur gibt der Koordinationstest eine klare Antwort. Machen wir uns zuerst Folgendes klar:

- Wenn Struktur A oder B richtig ist, dann bildet (a) *eine Entschädigung erhalten* **keine** eigenständige Konstituente, (b) ebensowenig *von der Regierung eine Entschädigung erhalten* oder (c) *die Opfer von der Regierung eine Entschädigung erhalten*.
- Wenn Struktur C richtig ist, dann bildet (a) *eine Entschädigung erhalten* eine eigenständige Konstituente, (b) ebenso *von der Regierung eine Entschädigung erhalten* und (c) *die Opfer von der Regierung eine Entschädigung erhalten*.

Die Unterschiede zwischen den Strukturen A und B einerseits und C andererseits sind also recht markant. Betrachten wir nun die folgenden Koordinationsmöglichkeiten:

(1) a. *dass die Opfer von der Regierung {entweder (eine Entschädigung erhalten) oder (anderweitig unterstützt werden)}*
      b. *dass die Opfer {entweder (von der Regierung eine Entschädigung erhalten) oder (von den Versicherungen ausbezahlt werden)}*
      c. *dass {entweder (die Opfer von der Regierung eine Entschädigung erhalten) oder (die Versicherungen den Schaden übernehmen)}*

Der Koordinationstest ergibt, dass in unserem Beispielsatz erstens *eine Entschädigung erhalten* eine Konstituente ist, da es sich mit *anderweitig unterstützt werden* koordinieren lässt, zweitens *von der Regierung eine Entschädigung erhalten* eine Konstituente ist, da es sich mit *von den Versicherungen ausbezahlt werden* koordinieren lässt, und drittens auch *die Opfer von der Regierung eine Entschädigung erhalten* eine Konstituente ist, da es sich mit *die Versicherungen den Schaden übernehmen* koordinieren lässt.

Das Ergebnis spricht eindeutig für die Konstituentenstruktur C. Nun kann man aber für B die Koordinationsmöglichkeit (2a) ins Feld führen, die eine Struktur wie (2b) zu haben scheint:

(2) a. *dass die Opfer von der Regierung eine Entschädigung oder die Versicherungen aus einem Sondertopf Zuwendungen erhalten*
      b. *dass {(die Opfer von der Regierung eine Entschädigung) oder (die Versicherungen aus einem Sondertopf Zuwendungen)} erhalten*

Damit wäre dies ein Indiz dafür, dass *die Opfer von der Regierung eine Entschädigung* eine Konstituente darstellt, etwas, was nur in der Struktur B der Fall ist. Der Satz (2a) lässt sich jedoch ohne Weiteres als Linkstilgung analysieren und ist damit mit C kompatibel:

dass {(*die Opfer von der Regierung eine Entschädigung erhalten*) *oder* (*die Versicherungen aus einem Sondertopf Zuwendungen erhalten*)}

Bis zu einem gewissen Punkt lassen sich diese Ergebnisse durch den Vorfeldtest bekräftigen, insofern sich zwei von den Konstituenten in (1) ins Vorfeld stellen lassen:

[*Eine Entschädigung erhalten*] *haben die Opfer von der Regierung nicht.*
[*Von der Regierung eine Entschädigung erhalten*] *haben die Opfer nicht.*

Die Struktur C ist übrigens ganz analog dem Aufbau von Nominalgruppen:

keine wertvollen alten gut restaurierten Gemälde				
keine	*wertvollen alten gut restaurierten Gemälde*			
keine	*wertvollen*	*alten gut restaurierten Gemälde*		
keine	*wertvollen*	*alten*	*gut restaurierten Gemälde*	
keine	*wertvollen*	*alten*	*gut restaurierten*	*Gemälde*

2.4.2 | Phrasenstruktur von Verbend-Sätzen

Bei VE-Sätzen, die durch eine Subjunktion eingeleitet werden, gibt es noch eine relativ große Übereinstimmung unter Syntaktikern – teilweise sogar über Schulen hinweg. Die Subjunktion wird als Kopf des Satzes und als ein Ausdruck mit der syntaktischen Kategorie C (nach engl. *complementizer*) betrachtet. Eine relativ einfache Phrasenstruktur auf dieser Grundlage, die mit dem vereinbar ist, was wir bisher entwickelt haben, zeigt sich in der folgenden Aufgabe.

Machen Sie sich mit der folgenden Phrasenstrukturgrammatik vertraut, die VE-Sätze generiert.

Aufgabe 10

Phrasenstrukturregeln:
CP → C VP
VP → DP VP
VP → PP VP
VP → PP V
VP → V
DP → D NP
NP → AP NP
NP → N PP
NP → N
PP → P DP
AP → PP A
AP → A

terminale Regeln:
A → *kleinen*
A → *großen*
A → *bewaffneten*
V → *beobachtet*
V → *verhaftet*
D → *dem*
D → *den*
D → *der*
D → *einem*
N → *Fernglas*
N → *Kommissar*
N → *Mann*
N → *Messer*
P → *mit*
C → *dass*

1. Schreiben Sie mindestens vier CPs auf, die von dieser Grammatik erzeugt werden.

2. Machen Sie sich klar, dass diese Grammatik auch CPs erzeugt (wie: *dass der kleinen Kommissar dem Fernglas verhaftet*), die kein korrektes Deutsch darstellen. Nennen Sie zwei weitere unkorrekte Sätze, die von der Grammatik erzeugt werden.

3. Nennen Sie eine von dieser Grammatik erzeugbare CP, die eine DP, die aus genau sechs Wörtern besteht, enthält.

4. Welches sind die drei Phrasenstrukturen des folgenden Satzes, die nach den obigen Regeln möglich sind? (Nach den beiden Strukturen A und B oben ist hier nicht gefragt.)

dass der Kommissar den Mann mit dem Fernglas beobachtet

Lösungen
zu Aufgabe 10

Hier folgen die Lösungen zu Aufgabe 10:

Durch die vorgegebenen Regeln wird ein VE-Satz, der durch eine Subjunktion eingeleitet wird, als eine CP analysiert, d. h. als eine Phrase, deren Kopf die syntaktische Kategorie C hat. Der Kopf eines VE-Satzes ist die Subjunktion, in unserem Falle *dass*. Mit den Regeln lassen sich beispielsweise die Sätze *dass der Kommissar den Mann verhaftet* und *dass der Mann den Kommissar verhaftet* generieren, aber auch die CP *dass den Messer beobachtet*. Der Satz *dass der Kommissar den mit einem Messer bewaffneten Mann verhaftet* ist eine CP, die eine DP, die aus genau sechs Wörtern besteht, enthält (*den mit einem Messer bewaffneten Mann*).

Der Satz *dass der Kommissar den Mann mit dem Fernglas beobachtet* hat drei möglichen Phrasenstrukturen:

Bei der **Möglichkeit 1** wird die PP *mit dem Fernglas* als ein Attribut zu *Mann* analysiert, also als eine PP, die in einer DP enthalten ist.

CP								
C	VP							
	DP		VP					
	D	NP	DP					VP
		N	D	NP				V
				N	PP			
					P	DP		
						D	NP	
							N	

dass   der   Kommissar   den   Mann   mit   dem   Fernglas   beobachtet

Bei der **Möglichkeit 2** wird diese PP als ein Prädikatsadverbial analysiert, wobei von der Regel VP → PP V Gebrauch gemacht wird:

CP								
C	VP							
	DP		VP					
	D	NP	DP		VP			
		N	D	NP	PP			V
				N	P	DP		
						D	NP	
							N	
dass	der	Kommissar	den	Mann	mit	dem	Fernglas	beobachtet

Man hätte, dies ergibt **Möglichkeit 3**, aber auch von der Regel VP → PP VP Gebrauch machen können:

CP								
C	VP							
	DP		VP					
	D	NP	DP		VP			
		N	D	NP	PP			VP
				N	P	DP		V
						D	NP	
							N	
dass	der	Kommissar	den	Mann	mit	dem	Fernglas	beobachtet

Es kommt hier nicht darauf an, welche der beiden letzten Möglichkeiten die ›richtige‹ ist, entscheidend ist zu erkennen, welche Möglichkeiten bestimmte Regeln zur Verfügung stellen.

CPs in der Dependenzgrammatik: Eine CP-Analyse von VE-Sätzen wird nicht nur in der Transformationsgrammatik vertreten, man findet sie beispielsweise auch in der Dependenzgrammatik bei Eroms (2000, 320), der die syntaktische Struktur eines Satzes wie *dass Moritz Marie gesehen haben könnte* mit folgendem Stemma repräsentiert (zu Stemmata s. Kap. IV.1.2):

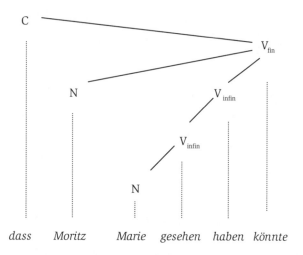

Während bei VE-Sätzen mit Subjunktionen die Ansichten unter Syntaktikern über deren Struktur noch recht einheitlich sind, ist dies insbesondere bei V2- und bei V1-Sätzen nicht mehr der Fall. Wir werden im Folgenden deshalb nur wichtige Grundpositionen und Überlegungen in der Debatte um die deutsche Satzstruktur darstellen, aber kaum detaillierte Analysen von V2- und V1-Sätzen vorstellen.

2.4.3 | Uniformitäts- und Differenzhypothese

Zur Phrasenstruktur deutscher Sätze gibt es eine schon lang andauernde Diskussion insbesondere darüber, ob alle deutschen Sätze im Prinzip die selbe Grundstruktur haben. Die eine Position geht von einer Uniformität, die andere von einer Differenz in der Struktur deutscher Sätze aus. In dieser Diskussion wurde meist die X-bar-Theorie vorausgesetzt, so dass sich die Nachzeichnung der entscheidenden Punkte dieser Diskussion auch der X-bar-Theorie bedienen muss.

Relativ einig ist man sich noch in der Frage, welche topologische Einheit der Kopf eines Satzes sein könnte. Bei VE-Sätzen ist dies die COMP-Position, bei V2- und V1-Sätzen die Finitheitsposition.

Denn bis zu einem gewissen Punkt ist hier die Charakteristik der Sätze erkennbar – ob sie finit oder infinit sind, typischerweise eingebettet oder uneingebettet vorkommen.

VE-Sätze: Ausgangspunkt ist die Analyse von VE-Sätzen, die durch eine Subjunktion eingeleitet werden (wie *dass der Kommissar die Frau beobachtet*), als CP (s. Kapitel IV.2.4.2). Davon ausgehend kann man sich nun die Möglichkeiten überlegen, wie die Phrasenstruktur anderer Sätze aussieht.

VE-Sätze mit Subjunktion:

CP	
C	...

Für VE-Sätze mit einer Phrase in COMP ist die Sichtweise sehr weitverbreitet, dass die Phrase in der Spezifikatorposition der CP steht. Spezifikator nennt man (s. Kap. IV.1.1) eine Phrase, die mit einer Zwischenkategorie (X') zusammen eine vollständige Phrase ergibt (eine XP). Den Spezifikator haben wir hier mit ZP als eine Phrase notiert, deren syntaktische Kategorie nicht weiter festgelegt ist.

VE-Sätze mit Phrase in COMP:

CP		
ZP	C'	
	C	...

In dem Satz *wen der Kommissar im Verdacht hat* etwa ist *wen* die ZP und die C-Position bleibt unbesetzt (die genaue Analyse von *der Kommissar im Verdacht hat* spielt hier keine Rolle und ist deswegen auch nicht weiter ausgeführt, daher wird auch in der Darstellung auf Spuren verzichtet):

CP		
ZP	C'	
	C	...

wen   *der Kommissar im Verdacht hat*

V1-Sätze: Es wird angenommen, dass die Position, in der das finite Verb steht, der Kopf des Satzes ist. Strukturell kommt es damit zu einer Übereinstimmung zu VE-Sätzen mit einer Subjunktion (s.o.). Wir lassen erst einmal offen, um welche syntaktische Kategorie es sich bei dem Kopf des Satzes handelt (er ist nur mit *X* angegeben):

V1-Sätze:

XP	
X	...

In *Hat ihn der Kommissar im Verdacht?* steht *hat* in X:

XP	
X	...

hat   ihn der Kommissar im Verdacht

V2-Sätze: Es liegt nun nahe, das Vorfeld als eine Spezifikatorposition zu deuten, sodass strukturell eine große Ähnlichkeit zu VE-Sätzen mit einer Phrase in COMP besteht. Die Kategorie des Kopfes des Satzes haben wir wie in V1-Sätzen offengelassen und die Phrase im Vorfeld, in der Spezifikatorposition, mit YP als eine Phrase notiert, deren syntaktische Kategorie nicht weiter festgelegt ist.

V2-Sätze:

XP		
YP	X'	
	X	...

In dem Satz *Der Kommissar hat ihn im Verdacht* ist *hat* X und *der Kommissar* die YP:

XP		
YP	X'	
	X	...

der Kommissar   hat   ihn im Verdacht

Vor diesem Hintergrund lassen sich zwei Sichtweisen auf die Struktur deutscher Sätze unterscheiden:

- die **Uniformitätshypothese** (alle Sätze haben im Prinzip die selbe Struktur)
- die **Differenzhypothese** (es gibt strukturelle Unterschiede zwischen Sätzen)

Wir haben die syntaktische Kategorie des Kopfes des Satzes von V1- und V2-Sätzen bisher offengelassen und nur mit X angegeben. Die Uniformitätshypothese identifiziert X mit C, während die Differenzhypothese davon ausgeht, dass X von anderer syntaktischer Kategorie ist als C.

Uniformitätshypothese: $X = C$
Differenzhypothese: $X \neq C$

Für die Uniformitätshypothese sind damit alle Sätze CPs, für die Differenzhypothese nicht.

Letztlich geht es hier um die Frage, wie weit sich die Unterschiede zwischen V2-, V1- und VE-Sätzen in der Phrasenstruktur dieser Sätze wiederfinden. VE-Sätze sind typischerweise unselbständige Sätze, sie sind der Prototyp des Nebensatzes, während V2- und V1-Sätze typischerweise selbständige Sätze sind, die Prototypen von Hauptsätzen (wir haben aber auch gesehen, dass sie durchaus auch unselbständig vorkommen können). Entspricht diesem Unterschied in Selbständigkeit und Unselbständigkeit ein Unterschied in der Struktur zwischen VE-Sätzen einerseits und V2- und V1-Sätzen andererseits?

Bei der Frage, ob man X mit C identifizieren kann, werden unter anderem die folgenden Aspekte diskutiert: (a) fakultative bzw. obligatorische Besetzung der Kopfposition, (b) Restriktionen für die Spezifikatoren, (c) Verum-Fokus.

Fakultative bzw. obligatorische Besetzung der Kopfposition: In V1- und V2-Sätzen ist X immer besetzt, C ist dies in VE-Sätzen jedoch nicht immer. Und zwar ist C im Hochdeutschen dann nicht besetzt, wenn ein Spezifikator ZP vorhanden ist. C darf dann sogar nicht einmal besetzt werden – Sätze wie *wen dass er beobachtet hat* sind nur in Dialekten möglich. Dies deutet auf einen Unterschied zwischen X und C hin.

Restriktionen für die Spezifikatoren: Für die Spezifikatoren in VE-Sätzen (ZP) und die Spezifikatoren in V2-Sätzen (YP) gelten recht unterschiedliche Bedingungen: Nur ganz bestimmte Phrasen können Spezifikatoren sein in VE-Sätzen (insb. Interrogativ- und Relativphrasen), während im Vorfeld, dem Spezifikator von V2-Sätzen, fast beliebige Phrasen stehen können. Auch diese Fakten deuten auf einen Unterschied zwischen X und C hin. Denn mit einem solchen Unterschied sind die unterschiedlichen Restriktionen für die Spezifikatoren kompatibel: Für die Spezifikatoren von X und für die von C kann dann Unterschiedliches gelten.

Verum-Fokus: Mit Verum-Fokus ist das Phänomen gemeint, dass man durch Akzentuierung bestimmter Wörter in einem Satz hervorheben kann, dass ein Sachverhalt **besteht** bzw. **wahr** (lat. *verum*) ist. Beispiel. Wenn jemand die Behauptung aufstellt *Ich glaube, Max hat den Hund nicht gefüttert*, so kann man auf den Satz wie folgt reagieren:

Doch, doch, Max HAT den Hund gefüttert.

Durch die Akzentuierung von *hat* drückt man aus, dass der Sachverhalt, dass Max den Hund gefüttert hat, – entgegen der im Raum stehenden Behauptung – durchaus besteht. Interessanterweise kann man diesen Effekt auch erzielen, indem man in einem VE-Satz die Subjunktion *dass* akzentuiert:

Nein, nein, ich bin ganz sicher, DASS er den Hund gefüttert hat.

Dieser Umstand, dass Verum-Fokus sowohl durch Akzentuierung des finiten Verbs in V2-Sätzen als auch durch Akzentuierung der Subjunktion in VE-Sätzen möglich ist, ist für die Frage der Satzstruktur relevant. Denn man kann ihn als Hinweis darauf verstehen, dass es sich bei dem Kopf in V2-Sätzen (X) und dem Kopf in VE-Sätzen (C) um ein und die selbe syntaktische Position handelt.

Auf den ersten Blick deuten zwei der drei hier betrachteten Aspekte auf eine Differenz und einer auf die Identität von X und C hin. Es kommt aber auf die genaue Ausarbeitung der jeweiligen Theorie an, ob und wie überzeugend sie diese Aspekte erfassen kann. Noch ist es offen, ob Uniformität oder Differenz und in welcher Form für die deutsche Satzstruktur zutrifft. Zur Diskussion um die Uniformitäts- und Differenzhypothese mit weiteren Gesichtspunkten vgl. von Stechow/Sternefeld (1988, § 11.7) und Brandt et al. (1992, § 3).

2.4.4 | Exkurs: Das CP-TP-Modell

Seit etwa Mitte der 1980er Jahre ist in der Generativen Grammatik das sogenannte CP-IP-Modell das bevorzugte Modell für den Satz geworden. Das Modell, das am Englischen entwickelt wurde, betrachtet zum einen alle Sätze als CPs. Zum anderen geht es davon aus, dass das Komplement zu C eine sogenannte IP ist. Um zu verstehen, was eine IP sein könnte, ist es nützlich, sich an die Überlegungen zur linearen Struktur des englischen Satzes in Kapitel II.6.3 zu erinnern. Dort hatten wir eine spezielle Position FINIT angesetzt, die von Hilfs-, Modal- und Kopulaverben, aber nicht von Vollverben besetzt werden kann. Auch in der Phrasenstruktur wird eine solche Position angesetzt. Sie wurde in der Generativen Grammatik zuerst Aux genannt (nach engl. *auxiliary* ›Hilfsverb‹), dann INFL und später nur noch I (nach engl. *inflection* ›Flexion‹). Mit dieser Bezeichnungsänderung sollte deutlich gemacht werden, dass dies die Position ist, in der die Tempusmerkmale des Satzes lokalisiert sind und der Umstand vermerkt ist, ob der Satz finit oder infinit ist (darüber hinaus waren hier noch die Merkmale lokalisiert, die für die Kongruenz zwischen Subjekt und Verb einschlägig sind – was wir hier übergehen). Seit etwa Mitte der 1990er Jahre bezeichnet man diese Position meist als T (*tense* ›Tempus‹). Im Folgenden stellen wir die Version des Modells dar, die sich in dem Lehrbuch der minimalistischen Syntax von Radford (2004) findet.

Selbständige wie unselbständige Sätze werden wie folgt nach dem CP-TP-Modell analysiert – dabei gibt es Sätze mit und ohne einen Spezifikator von C. Zuerst solche ohne Spezifikator (PRN steht für Pronomen):

CP			
C	TP		
	PRN	T'	
		T	V
that	*he*	*had*	*resigned*
if	*she*	*will*	*come*
ø	*I*	*am*	*dreaming*

Dies ist die Struktur von selbständigen Sätze wie *I am dreaming* wie von unselbständigen Sätzen wie *that he had resigned* oder *if she will come*. Begründet wird die Existenz einer leeren C-Position in einem selbständigen Satz wie *I am dreaming* mit der Annahme, dass die ›Kraft‹ (*force*) eines Satzes, ob er z.B. deklarativ oder interrogativ ist, durch die Merkmale in C festgelegt wird. In Sätzen wie *that he had resigned* oder *if she will come* sieht man an der Subjunktion, welche Kraft der Satz hat, dass er deklarativ bzw. interrogativ ist. In anderen Sätzen kann diese Position leer bleiben.

Ein Beispiel für einen Satz mit Spezifikator ist *Who was she dating?* Die Spur von *who* wird durch ein durchgestrichenes *who* und die Spur von *was* durch ein durchgestrichenes *was* dargestellt – hinter dieser Art der Notation steht eine bestimmte Auffassung von Bewegung, wonach bei Bewegung eine Kopie erzeugt und das Original (zumeist) getilgt wird.

CP					
PRN	C'				
	C	TP			
		PRN	T'		
			T	VP	
				V	PRN
who	was	she	~~was~~	dating	~~who~~

In dieser minimalistischen Analyse des Englischen kommen immer noch – in der Manier der X-bar-Theorie – Projektionsstufen (X, X', XP) vor, obgleich Chomsky Projektionsstufen in seiner Theorie der bloßen Phrasenstruktur (s. Kap. IV.1.1) für obsolet erklärt und diese Theorie ein Kernelement des Minimalismus ist – zur Erklärung vgl. Radford (2004, 80).

Wendet man ein solches Modell auf das Deutsche an (man spricht meistens immer noch vom CP-IP-Modell), dann stellt sich sofort die Frage, ob T wie im Englischen vor oder nach der VP steht. Beide Varianten haben ihre Befürworter, aber in der Mehrheit wird für die Endstellung von T votiert. Die Uniformitätshypothese für das Deutsche läuft dann etwa auf die folgenden Phrasenstrukturen für deutsche Sätze (ohne und mit Spezifikator der CP) hinaus:

CP				
C	TP			
	PRN	T'		
		V	T	
dass	er	zurückgetreten	ist	
ist	er	zurückgetreten	~~ist~~	

CP						
PRN	C'					
	C	TP				
		PRN	T'			
			VP		T	
			PRN	V		
wen	hat	sie	~~wen~~	getroffen	~~hat~~	
sie	hat	~~sie~~	ihn ~~wen~~	getroffen	~~hat~~	
wen		sie		getroffen	hat	

Wir übergehen den zusätzlichen und nicht ganz unerheblichen Aspekt, dass meist angenommen wird, dass das finite Verb (hier: *ist* bzw. *hat*) in der VP seine Basisposition hat und durch Bewegung in die T-Position kommt. Zur kritischen Einschätzung des CP-TP- bzw. CP-IP-Modells vgl. Brandt et al. (1992, § 3) und Sternefeld (2006, Kap. IV.3).

2.5 | Ausblick

Das Kapitel IV.2 hat zusammen mit Kapitel IV.1.1 problemorientiert in die Beschäftigung mit Phrasenstrukturen eingeführt. Auch wenn die Rede von *den* Phrasenstrukturen des Deutschen nicht angebracht ist, da die Forschung auf diesem Gebiet noch lange nicht zu einem einheitlichen Resultat kommen wird, so bieten diese Kapitel doch einen Orientierungspunkt auf diesem Gebiet. Die Phrasenstrukturen, die wir erstellt haben, sind allerdings nicht vollständig. Es fehlen viele syntaktische Merkmale (nur das Merkmal der syntaktischen Kategorie haben wir notiert). Wie mit Merkmalen umgegangen wird, darin können sich die Theorien, die mit Phrasenstrukturen arbeiten, gewaltig unterscheiden. Schauen wir uns zum Schluss noch an, wie man mit Valenz als einem syntaktischen Merkmal arbeiten kann.

Ein Verb wie *besiegen* fordert eine Nominativ- und eine Akkusativergänzung, es ist syntaktisch zweistellig. Die syntaktische Valenz dieses Verbs haben wir einfach als »Nom Akk« notiert (zu Valenz s. Kap. I.2.4). Die syntaktische Valenz kann man als ein syntaktisches Merkmal ›val(enz)‹ behandeln. Aus der Valenzangabe von *besiegen* (Nom Akk) wird dann das Merkmal val[DP^{nom}, DP^{akk}]. Dieses Merkmal wird in der Phrasenstruktur angegeben zusätzlich zu den anderen Merkmalen der entsprechenden syntaktischen Einheit:

V
3. pers, sing, ind, prät, val[DP^{nom}, DP^{akk}]

besiegte

Dieses Merkmal ›wandert‹ (perkoliert) auf bestimmte Weise in der Phrasenstruktur nach oben. Das Valenzmerkmal einer syntaktischen Einheit wird unverändert nach oben weitergegeben, wenn die ›Schwestern‹ der Einheit den Valenzanforderungen nicht entsprechen; es wird in reduzierter Form weitergegeben, indem die Valenzanforderung gestrichen wird, die die Schwestern erfüllen (zwei syntaktische Einheiten sind genau dann **Schwestern**, wenn sie unmittelbare Konstituenten der selben syntaktischen Einheit sind). Siehe die Perkolation des Valenzmerkmals in der VP *Alexander Dareios besiegte* (man denke sie sich als Teil des Satzes *dass Alexander Dareios besiegte*).

VP		
3. pers, sing, ind, prät, **val[ø]**		
DP nom, mask, sing	VP 3. pers, sing, ind, prät, **val[DP^{nom}]**	
...	DP akk, mask, sing	V 3. pers, sing, ind, prät, **val[DP^{nom}, DP^{akk}]**
	...	
Alexander	*Dareios*	*besiegte*

Das Valenzmerkmal von V wird in reduzierter Form an die VP darüber weitergegeben, da V eine DP im Akkusativ als Schwester hat und damit eine Valenzanforderung erfüllt ist. Die VP mit dem Valenzmerkmal val[DP^{nom}] hat eine DP im Nominativ als Schwester, womit die oberste VP eine leere Valenz aufweist (val[ø]). Damit sind Sätze der Art *dass Alexander besiegte, dass (den) Dareios besiegte, dass besiegte* nicht mehr generierbar, wenn wir fordern, dass die ›oberste‹ VP eine leere Valenz aufweisen muss. Andererseits werden, wenn die Reihenfolge der Ergänzungen im Valenzmerkmal nicht relevant ist, auch Sätze möglich wie *dass (den) Dareios Alexander besiegte*, wo das Subjekt auf das Objekt folgt.

Auch andere Phänomene außer der Valenz kann man mit geeigneten Merkmalen in einer Phrasenstrukturgrammatik behandeln, insbesondere die Kongruenz und das Phänomen der Distanzstellung (Bewegung). Doch dies ist nicht mehr das Thema dieses Buches.

2.6 | Übungen

1. Gegeben sei die folgende kleine Phrasenstrukturgrammatik:

Phrasenstrukturregeln:

CP → C VP
VP → DP VP
VP → VP V
VP → PP V
VP → V
PP → P DP
DP → D NP
NP → N

Terminale Regeln:

C → *ob*
D → *das*
D → *den*
P → *in*
N → *Brunnen*
N → *Schiff*
N → *Kind*
N → *Süden*
V → *ist*
V → *gefahren*
V → *gefallen*

a. Zählen Sie zwei CPs mit 5 Wörtern und zwei CPs mit 8 Wörtern auf, die von diesen Regeln generiert werden und die im Gegenwartsdeutschen grammatische Verbend-Sätze sind.

b. Zeichnen Sie für eine der CPs mit 8 Wörtern aus (a) einen Phrasenstrukturbaum.

2. Welche Regeln muss man alles zu den Regeln in Übung 1 hinzunehmen, um die CP *da das bunte Schiff aus der Südsee den Anker lichtet* generieren zu können? Geben Sie auf Grundlage dieser Regeln die Phrasenstruktur für diese CP als Kasten- oder als Baumdiagramm an. Beachten Sie dabei, dass man in der CP *Schiff aus der Südsee* durch ein Fragepronomen ersetzen kann (bei einer Echofrage): *da das bunte WAS den Anker lichtet.*

3. Welche Regeln muss man zu den Regeln in Übung 1 hinzunehmen, um die CP *ob einer dem aus der Südsee kommenden Schiff wird entgegenfahren wollen* generieren zu können? Geben Sie die Phrasenstruktur an.

Lösungshinweise zu den Übungen finden Sie auf www.metzlerverlag.de/ webcode. Ihren persönlichen Webcode finden Sie am Anfang des Bandes.

V. Anhang

1. Literaturverzeichnis

Abney, Steven (1987). *The English noun phrase in its sentential aspects.* MIT Working Papers in Linguistics (Dissertation).

Ágel, Vilmos/Ludwig M. Eichinger/Hans-Werner Eroms/Peter Hellwig/Hans Jürgen Heringer/Henning Lobin (Hrsg.) (2003): *Dependenz und Valenz.* Band 1. Berlin.

Ágel, Vilmos/Ludwig M. Eichinger/Hans-Werner Eroms/Peter Hellwig/Hans Jürgen Heringer/Henning Lobin (Hrsg.) (2006): *Dependenz und Valenz.* Band 2. Berlin.

Ajdukiewicz, Kazimierz (1935): »Die syntaktische Konnexität«. In: *Studia Philosophica* 1, 1–27.

Altmann, Hans (1981): *Formen der ›Herausstellung‹ im Deutschen. Rechtsversetzung, Linksversetzung, Freies Thema und verwandte Strukturen.* Tübingen.

Altmann, Hans/Ute Hofmann (^{2}2008): *Topologie fürs Examen. Verbstellung, Klammerstruktur, Stellungsfelder, Satzglied- und Wortstellung.* Wiesbaden.

Antomo, Mailin/Markus Steinbach (2010): »Desintegration und Interpretation: *Weil*-V2-Sätze an der Schnittstelle zwischen Syntax, Semantik und Pragmatik«. In: *Zeitschrift für Sprachwissenschaft* 29, 1–37.

Askedal, John Ole (1986): »Über ›Stellungsfelder‹ und ›Satztypen‹ im Deutschen«. In: *Deutsche Sprache* 14, 193–223.

Bar-Hillel, Yehoshua (1953): »A quasi-arithmetical notation for syntactic description«. In: *Language* 29, 47–58.

Bartsch, Renate/Jürgen Lenerz/Veronika Ullmer-Ehrich (1977): *Einführung in die Syntax.* Kronberg, Ts.

Baumhauer, Alice (2006): *Die Theorie der Topologischen Felder als Methode, komplexe syntaktische Strukturen zu verstehen und zu analysieren* (Schriftliche Arbeit für die Zweite Staatsprüfung für die Laufbahn des höheren Schuldienstes an Gymnasien. Lehrerseminar Stuttgart).

Bausewein, Karin (1990): *Akkusativobjekte, Akkusativobjektsätze und Objektsprädikate im Deutschen. Untersuchungen zu ihrer Syntax und Semantik.* Tübingen.

Bausewein, Karin (1991): »AcI-Konstruktionen und Valenz«. In: Eberhard Klein/Françoise Pouradier Duteil/Karl Heinz Wagner (Hrsg.): *Betriebslinguistik und Linguistikbetrieb.* Band 1. Tübingen, 245–251.

Bech, Gunnar (^{2}1983): *Studien über das deutsche Verbum infinitum.* Tübingen. Erstausgabe 1955/1957.

Berman, Judith (2003): *Clausal syntax of German.* Stanford.

Blake, Barry J. (1996): »Relational grammar«. In: Keith Brown/Jim Miller (Hrsg.): *Concise encyclopedia of syntactic theories.* Oxford, 273–281.

Bloomfield, Leonard (1933): *Language.* New York. Englische Version: London 1935.

Blümel, Rudolf (1914): *Einführung in die Syntax.* Heidelberg.

Böttner, Michael (1999): *Relationale Grammatik.* Tübingen.

Brame, Michael (1982): »The head-selector theory of lexical specifications and the nonexistence of coarse categories«. In: *Linguistic Analysis* 10, 321–325.

Brandt, Margareta/Marga Reis/Inger Rosengren/Ilse Zimmermann (1992): »Satztyp, Satzmodus und Illokution«. In: Inger Rosengren (Hrsg.): *Satz und Illokution.* Tübingen, 1–90.

Braune, Wilhelm (^{14}1987): *Althochdeutsche Grammatik.* Tübingen.

Bresnan, Joan (1982): »The passive in lexical theory«. In: Bresnan, 3–86.

Bresnan, Joan (Hrsg.) (1982): *The mental representation of grammatical relations.* Cambridge (Mass.).

Bresnan, Joan (2001): *Lexical-functional syntax.* Oxford.

Carnie, Andrew (2008): *Constituent structure.* Oxford.

Chesterman, Andrew (1991): *On definiteness: A study with special reference to English and Finnish.* Cambridge.

Chesterman, Andrew (1993): »Articles and no articles«. In: Andreas H. Jucker (Hrsg.): *The noun phrase in English: its structure and variability.* Heidelberg, 13–24.

Chomsky, Noam (1955/56): *The logical structure of linguistic theory.* Manuskript. Veröffentlicht New York 1975.

Chomsky, Noam (1957): *Syntactic structures.* The Hague/Paris.

Chomsky, Noam (1965): *Aspects of the theory of syntax.* Cambridge (Mass.). Dt. Übersetzung: *Aspekte der Syntaxtheorie.* Frankfurt a.M. 1973.

Chomsky, Noam (1981): *Lectures on government and binding. The Pisa Lectures.* Dordrecht.

Chomsky, Noam (1995): *The minimalist program.* Cambridge (Mass.).

Croft, William/D. Alan Cruse (2004). *Cognitive Linguistics.* Cambridge.

Culicover, Peter W./Ray Jackendoff (2005): *Simpler syntax.* Oxford.

De Kuthy, Kordula (2002): *Discontinuous NPs in German.* Stanford.

Demske, Ulrike (1994): *Modales Passiv und ›tough movement‹: Zur strukturellen Kausalität eines syntaktischen Wandels im Deutschen und Englischen.* Tübingen.

Demske, Ulrike (2001): *Merkmale und Relationen. Diachrone Studien zur Nominalphrase im Deutschen.* Berlin/New York.

Dik, Simon (1989): *The theory of Functional Grammar. Part I: the structure of the clause.* Dordrecht.

Drach, Erich (1937): *Grundgedanken der deutschen Satzlehre.* Frankfurt a.M. Nachdruck der dritten Auflage: Darmstadt ⁴1963.

Duden-Grammatik (⁸2009) = Dudenredaktion (Hrsg.): *Duden. Die Grammatik.* Mannheim ⁸2009.

Ehrich, Veronika/Christian Fortmann/Ingo Reich/Marga Reis (Hrsg.) (2009): *Koordination und Subordination im Deutschen* (=Linguistische Berichte Sonderheft 16). Hamburg.

Eisenberg, Peter (2006a): *Grundriss der deutschen Grammatik. Bd. 1: Das Wort.* Stuttgart/Weimar.

Eisenberg, Peter (2006b): *Grundriss der deutschen Grammatik. Bd. 2: Der Satz.* Stuttgart/Weimar.

Engel, Ulrich (1970): »Regeln zur Wortstellung«. In: *Forschungsberichte des Instituts für deutsche Sprache* 5, 3–148.

Engel, Ulrich (1977): *Syntax der deutschen Gegenwartssprache.* Berlin.

Engel, Ulrich (1988): *Deutsche Grammatik.* Heidelberg.

Erdmann, Oskar (1886): *Grundzüge der deutschen Syntax nach ihrer geschichtlichen Entwicklung dargestellt. Erste Abteilung.* Stuttgart.

Eroms, Hans-Werner (1998): »*Denn* und *weil* im Text«. In: Martine Dalmas/Roger Sauter (Hrsg.): *Grenzsteine und Wegweiser. Textgestaltung, Redesteuerung und formale Zwänge.* Tübingen, 125–134.

Eroms, Hans-Werner (2000): *Syntax der deutschen Sprache.* Berlin/New York.

Fagyal, Zsuzsana/Douglas Kibbee/Fred Jenkins (2006): *French. A linguistic introduction.* Cambridge.

Fischer, Kerstin/Anatol Stefanowitsch (Hrsg.) (2006): *Konstruktionsgrammatik. Von der Anwendung zur Theorie.* Tübingen.

Fleischer, Jürg (2002): *Die Syntax von Pronominaladverbien in den Dialekten des Deutschen.* Wiesbaden.

Frey, Werner (2005): »Pragmatic properties of certain German and English left peripheral constructions«. In: *Linguistics* 43, 89–129.

Gaifman, Haim (1965): »Dependency systems and phrase-structure systems«. In: *Information and Control* 8, 304–337.

Gazdar, Gerald/Ewan Klein/Geoffrey Pullum/Ivan A. Sag (1985): *Generalized phrase structure grammar.* Oxford.

Geist, Ljudmila/Björn Rothstein (Hrsg.): *Kopulaverben und Kopulasätze. Intersprachliche und intrasprachliche Aspekte.* Tübingen.

Glinz, Hans (1947): *Geschichte und Kritik der Lehre von den Satzgliedern in der deutschen Grammatik.* Bern.

Gohl, Christine/Susanne Günther (1999): »Grammatikalisierung von *weil* als Diskursmarker in der gesprochenen Sprache«. In: *Zeitschrift für Sprachwissenschaft* 18, 39–75.

Grewendorf, Günther (1989): *Ergativity in German.* Dordrecht.

Haftka, Brigitta (Hrsg.) (1994): *Was determiniert die Wortstellung? Studien zu einem Interaktionsfeld von Grammatik, Pragmatik und Sprachtypologie.* Opladen.

Haider, Hubert (1993): *Deutsche Syntax – generativ*. Tübingen.

Harris, Zellig S. (1946): »From morphem to utterance«. In: *Language* 22, 161–183. Deutsche Übersetzung: »Vom Morphem zur Äußerung«. In: Elisabeth Bense/Peter Eisenberg/Hartmut Haberland (Hrsg.): *Beschreibungsmethoden des amerikanischen Strukturalismus*, 181–210. München 1976.

Harwood, F.W. (1955): »Axiomatic syntax: the construction and evaluation of a syntactic calculus«. In: *Language* 31, 409–413.

Hauser, Marc D./Noam Chomsky/W. Tecumseh Fitch (2002): »The faculty of language: what is it, who has it, and how did it evolve?«. In: *Science* 298, 1569–1579.

Hays, David G. (1964): »Dependency theory: a formalism and some observations«. In: *Language* 40, 511–525.

Heidolph, Karl Erich/Walter Flämig/Wolfgang Motsch (1981): *Grundzüge einer deutschen Grammatik*. Berlin.

Helbig, Gerd (1981): »Die freien Dative im Deutschen«. In: *Deutsch als Fremdsprache* 18, 321–332.

Heringer, Hans-Jürgen (1996): *Deutsche Syntax dependentiell*. Tübingen.

Heringer, Hans Jürgen/Bruno Strecker/Rainer Wimmer (1980): *Syntax: Fragen, Erklärungen, Alternativen*. München.

Herling, S[imon] H[einrich] A[dolf] (1821): »Ueber die Topik der deutschen Sprache«. In: *Abhandlungen des frankfurtischen Gelehrtenvereins für deutsche Sprache*. Drittes Stück. Frankfurt a.M., 296–362, 394.

Herling, S[imon] H[einrich] A[dolf] (1830): *Die Syntax der deutschen Sprache. Erster Theil (Syntax des einfachen Satzes)*. Frankfurt a.M.

Herling, S[imon] H[einrich] A[dolf] (³1832): *Die Syntax der deutschen Sprache. Zweiter Theil (der Periodenbau der deutschen Sprache)*. Frankfurt a.M.

Hoffmann, Ludger (Hrsg.) (2007): *Handbuch der deutschen Wortarten*. Berlin/New York.

Hoffmann, Ludger (1998): »Parenthesen«. In: *Linguistische Berichte* 175, 299–328.

Hohle, Daniel (2010): *Dativ, Bindung und Diathese*. Habilitationsschrift, Universität Potsdam.

Höhle, Tilman N. (1978): *Lexikalistische Syntax: Die Aktiv-Passiv-Relation und andere Infinitkonstruktionen im Deutschen*. Tübingen.

Höhle, Tilman N. (1983a): *Topologische Felder*. Manuskript.

Höhle, Tilman N. (1983b): *Subjektlücken in Koordinationen*. Manuskript.

Höhle, Tilman N. (1986): »Der Begriff ›Mittelfeld‹. Anmerkungen über die Theorie der topologischen Felder«. In: Walter Weiss/Herbert Ernst Wiegand/Marga Reis (Hrsg.): *Textlinguistik contra Stilistik? Wortschatz und Wörterbuch. Grammatische oder pragmatische Organisation der Rede?*, 329–340. Tübingen. [= A. Schöne (Hrsg.): Kontroversen alte und neue. Akten des VII. Internationalen Germanistenkongresses Göttingen 1985. Band 3].

Höhle, Tilman N. (1990): »Assumptions about asymmetric coordination in German«. In: Joan Mascaró/Marina Nespor (Hrsg.): *Grammar in progress. Glow essays for Henk van Riemsdijk*. Dordrecht, 221–235.

Höhle, Tilman N. (1991): »On reconstruction and coordination«. In: Hubert Haider/Klaus Netter (Hrsg.): *Representation and derivation in the theory of grammar*. Dordrecht, 139–197.

Höhle, Tilman N. (1992): »Über Verum-Fokus im Deutschen«. In: Joachim Jacobs (Hrsg.): *Informationsstruktur und Grammatik* (=Linguistische Berichte Sonderheft 4). Opladen, 112–141.

Höhle, Tilman N. (1997): »Vorangestellte Verben und Komplementierer sind eine natürliche Klasse«. In: Christa Dürscheid/Karl Heinz Ramers/Monika Schwarz (Hrsg.): *Sprache im Fokus. Festschrift für Heinz Vater zum 65. Geburtstag*. Tübingen, 107–120.

Huddleston, Rodney/Geoffrey K. Pullum (2002): *The Cambridge grammar of the English language*. Cambridge.

IDS-Grammatik (1997) = Zifonun, Gisela/Ludger Hoffmann/Bruno Stecker/Joachim Ballweg/Ursula Brauße/Eva Breindle/Ulrich Engel/Helmut Frosch/Ursula Hoberg/Klaus Vorderwülbecke. *Grammatik der deutschen Sprache* (3 Bände). Berlin/New York 1997.

Jacobs, Joachim (1994a): *Kontra Valenz*. Trier.

Jacobs, Joachim (1994b): »Das lexikalische Fundament der Unterscheidung von obligatorischen und fakultativen Ergänzungen«. In: *Zeitschrift für Germanistische Linguistik* 22, 284–319.

Jacobs, Joachim/Arnim von Stechow/Wolfgang Sternefeld/Theo Vennemann (Hrsg.) (1993): *Syntax: ein internationales Handbuch zeitgenössischer Forschung* (1. Halbband). Berlin.

Johnson, David E./Paul M. Postal (1980): *Arc pair grammar*. Princeton.

Jones, Michael Allan (1996): *Foundations of French syntax*. Cambridge.

Karnowski, Paweł/Jürgen Pafel (2004): »A topological schema for noun phrases in German«. In: Gereon Müller/Lutz Gunkel/Gisela Zifonun (Hrsg.): *Explorations in nominal inflection*. Berlin/New York, 151–178.

Kathol, Andreas (2000): *Linear syntax*. Oxford/New York.

Kaufmann, Ingrid (1995): *Konzeptuelle Grundlagen semantischer Dekompositionsstrukturen*. Tübingen.

Keizer, Evelien (2007): *The English noun phrase. The nature of linguistic categorization*. Cambridge.

Kiparsky, Paul (1995): »Indo-European origins of Germanic syntax«. In: Adrian Battye/Ian Roberts (Hrsg.): *Clause structure and language change*. Oxford, 140–169.

Klenk, Ursula (2003): *Generative Syntax*. Tübingen.

König, Ekkehard/Jan van der Auwera (1988): »Clause integration in German and Dutch conditionals, concessive conditionals and concessives«. In: John Haiman/Sandra A. Thompson (Hrsg.): *Clause combining in grammar and discourse*. Amsterdam/Philadelphia, 101–134.

Lawrenz, Birgit (1993): *Apposition. Begriffsbestimmung und syntaktischer Status*. Tübingen.

Lenerz, Jürgen (1977): *Zur Abfolge nominaler Satzglieder im Deutschen*. Tübingen.

Leśniewski, Stanisław (1929): »Grundzüge eines neuen Systems der Grundlagen der Mathematik«. In: *Fundamenta Mathematicae*, 14, 1–81.

Löbner, Sebastian (1986): »In Sachen Nullartikel«. In: *Linguistische Berichte* 101, 64–65.

Lutz, Uli (1995): »Some notes on extraction theory«. In: Lutz/Pafel, 1–44.

Lutz, Uli/Jürgen Pafel (Hrsg.): *On extraction and extraposition in German*. Amsterdam/Philadelphia.

Maienborn, Claudia (2007): »Das Zustandspassiv: Grammatische Einordnung – Bildungsbeschränkung – Interpretationsspielraum«. In: *Zeitschrift für Germanistische Linguistik* 35, 84–116.

McKay, Terence (1985): *Infinitival complements in German. Lassen, scheinen and the verbs of perception*. Cambridge.

Meibauer, Jörg/Ulrike Demske/Jochen Geilfuß-Wolfgang/Jürgen Pafel/Karl Heinz Ramers/Monika Rothweiler/Markus Steinbach (²2007): *Einführung in die germanistische Linguistik*. Stuttgart/Weimar.

Meurers, Walt Detmar (2000): *Lexical generalizations in the syntax of German non-finite constructions*. Arbeitspapiere des Sonderforschungsbereichs 340 Bericht Nr. 145.

Meyer, Matthias L.G. (2000): *Determination in der englischen Nominalphrase. Eine korpuslinguistische Studie*. Heidelberg.

Müller, Gereon (2000): *Elemente der optimalitätstheoretischen Syntax*. Tübingen.

Müller, Stefan (2002): *Complex predicates: verbal complexes, resultative constructions, and particle verbs in German*. Stanford.

Müller, Stefan (2003): »Mehrfache Vorfeldbesetzung«. In: *Deutsche Sprache* 31, 29–62.

Müller, Stefan (²2008): *Head-Driven Phrase Structure Grammar. Eine Einführung*. Tübingen.

Musan, Renate (2008): *Satzgliedanalyse*. Heidelberg.

Nolda, Andreas (2007): *Die Thema-Integration. Syntax und Semantik der ›gespaltenen Topikalisierung‹ im Deutschen*. Tübingen.

Nübling, Damaris (²2008): *Historische Sprachwissenschaft des Deutschen. Eine Einführung in die Prinzipien des Sprachwandels*. In Zusammenarbeit mit Antje Dammel, Janet Duke und Renata Szczepaniak. Tübingen.

Ogawa, Akio (2003): *Dativ und Valenzerweiterung. Syntax, Semantik und Typologie*. Tübingen.

Olsen, Susan (1981): *Problems of* seem/scheinen *constructions and their implications for the theory of predicate sentential complementation*. Tübingen.

Oppenrieder, Wilhelm (1993): »Relationale Grammatik«. In: Jacobs et al., 601–609.

Pafel, Jürgen (1989): »*scheinen*+Infinitiv. Eine oberflächengrammatische Analyse«. In: Gabriel Falkenberg (Hrsg.): *Wissen, Wahrnehmen, Glauben*. Tübingen, 123–172.

Pafel, Jürgen (1995): »Kinds of extraction from noun phrases«. In: Lutz/Pafel, 145–177.

Pafel, Jürgen (1996): »Die syntaktische und semantische Struktur von *was für*-Phrasen«. In: *Linguistische Berichte* 161, 37–67.

Pafel, Jürgen (2009): »Zur linearen Syntax des deutschen Satzes«. In: *Linguistische Berichte* 217, 37–79.

Pasch, Renate (1997): »*Weil* mit Hauptsatz – Kuckucksei im *denn*-Nest«. In: *Deutsche Sprache* 25, 252–271.

Paul, Hermann (1920): *Deutsche Grammatik*. Band IV. Tübingen.

Paul, Hermann (^{10}1995): *Prinzipien der Sprachgeschichte*. Tübingen.

Perlmutter, David M. (1978): »Impersonal passives and the unaccusative hypothesis«. In: *Proceedings of the fourth annual meeting of the Berkeley Linguistic Society*, 157–189.

Pittner, Karin (1995): »Zur Syntax von Parenthesen«. In: *Linguistische Berichte* 156, 85–108.

Pittner, Karin/Judith Berman (^{3}2008): *Deutsche Syntax. Ein Arbeitsbuch*. Tübingen.

Pollard, Carl/Ivan A. Sag (1994): *Head-driven phrase structure grammar*. Chicago.

Polenz, Peter von (1969): »Der Pertinenzdativ und seine Satzbaupläne«. In: Ulrich Engel/Paul Grebe/Heinz Rupp (Hrsg.): *Festschrift für Hugo Moser zum 60. Geburtstag am 19. Juni 1969*. Düsseldorf, 146–171.

Post, Emil L. (1943): »Formal reductions of the general combinatorial decision problem«. In: *American Journal of Mathematics* 65, 197–215.

Pütz, Herbert (1982): »Objektsprädikative«. In: Werner Abraham (Hrsg.): *Satzglieder im Deutschen*. Tübingen, 331–367.

Quirk, Randolph/Sidney Greenbaum/Geoffrey Leech/Jan Svartvik (1985): *A comprehensive grammar of the English language*. London.

Radford, Andrew (2004): *English syntax*. Cambridge.

Ramers, Karl Heinz (2006): »Topologische Felder: Nominalphrase und Satz im Deutschen«. In: *Zeitschrift für Sprachwissenschaft* 25, 95–127.

Reich, Ingo (2009): ›*Asymmetrische Koordination*‹ *im Deutschen*. Tübingen.

Reich, Ingo/Marga Reis/Veronika Ehrich/Christian Fortmann (2009): »Einführung«. In: Ehrich et al., 5–20.

Reis, Marga (1973): »Is there a rule of subject-to-object raising in German?«. In: *Proceedings of the Chicago Linguistic Society* 9, 519–529.

Reis, Marga (1976): »Reflexivierung in deutschen A.c.I-Konstruktionen. Ein transformationsgrammatisches Dilemma«. In: *Papiere zur Linguistik* 9, 5–82.

Reis, Marga (1980): »On justifying topological frames: ›positional field‹ and the order of nonverbal constituents in German«. In: *DRLAV Revue de linguistique* 22/23, 59–85.

Reis, Marga (1987): »Die Stellung der Verbargumente im Deutschen. Stilübungen zum Grammatik:Pragmatik-Verhältnis«. In: Inger Rosengren (Hrsg.): *Sprache und Pragmatik: Lunder Symposium 1986*. Tübingen, 139–177.

Reis, Marga (1997): »Zum syntaktischen Status unselbständiger Verbzweit-Sätze«. In: Christa Dürscheid/Karl Heinz Ramers/Monika Schwarz (Hrsg.): *Sprache im Fokus. Festschrift für Heinz Vater zum 65. Geburtstag*. Tübingen, 121–144.

Reis, Marga/Angelika Wöllstein (2010): »Zur Grammatik (vor allem) konditionaler V1-Gefüge im Deutschen«. In: *Zeitschrift für Sprachwissenschaft* 29, 111–179.

Ries, John (1894): *Was ist Syntax? Ein kritischer Versuch*. Prag. ^{2}1927. Nachdruck Darmstadt 1967.

Ries, John (1928): *Zur Wortgruppenlehre. Mit Proben aus einer ausführlichen Wortgruppenlehre der deutschen Sprache der Gegenwart*. Prag [=John Ries: *Beiträge zur Grundlegung der Syntax. Heft II*].

Rosengren, Inger (1992): »Zum Problem der kohärenten Verben im Deutschen«. In: Peter Suchsland (Hrsg.): *Biologische und soziale Grundlagen der Sprache*. Tübingen, 265–297.

Ross, John R. (1986): *Infinite syntax!* Norwood (New Jersey).

Sag, Ivan A./Thomas Wasow/Emily Bender (^{2}2003): *Syntactic theory: a formal introduction*. Stanford.

Scheutz, Hannes (1997): »Satzinitiale Voranstellungen im gesprochenen Deutsch als Mittel der Themensteuerung und Referenzkonstitution«. In: Peter Schlobinski (Hrsg.): *Syntax des gesprochenen Deutsch*. Opladen, 27–54.

Scheutz, Hannes (1998): »*Weil*-Sätze im gesprochenen Deutsch«. In: Claus Jürgen Hutterer/Gertrude Pauritsch (Hrsg.): *Beiträge zur Dialektologie des ostoberdeutschen Raumes*. Göppingen, 85–112.

Schmid, Hans Ulrich (2009): *Einführung in die deutsche Sprachgeschichte*. Stuttgart/Weimar.

Selting, Margret (1993): »Voranstellung vor den Satz. Zur grammatischen Form und interaktiven Funktion von Linksversetzung und freiem Thema im Deutschen«. In: *Zeitschrift für germanistische Linguistik* 21, 291–319.

Stechow, Arnim von/Wolfgang Sternefeld (1988): *Bausteine syntaktischen Wissens. Ein Lehrbuch der generativen Grammatik*. Opladen.

Steedman, Mark (2000): *The syntactic process*. Cambridge (Mass.).

Stefanowitsch, Anatol/Kerstin Fischer (Hrsg.) (2008): *Konstruktionsgrammatik II. Von der Konstruktion zur Grammatik*. Tübingen.

Steinbach, Markus (2002): *Middle voice*. Amsterdam/Philadelphia.

Sternefeld, Wolfgang (2006): *Syntax. Eine morphologisch motivierte generative Beschreibung des Deutschen*. Band 2. Tübingen.

Sternefeld, Wolfgang (²2007): *Syntax. Eine morphologisch motivierte generative Beschreibung des Deutschen*. Band 1. Tübingen.

Strobel, Sven (2007): *Die Perfektauxiliarselektion im Deutschen. Ein lexikalistischer Ansatz ohne Unakkusativität*. Dissertation, Universität Stuttgart. [http://elib.uni-stuttgart.de/opus/volltexte/2008/3632/].

Suchsland, Peter (1987): »Zum AcI und verwandten Konstruktionen im Deutschen«. In: *Deutsch als Fremdsprache* 24, 321–329.

Tesnière, Lucien (1959): *Éléments de syntaxe structurale*. Paris. ²1988. Deutsche Ausgabe: *Grundzüge der strukturalen Syntax*. Stuttgart 1980.

Thieroff, Rolf (2007): »*Sein*. Kopula, Passiv- und/oder Tempus-Auxiliar?«. In: Geist/Rothstein, 165–180.

Uhmann, Susanne (1998): »Verbstellungsvarianten in *weil*-Sätzen: Lexikalische Differenzierung mit grammatischen Folgen«. In: *Zeitschrift für Sprachwissenschaft* 17, 92–139.

Van Valin, Robert (1993): »A synopsis of Role and Reference Grammar«. In: Robert Van Valin (Hrsg.): *Advances in Role and Reference Grammar*. Amsterdam/Philadelphia, 1–164.

Van Valin, Robert/Randy J. LaPolla (1997): *Syntax: structure, meaning and function*. Cambridge.

Vennemann, Theo/Joachim Jacobs (1982): *Sprache und Grammatik*. Darmstadt.

Webelhuth, Gerd (1992): *Principles and parameters of syntactic saturation*. New York/Oxford.

Wegener, Heide (1985): *Der Dativ im heutigen Deutsch*. Tübingen.

Wegener, Heide (1989): »Eine Modalpartikel besonderer Art: Der Dativus Ethicus«. In: Harald Weydt (Hrsg.): *Sprechen mit Partikeln*. Berlin/New York, 56–73.

Wegener, Heide (1999): »Syntaxwandel und Degrammatikalisierung im heutigen Deutsch? Noch einmal zum *weil*-Verbzweit«. In: *Deutsche Sprache* 27, 3–26.

Welke, Klaus (2002): *Deutsche Syntax funktional. Perspektiviertheit syntaktischer Strukturen*. Münster.

Welke, Klaus (2007): *Einführung in die Satzanalyse. Die Bestimmung der Satzglieder im Deutschen*. Berlin/New York.

Wöllstein, Angelika (2010): *Topologisches Satzmodell*. Heidelberg.

Wöllstein-Leisten, Angelika (2001): *Die Syntax der dritten Konstruktion: eine repräsentationelle Analyse zur Monosententialität von zu-Infinitiven im Deutschen*. Tübingen.

Wunderlich, Dieter (1985): »Über die Argumente des Verbs«. In: *Linguistische Berichte* 97, 183–227.

2. Sachregister